U0153437

像藝術家一樣反轉思考

DRAWING ON THE ARTIST WITHIN by Betty Edwards

貝蒂・愛德華◎著　張索娃◎譯

Drawing on the Artist Within

A UP Book / April 2005

ISBN 957-13-4287-4 Complex Chinese Language Edition

UP Books are published by China times Publishing company, an affillate of China Times Daily.
China Times Publishing Company, 5th Fl., 240, Hoping West Road Sec., 3 Taipei, Taiwan.
PRINTED IN TAIWAN

Drawing on the Artist Within

by Betty Edwards

目錄

第Ⅲ部　思考的新策略

序言　在黑暗中作畫

本書的寫作過程實際上是一個不斷發現的過程。我開始時只有一個初步的念頭，認爲視覺感知、繪畫（在本書中主要指素描）和創造力存在著某種關聯。接下來的寫作實際上是不斷地搜尋、獵取任何幫助我獲取這個概念的點點滴滴，並把它們拼湊在一起，最後形成一個易於瞭解的整體。

寫作初始，我腦海裡對於書最終會是什麼樣子根本沒有一個清晰的概念。事實上，隨著稿子越堆越高，它彷彿有了自己的生命，指引著我進行下一步的搜尋，而不是反過來。因此，我驚奇地發現，自己不僅在寫一本關於創造力的書，還同時經歷創造的過程——搜尋本身和搜尋的目的合而爲一了。

我的搜尋由許多有創造力的個人所遺留下的隻字片語開始。我發現，在這些文字中，他們總是聲明辭彙本身不足以描述他們經歷過的創造過程。一些人還建議，如果想變得眞正具有創造力，我們必須摒棄那些平時使用的思維模式，這樣才能從不同的角度看世界。而另一些人則嚴肅地指出，辭彙性語言不適合在進行某些創造性工作時使用，詞語有時甚至會干擾思考。

我的朋友，數學家伯格奎斯特發明了形容詞「有數學能力的」(numerate)(與「有文化的」〔literate〕這個詞類似)，用來描述理解和使用數字的能力。「有數學能力的」已經成為語言的一部分，並且現在經常被人使用。那麼什麼樣的新詞能夠描述理解和使用視覺資訊的能力呢？

然而，辭彙性語言和分析性思考長久以來一直支配著人類的生活，很難想像還有另外一種完全不同的、而且非常有價値的方式，能把我們的經歷轉換爲思考。我們已經習慣現有關於語言的觀念，確切地說，這些語言包括：音樂語言、舞蹈語言、數學語言、相對比較新的電腦語言，當然還有美術語言，所以一定很難接受一個全新關於語言的觀念。但如果我們同意把這種視覺的、感知的語言放在與辭彙性、分析性思考過程相同的位置，能夠從中受益，那麼它將成爲我們這個時代的新觀念。這個觀念來自一九六八年諾貝爾獎得主、生理心理學家史培利（Roger Sperry）的創新研究，他發現並研究人類大腦功能的雙面性和人類認知，使現代思維觀念發生巨大的改變。事實上，人類大腦的整體、視覺、感知模式正逐漸被大眾接受，並將其當成是與連續的、辭彙性的、分析性的思維模式具有相等價值的夥伴。

因此，我發現，到處都能找到對我的想法肯定和確認的事例，也就是說，直接感知，一種不同的「看事物」的方式，是思維過程中不可或缺的部分——這同時也是創造過程。如果這個說法成立的話，那麼找到一種獲得這種眼力的方式將大有益處，當然不能透過辭彙，而是透過與這種眼力相匹配的方式。因此，爲了找到獲取創造力的關鍵，我開始探求能夠表達出這種視覺和感知的人類大腦思維模式的方法。不出所料，我找到了一種已經在使用的語言——繪畫的語言，它能把我們看見的事物眞實記錄下來，不論是這種事物存在現實中，還是在我們的想像中，而且與我們用辭彙來記錄自己的思緒和想法的方式差不了多少。繪畫就像辭彙一樣具備一定的含義——有時這種含義甚至超越辭彙所能表達的範圍，雖然如此，它卻不能把我們混亂的感官印象變得通俗易懂。

用一種不同的語言來思考

有了這樣的認知，我相信自己已經找到視覺感知、繪畫和創造力之間的關聯。但我的搜尋還沒有結束，現在我面臨一個更大的問題，視覺語言到底在創造過程中扮演什麼角色，而且如果有可能的話，到底怎樣使用它？而這正是本書的目的。你將在書中學到如何繪畫——但那只是一種工具或方式，而不是最終目的。**透過學習如何繪畫，我相信你將學到如何以不同的方式看事物，提高你進行創造性思維的能力。**

本書中的練習看起來像美術練習，但是它們真正的目的並不止於此。藝術是不同的東西——就像詩歌不同於基本閱讀的解說那樣。藝術家戴恩教授提出，也許我們需要一個新的詞：

「『藝術』這個詞的意思太廣泛了。你需要一個詞來代表『順序』、『健康』、『美感』、『平衡』和『相互關係的特質』。你在書中談到的是一個比藝術更自然的過程。這個自然的過程是有順序的、不變的、可利用的和平心靜氣的。觀察與簡單地看完全不同。簡單地看是為了生存而必須進行的世俗作法。

「繪畫是一種有時間限制的觀察活動。它讓大腦的噪音平靜下來，它為我們打開了一扇窗，讓我們像自動的神經系統那樣獨立工作。它的過程如此難以捉摸，使它看起來尤為奇特。

「如果你找到一種方法幫你進行（本書中的練習），我想你的發現與藝術沒有太大關係。藝術在這個文化裡是一種少數專家的活動，它只不過是觀察事物過程中的一個附帶症狀而已。」

——1984年9月15日，在加州聖莫尼卡市的對話我想，你將會爲自己能夠這麼快掌握高超的繪畫技能而感到驚喜；同樣地，你還會爲自己其實已經知道許多視覺感知思維語言而感到驚奇，但此時此刻，你可能還不知道這個事實。我還希望，你能發現這種新的語言在與辭彙性的、分析性的思維語言結合使用時，不僅可以爲眞正的創造力——也就是具有社會價值的新穎獨特念頭、想法、發明或發現——提供至關重要的元素，還能爲日常生活中遇到的問題提供有創意的解決方案。

達文西，《天使的頭研究》

第 I 部
新的看事物藝術

創造的過程總是有點滑稽可笑，但創造者的冒險精神是非常嚴肅的。在將這個主題付諸文字時，我也帶著與之匹配的滑稽精神，因為，即使有某個過程是沉默的，它仍是一種創造力。滑稽、嚴肅和沉默三位一體。

——布朗勒（Jerome Bruner），《關於會意：獻給左撇子的散文》（*On Knowing: Essays for the Left Hand*）

1. 創造力：善變的概念

創造力到底是什麼？這種能力怎麼會如此難以捉摸，卻又對人類思維和人類歷史如此重要，幾乎每個人都重視？

人類一直在對創造力進行研究、分析、剖析和記錄。教育者把這種能力當成有形的東西來討論，就像一個可以達到的目標，如數字運算或拉小提琴的能力。認知科學家完全被創造力這個課題所吸引，他們已經進行大量基礎的研究，但這些研究只是對這個課題匆匆一瞥，沒有形成對創造力整體的認知。直到現在，還沒有一個大眾普遍接受關於創造力的定義——我們無法對此達成共識，無論是它究竟是什麼東西，或是該如何學習它、教授它，或它是否能透過教學的方式獲得。就算是字典裡最精闢的定義也只不過是一句極爲隱晦的話：「創造力：創造的能力」，我的百科全書乾脆省事地不收錄這一個字，然而另一個公認也很難懂的概念「智力」，卻有著整整一頁的解釋。不過，尋求創造力的人們留下了大量關於這個課題的書和文字，他們發現很荒謬的是，隨著研究更深入，自身的創造力卻退步了。

有一個例子成功展現了創造過程的矛盾本質，詩人布朗寧（Robert Browning）的妻子說：「布朗寧總是等待某種偏好，從適當和優先的開始著手：他說，如果不這麼做就寫不出來。」但是後來，羅塞提（W. M. Rosetti）在談到布朗寧的寫作習慣時說，布朗寧「每天有規律、有系統地寫作——大約每天早晨三個小時左右。」

——凱尼恩（F. G. Kenyon），《布朗寧的人生與書信》（*Life and Letters of Robert Browning*）

按照尋寶圖的指引作畫

幸好前進的軌跡上留下了一些路標指引我們搜尋。我們能從過去幾個世紀中有創造力的個人和傳記作家那裡收集到相關的信件和個人紀錄、日記、目擊者的說明、描述和傳記。就像玩尋寶遊戲時的提示一樣，這些記號加快我們找尋的速度，儘管這些提示顯得毫無邏輯性，而且還經常相互矛盾、混淆視聽。

然而，紀錄中不斷出現的主題和想法還是爲創造過程提供了一些模糊的大綱。我們可以想像這樣的畫面：一個大腦裡滿是想法、有創造力的人，研究了很長的時間，還是在爲一個無法解決的想法或問題傷腦筋。經歷一段時間的焦躁不安以後，突然，在無意之間，大腦的精神集中起來，一時間豁然開朗，這種經歷往往被描述成激動人心的時刻。這個人隨後進入一種思想（或工作）精神集中的狀態，這時眞相演變成一些確切的形狀，呈現出在念頭形成那一刻起就保有的狀態。

當我興奮地發現答案就在眼前時，我可以回憶起一路走來的點點滴滴。
——《達爾文的生活和信箋》(*The Life and Letters of Charles Darwin*)

對創造過程的基本描述古已有之。你還記得阿基米德突然開悟的故事嗎？當他躺在澡盆裡，一遍又一遍地思考著該如何找出國王皇冠裡金和銀的含量比時，突然大聲驚嘆道：「有了（我找到了）！」從此這句話就成了與創造力相關的語言，與我們經常使用的感嘆詞「啊—哈！」齊名。

「問題本身的結構」，愛因斯坦說，「往往比它的答案更重要，答案可能只是某種數學或實驗技巧。如果想要提出新的問題，開拓新的機遇，從一個新的角度來看舊問題，就必須具備創造想像力，以及在科學上真正向前跨一大步。」
——愛因斯坦和因菲爾德 (L. Infeld)，《物理的演化》(*The Evolution of Physics*)

創造過程中循序漸進的各個階段

一直到十九世紀晚期，德國生理學者和物理學者荷蒙賀茲（Herman Helmholtz）才在自己的科學發現中描述了創造過程中三個連續的階段或步驟（圖1-1）。荷蒙賀茲把第一個研究調查的階段稱爲累積階段，第二個階段爲孵化（或深思熟慮）階段，第三個突然找到解決方案的階段爲啓發階段。

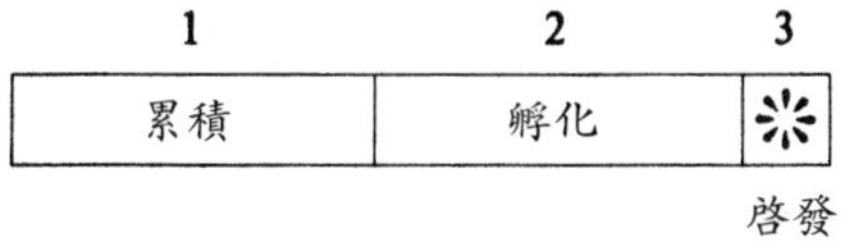

1	2	3
累積	孵化	※
		啓發

圖1-1 荷蒙賀茲關於創造力的概念

一九〇八年，偉大的法國數學家龐加萊（Henri Poincaré）建議把荷蒙賀茲的三個階段加上第四個，驗證階段。龐加萊把驗證階段描述成將解決方案具體化，並檢查它的錯誤和實用性的階段（圖1-2）。

魏泰默回應了愛因斯坦的觀點：「思維的運作過程不只包括解決實際問題的過程，還包括發現、正視和深入問題的過程。在偉大的發現中，最重要的是發現了某個新問題。正視和提出一個有效的問題是比找到一組問題答案更重要、更偉大的成果。」
——魏泰默《有效的思維》(*Productive Thinking*)

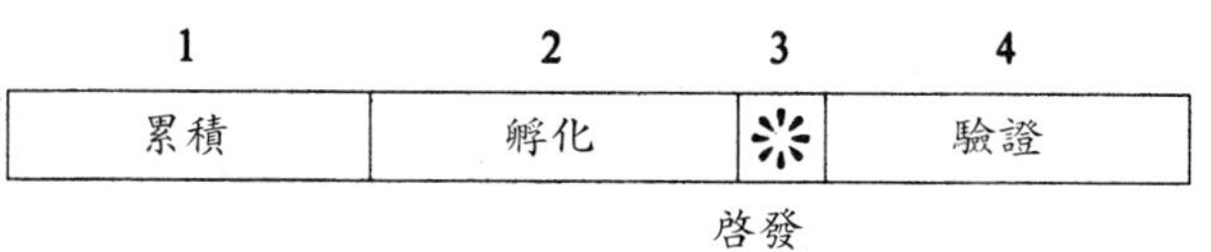

圖1-2 龐加萊關於創造力的概念

然後，在一九六〇年代，美國心理學家葛佐斯（Jacob Getzels）提出一個非常重要的概念，即在荷蒙賀茲的累積階段之前再加一個階段：發現或想出問題的初步階段（圖1-3）。葛佐斯指出，創造力不僅僅是解決那種已經存在或不斷在人類生活中出現的問題。有創造力的人經常積極地尋找並發現那些別人還沒有察覺到的問題，並加以解決，就像愛因斯坦和魏泰默（Max Wertheimer）在旁注中說的那樣，提出一個有效的問題本身就是一種有創造力的行爲。另一個美國心理學家科尼勒（George Kneller）把葛佐斯的初始階段命名爲初步靈感——這個片語同時包含了解決問題（針對已有問題）和發現問題（提出新的問題和搜尋問題）。

創造力的五個階段

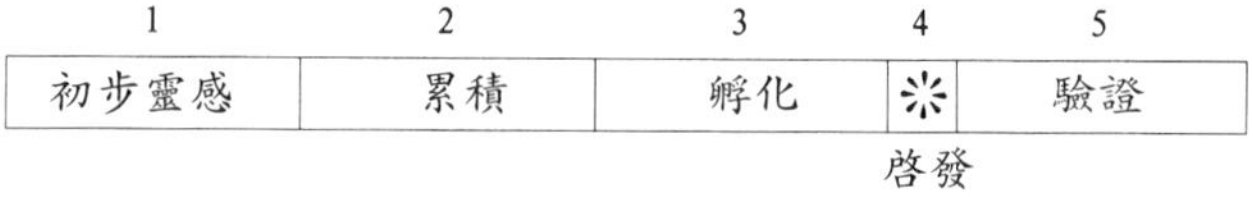

1 2 3 4 5

初步靈感 | 累積 | 孵化 | 啓發 | 驗證

圖1-3 葛佐斯關於創造力的概念

因此，我們就有了創造過程中五個階段的大致結構：1.初步靈感 2.累積 3.孵化 4.啓發 5.驗證（圖1-3）。這些階段按時間順序一個接一個地出現。每一個階段都可能占用不同的時間長度，如圖1-4所示，而且它們的時間長度有可能有無限種變化。只有啓發階段在每一個個案中都是簡短的——如同一道光束投射到主題上。完形（Gestalt）*心理學家對此有完全不同的看法，他們認爲創造是一個不可分割的過程，是爲了解決一

*是指某個心理學流派，首先在1930年代流行於德國，後來被介紹到美國。這個流派認為，現象是由有組織的整體組成的，而不是由不同部分聚集起來組成的，而且整體比所有部分的總和還要大。

個完整的問題而進行的連續直線式思考，研究者一般都同意創造過程是由一些連續的、耗時不同階段組成的說法。

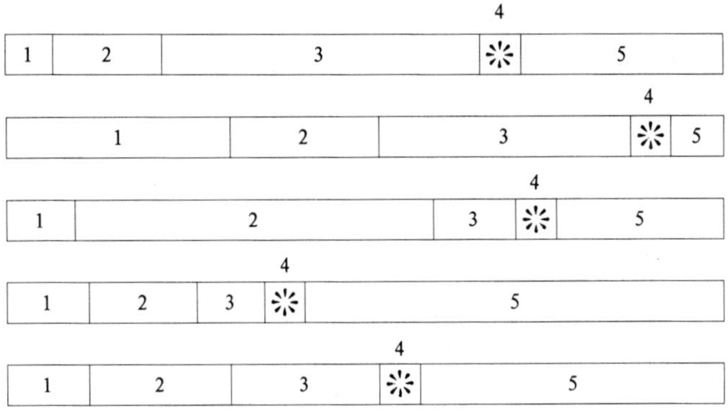

圖1-4 創造過程的各種可能性
除了一般極爲簡短的啓發階段以外，每一個階段所需要的時間可能都是視情況而定。而且一個課題可能需要不斷重複過程中的各個階段。

由於創造力的概念建立在如此粗略的基礎上，二十世紀的研究者不斷地進行修改，並對其各個方面展開爭論。如同愛麗絲夢遊仙境中遭遇的那樣，變化接踵而至，所以我們相信，無論整體結構如何，這個概念永遠在我們的眼前變化多端，並游離於我們的理解力之外。

現在這個概念又改變了形狀。現代生活的變化越來越快，要求我們做出快速而又有變革性的反應，因此，我們更瞭解創造力，有效地控制創造過程變得勢在必行。這種必要性，以及人們長久以來對創意表達自己的渴望，使人們對創造力這個概念的興趣與日俱增，越來越多關於這個主題的出版物就是最好的證明。

在這些出版物中，許多作者共同探求的一個問題是，到底只有少數人還是普遍每個人都擁有創造力？「我到底是不是有創意的人？」是我們所有人都在問自己的問題。而這兩個問題

在成為藝術家之前，梵谷寫下他對創造力的渴望，這也導致他覺得「一個人──的心靈──被某種東西禁錮著，因為他還不具備富有創造力的條件……如此一個人通常不會知道自己下一步會做什麼，但是他會本能地覺得：我還不夠好，我還沒找到生存下去的理由！……在我心中某些東西正蠢蠢欲動：這些東西到底是什麼！」
──基瑟林（Brewster Ghislin），《創造過程》（*The Creative Process*）

的答案似乎都取決於一種我們稱之爲「天賦」的東西——你若不是有創造的天賦，就是沒有。但是眞的這麼簡單嗎？那麼天賦是什麼呢？

「天賦」是個隱晦不明的概念。
——高爾惠澤（Gerhard Gollwitzer），《繪畫的樂趣》（*The Joy of Drawing*）

天賦：一個含糊的概念

在大學課程目錄裡，我通常這樣描述我教授的繪畫課程：「美術100：爲非藝術專業學生開設的畫室美術課程。這個課程是爲完全不會繪畫、覺得自己沒有繪畫的天賦，並且認爲自己可能永遠也學不了繪畫的人設計的。」

對這段描述的反應向來都很熱烈：我的課總是學生爆滿。不變的是，在課程開始時總是有一個或幾個新入學的學生來找我，對我說：「我就是想告訴你，儘管你可能教會許多人如何畫畫，但我將會是你的『滑鐵盧』！我是個永遠也不可能學會的人！」

當我問他們爲什麼時，同樣不變的是他們的回答：「因爲我沒那個天賦。」「那麼好吧，」我回答，「我們等著瞧。」

果眞，幾週之後，那些宣稱自己沒有天賦的學生都取得與班上其他學生一樣好的繪畫成績。但即使是這樣，他們還是會貶低自己新獲得的技能，把其歸結爲所謂的「隱藏的天賦」。

那些所謂「天賦異稟」的人是怎麼回事？我認為，這些人不知何故「抓住了」轉換到適合某種技巧的大腦模式方法。我在《像藝術家一樣思考》中，描述了自己的經歷：
「小時候，大概是八、九歲的時候，我的繪畫能力就已經很好了。我想我是極少數兒童中的一個，偶然找到提升繪畫能力的看事物方法。我依然還記得當自己還是個小孩的時候，對自己說，如果我想畫出某個事物，就必須『這麼做』。我從來沒有確定『這麼做』的準確含義，但是我能意識到，自己盯著要畫的物體，直到『它』發生了。然後我就能運用比一般小孩更高的技巧來畫畫。」

導正這種奇怪的現象

我想，是重新考量我們傳統觀念中的創造天賦的時候了——無論那個天賦是「隱藏」的還是其他的。爲什麼我們會認爲必須要具備罕有的、特別的「藝術」天賦，才能夠畫畫呢？我們在對待其他能力，如閱讀時，並沒有做這樣的假設。

如果我們相信只有那些幸運擁有與生俱來的、上帝給予的、遺傳的閱讀天賦的人，才能學會閱讀，這個世界將變成什麼樣？那麼，如果老師們相信教授閱讀最好的辦法就是給孩子提供大量的閱讀資料，讓他們自己去處理和利用，老師們只要在一旁看著，那又會是怎麼樣的情景？當然，這樣的老師永遠也不會干預孩子們自發的閱讀嘗試，生怕任何干預都會對閱讀的「創造性」造成損害。如果某個小孩問道：「這個字怎麼唸？」而老師回答說：「隨便！照你腦子裡想的那樣唸。展開你的想像力並試著享受這個過程！閱讀應該是充滿樂趣的！」然後這位老師在旁觀察那個孩子展現出閱讀的「天賦」——這背後的理論是，如果一個孩子沒有「天賦」，教他閱讀的技能也沒有用，任何指導都是白費力氣。

我們都知道，如果這是閱讀課，在一個二十五人的課堂裡可能只有一、兩個，最多三個孩子能夠學會如何閱讀。他們將被認爲具有閱讀「天賦」，而且毫無疑問會有人說：「哎呀，你要知道，莎莉的奶奶就很會閱讀。莎莉可能就是從那遺傳來的。」或者「啊，是的，比利很會閱讀。他全家都很有文化素養。我想這一定是遺傳基因。」與此同時，其他孩子會在成長過程中不斷對自己說：「我不能閱讀。我沒這方面的天賦，我肯定永遠也學不會。」

當然，我剛才描述的其實是人們對於繪畫觀念的寫照。如果像學習繪畫那樣，把天賦作爲阻礙學習閱讀的理由，那麼家

在一本1916年出版的晦澀的書中，兩位富有洞察力的老師建議在低年級就進行繪畫教學，以幫助學生在其他課程上的學習。這本書提供很好的證據，證明好的教學系統與「天賦」一樣有價值。

這本書的作者展示了四個孩子的學前畫作，分別代表：「A最好的情況；B高於普通水平；C低於普通水平；D三十五人的班級中最差的一個。」(圖1-5)。然後他們又展示了四個孩子在學習繪畫以後的作品。(圖1-6)。

這些作者說：「前後兩幅作品的差距如此之大，連孩子自己都覺得很有趣。」

——沙展（Walter Sargent）和米勒（Elizabeth Miller），《孩子是如何學會繪畫的》（*How Children Learn to Draw*）

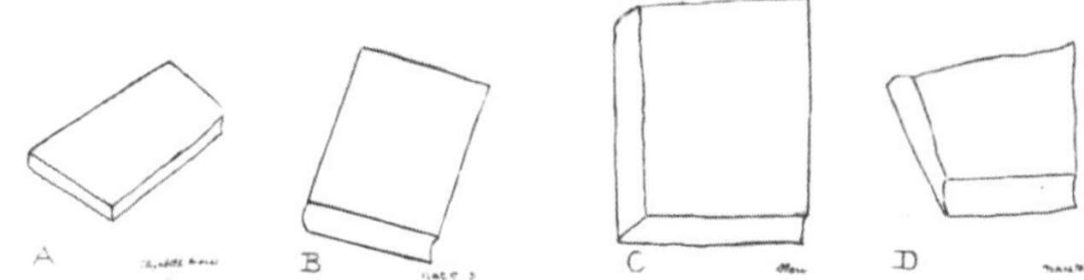

圖1-5 以一本書爲觀察對象的第一次畫作

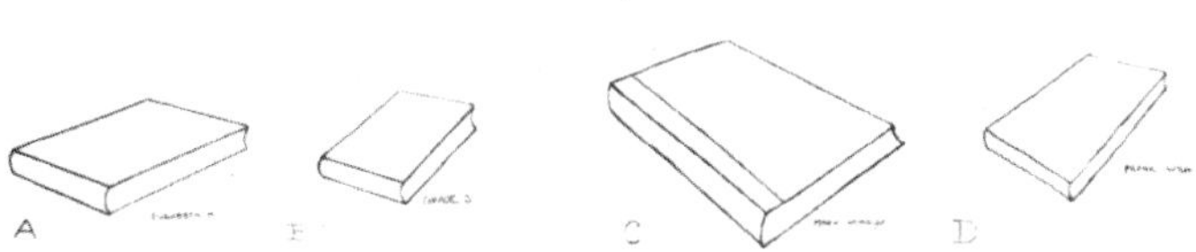

圖1-6 以一本書爲觀察對象的第二次畫作

一個矛盾：老師害怕教授繪畫技巧會損壞或阻礙孩子的「藝術創造力」，然而在選擇「富有藝術天賦」的孩子時，決定性因素通常是能夠進行寫實性繪畫的能力。

一個更深層次的矛盾：畢卡索，上個世紀最多產的創造性藝術家，曾經接受過有系統的古典繪畫技巧訓練，直到像某些人說的那樣，他能「像天使一樣繪畫。」

一個再深層次的矛盾：所有藝術史上的大畫家都曾學習如何繪畫，但是很明顯，這並沒有損害到他們的創造力。只有在本世紀——或者更準確地說，在後杜威和後完形心理學出現以後——人們才開始擔心繪畫訓練「對創造力造成的損害」。

長們一定會強烈地反對。但是由於某些原因，大多數人，無論是家長還是學生，都非常柔順地接受「沒有繪畫天賦」的判決，有的甚至還垂頭喪氣地表示贊同。

這種情形一直會持續到大學上美術課的時候。在那裡，戰戰兢兢的學生已經很擔心自己的繪畫能力弱，害怕自己沒有天賦，結果第一天上課老師就對他們說：「這是一組靜物。把它們畫出來。」學生們時常會害怕這句話背後的含義是：「……然後我們來看誰有資格留在這個課堂裡。」

這種情形就像是踏進初級法語會話的課堂，一開始就被告知：「開始吧，用法語聊聊。」其實背後的含義是，如果你還不會說法語，就不要留在這堂課上浪費時間。我想，在大學的美術課堂裡，很少有學生能夠應付這種授課方式，但是學生通常不會像在其他課堂上那樣，公然反對這種非傳授性的方式，也許這是因爲他們對自己沒有繪畫的「天賦」而感到難過，甚至有點內疚感。

實際上，無論創造力以何種形式出現，天賦是個模糊的概念。但是也許這種「藝術天賦」看起來很罕有、非比尋常，只是因爲我們認爲它就該如此。我們開始習慣認爲藝術能力基本上是無法傳授的，而教學方法也一直未經權衡。此外，許多教育者、家長和學生都有一個未說出口的觀念，認爲藝術能力對我們現代科技社會並不是很重要。

然而我們還是很重視創造力的。無論我們的職業是什麼，對什麼感興趣，我們還是不斷地尋找方法讓自己變得更有創意。但是我們必須要有一種神祕的、上帝賦予的天賦，才能變得有創造力嗎？換言之，到底有沒有可能相互之間傳授創造力？

思考的基本技巧

在與一群沒有經過任何藝術訓練的人工作一段時間後，我發現任何擁有健全大腦的人都能學會如何畫畫；其中的機率與學習閱讀的機率是一樣的。我們只需要學會幾種基本的感知技巧，亦即繪畫所必需的、獨特的看事物方法。我主張任何人都能學會足夠的看事物的技巧，幫助他畫出與現實世界中任何事物非常相似的畫面。

一旦學會這些基本的感知技巧，它們的作用就不止於此，就像基本的語言和算術技巧能應用到很多方面一樣。只有少數幾個人能一直忠於藝術並最終成爲藝術家，就像只有少數忠於語言和算術的人最終成爲作家和數學家那樣。但是幾乎每個人都能透過對感知技巧的使用來提高自己的思維能力——就像語言和數學技巧的用途那樣。

更進一步說，我認爲感知技巧與創造過程的五個階段有很深的關聯。我還認爲視覺感知技巧能透過訓練來提升，就像辭彙性和分析性技巧得益於教育過程中的培訓一樣。最後，我認爲學習如何看事物和繪畫是訓練視覺系統非常有效的辦法，就像學習閱讀和寫字能有效訓練辭彙系統那樣。這並不是說視覺系統在精神上或其他方面高於辭彙系統，但是這兩個系統是截然不同的，而且把它們訓練成平等的夥伴時，兩個思維模式互相促進，更能釋放出人類的創造力。

總結我的觀點

如今，我們的文明無法爲上述訓練提供機會。我們習慣用大腦的語言系統進行思考，而且這種模式在過去無數個世紀證實了其功效。但是我們現在才剛剛開始瞭解人類大腦那複雜的雙向功能，辭彙和視覺，新的機會正對我們展開。就我看來，開啓感知的鑰匙並釋放創造力的潛力需要分兩步驟進行：首先，**消除天賦是學習基本感知技巧的必要條件的觀念**；其次，**根據人類大腦如何運作的新知識來進行教學**。

我的要求並不過分：如果你能接住飛來的棒球、穿針引線，或拿一支鉛筆寫你自己的名字，那麼你就能學會如何有技巧地、藝術地、有創造性地畫畫。透過學習把感知到的物體或教育家羅文菲爾德（Victor Lowenfeld）和許多學者都相信，創造力本身是一種普通的人類天性，而且它以潛在能力的形式存在，等待在公開場合釋放。羅文菲爾德要求教育者注意：

「我們要把呈現和發展每個人的創造能力作為我們神聖的責任，儘管它看起來像一點小火苗，但是我們要盡可能地煽起熊熊大火。」

——羅文菲爾德，《創造性思維的基本面》（*Basic Aspects of Creating Thinking*）

人物畫下來，你將學會新的看事物的方式，並指引你有技巧地進行創造力思維並解決問題，這就像學習閱讀來獲得辭彙的知識，並幫你有技巧地進行邏輯性、分析性思維。把兩種模式合而爲一，你的思維將更具成果性，無論你的創造性目的是什麼。你對世界的創造性反應將成爲你自己獨特的成果，也是你留在世上的代表符號。你還將在獲得現代化頭腦的進程中跨越一大步。我相信，未來，感知技巧和辭彙技巧都將被看成是創造性人類思維的基本必需品。

圖1-7 透過學習如何畫出感知到的物體和人物，你可以學會看事物的新方法。學生凱文的作品《街景》。

2. 用心中閃爍的微光作畫

一個人應該學會如何察覺和監視大腦內部產生的那一道光線，它比滿天聖靈所發出的光彩還要亮。然而人還是沒能注意到自己的思緒，因為那是他自己的。

在每一個天才的作品中，我們都能看到曾經被我們拒絕的想法；結果它們又頗具權威性地回到我們面前。偉大的藝術作品不會再給我們上比這更動人的一課了。它們教會我們，當所有的聲音倒向另一邊時，我們應該對愉快事物產生的自然印象堅持，否則明天就會有個具有精確判斷力的陌生人，準確地說出我們一直以來想到或感覺到的事情，迫使我們為自己的隨波逐流而感到慚愧。

——愛默生（Ralph Waldo Emerson），《自我信任》（*Self-Reliance*）

聽取了偉大文學家愛默生的建議後，我打算在是否有心中閃爍的微光這件事上賭一把。我相信學習繪畫能提高自己的創造力，這麼說的主要依據是一種預感、一個堅持到底的決心、加上有創造力的人們遺留下來的筆記和日誌等證據，同時還有我在嘗試進行一些原創性工作時自己積累的經驗；以及在那個受啓發的時刻——那個「啊—哈！」脫口而出的時刻，也就是看事物的能力與創造力之間建立起來的關聯。

一份近期發表並變得家喻戶曉的研究報告指出，人類的兩邊大腦在風格和功能上完全不同，而繪畫能力主要依靠右腦的視覺空間功能。簡單地回顧一下這份報告也許會有些幫助。我發現對我的一些學生來說，這項資訊似乎從他們的左耳進，右耳出，完全失去了其本身趣味性和重要性的光環。我對於這種情況爲什麼會發生有一個半眞半假的理論，那就是也許左腦（辭彙性）並不太想知道它那沉默的夥伴的存在，就算聽到有關它的資訊，也故意盡快忘記。

思維的左與右

人類兩邊大腦功能的兩個主要模式（我簡單地將它們稱之爲L模式和R模式）的描述，最先出現在一九五〇年代晚期到六〇年代早期，生理心理學家史培利那創新的報告裡。這份在一九八一年被授予諾貝爾醫學獎的報告表明，人類大腦的左半球和右半球使用完全相對的方法進行資訊處理。兩種思維模式都具備高級的認知功能，但每半邊大腦都有自己專門的思考風格和能力。兩種模式可以在保持它們各自思維風格的同時，還能夠透過協助、互補的方式一起工作。

無論如何，這些思考風格具有根本上的差異，在某種意義上來說，可以導致每一個模式用自己的方式來看待現實。因此，在對外在事物進行反應時，這一邊或那一邊大腦都可能「跳進」最初的、占主導地位的意識形態，或換句話說，兩種模式有可能會對相同的事物產生完全不同、甚至相反的反應。在某些情況下，其中一個模式的反應有可能將會被壓制並被踢出意識形態之外。舉例來說，當一個憤怒的母親張牙舞爪地對自己的小孩說：「我懲罰你，因為我愛你。」小孩因下意識地自我保護，可能會選擇相信媽媽的話，而（在意識裡）否認看見了媽媽的憤怒。從另一種情況來看，對一件事物相矛盾的兩種反應有可能同時到達意識層，而且統統被轉化成詞語表達出來。例如，某人在剛看完政治演講的電視直播後說：「他說的話聽起來還好，但不知道為什麼我就是看他不順眼。」

L模式：線性、邏輯性、以語言為基礎的思維

（對於大多數人來說）大腦的左半球負責辭彙性、邏輯性和分析性的思維，它最喜歡做的事包括命名、分類等。它擅長簡化符號、演講、閱讀、寫作和算術。一般來說，它的思維系統非常直接：一是一，二是二。它趨向於依據基本的原則將我們的經歷簡化成與其認知風格相匹配的概念。它喜歡清晰、有續、邏輯性的思維，不喜歡充滿矛盾、含糊、複雜的思維。也許由於這個世界充斥著令人困惑的複雜事物，我們的社會一般更強調L模式思維，把複雜事物簡化成易於管理的語言或符號，使我們或多或少都能跟上現代生活的步伐。

一個適合用L模式來思考的日常生活例子是結算支票簿。運用辭彙和數字，按照指定的步驟，結算支票簿的過程就是以語言為基礎，有續的、線性的過程。

首先，你必須假設自己在記錄每筆帳時沒出錯，這樣你就可以想見到最後的結果應為$0.00。如果，你的最後結果是

這些年來，大家普遍指責西方教育系統對右腦的偏見。毫無疑問，我們的教育系統只偏向兩個腦半球中的一個，但是這個腦半球是左腦嗎？為了更加確定，讓我們看看兩邊大腦學習風格的重大不同：左腦是建設性的、規則系統的、逐步的和邏輯性的。它從狹義的例子和反覆試驗中受益，它會透過規則來學習。右腦與之相反，似乎並不會從某些特定的規則和例子中學習。我們的研究結果表明，它沒有一個單獨解決問題的內部模式，所以也不能進行進一步的審問和修正。它需要面對豐富和聯合的圖案，使它能夠整體掌握。已編排好的指令根本就不適合右腦，但是我還不確定到底針對我們沉默的那一半，什麼才是合適的指令。正是由於右腦難以捉摸的特性，我們才覺得說什麼「不是」比說什麼「是」更容易。

——塞德爾（Eran Zaidel），《難以捉摸的大腦右半球》（*The Elusive Right Hemisphere of the Brain*）

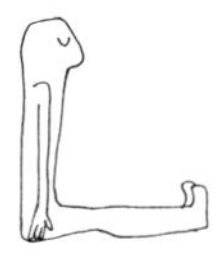

L模式和R模式

在某堂課結束的時候，有人塞給我這兩幅小畫。我認爲它們恰如其分地描述了所有人的狀況：

L模式筆直地坐著，形成一個直角，顯得無懈可擊，面對世界眼睛緊閉。R模式則總是從某個側面來看世界，頑皮地顛倒著看周圍的事物，眼睛睜得又大又圓（遺憾的是，我不知道這位小畫家的名字）。

$1.06，（對這個過程絲毫不感興趣的）R模式就會衝動地對你說：「不如我們把這個數字擦掉，然後塡上$0.00，絕對不會有問題。」然而，L模式就會覺得肯定有問題，而且還會憤怒地回答：「不行，不行，絕對不行！我必須從頭再把每個步驟過一遍，直到我找到哪裡出錯爲止。」當然，L模式才是適合完成結算支票簿這項工作的模式，因爲它的認知風格適合這項工作。R模式根本就不具備完成L模式工作的能力，而且可以肯定，我們最不希望看到就是一本有創意的支票簿。

R模式：針對視覺、空間、相互關係的思維

與L模式不同，（對於大多數人來說）大腦的右半邊按照非辭彙性的規律工作，專門處理視覺、空間和感知資訊。它的處理風格是非線性和非連續性的，對引入的資訊採取同步處理——一次全面地看事物。它尋找事物各個部分的相互關係，並觀察事物的各個部分是怎樣組合成一個整體的。它喜歡感知資訊，尋找滿足合理視覺條件的模式和相互關係，以及各個部分的先後順序和一致性。它絲毫不懼怕含糊、複雜、充滿矛盾的事物，也許這是因爲它缺乏L模式的「過濾層」，這種過濾層能夠過濾出事物中普遍存在的規律，拒絕承認含糊不清和充滿矛盾的事物。由於R模式有反應迅速、複雜、非辭彙性的天性，幾乎與生俱來無法使用辭彙來表達。

在日常生活中，一個反映R模式在工作的很好的例子是高速駕駛。在高速公路上駕駛要求快速地處理不斷變化的同步視覺和感知資訊。L模式顯然不適合這項工作。如果讓L模式承擔在高速公路上駕駛的工作，那麼它一定會以線性和辭彙性處理這些資訊，就像：「現在道奇車正在右前方以五十五英里時速行駛，我們大約需要四・二秒超過它；貨車正在左前方以六十二英里的時速行駛，我們大約需要……」等等。顯然，這個系統對於高速駕駛這項工作反應太慢。因此，L模式（當然很少承認自己的無能爲力）會說：「我不喜歡駕駛。這項工作太

沉悶了。我會讓另外那個你們都認識的老傢伙處理這個工作。」然後L模式從容引退。

相反地，R模式非常適合這種複雜的視覺感知工作，並且就算在進行其他方面的思考時，也能輕鬆應對。我的很多學生反映，他們在高速公路上駕駛時，總能想出許多有創意的點子。有的人還反應，當他們在深思某個問題而不能自拔時，往往會開過頭，也就是說，在完全沒有意識控制的情況下，大腦處理了大量駕駛所需的複雜視覺感知資訊。某些學生甚至反應說，有幾次，自己只記得旅途的開始和結束，而旅途中間發生的事情都不記得了，甚至連走過的路也完全沒有印象。

協同工作：思維的兩種主要模式

L模式和R模式這兩種認知模式，主要透過一大束神經纖維來共用和交流相互之間對現實持有的不同觀點。這種神經纖維被稱爲胼胝體，它連接大腦的兩個腦半球，並把兩個模式不同的處理過程告知對方。透過這種方式，對現實的兩種不同觀點得以重合，讓我們維持單一個體的意識，一個「自我」，一個獨立的身分。

L模式	R模式
辭彙性	非辭彙性
句法的	感知的
線性	整體
連續的	同時的
分析性	綜合的
理性	直覺的
象徵性的	具體化的
暫時性的	非暫時性的
數字化	空間化

對於大多數人來說，以上分別是左腦和右腦普遍具備的功能，然而某些人大腦的這些功能所處的位置可能會不一樣，特別是左撇子和左右手都能使用的人。另外，最近的研究表明，大腦並沒有像早期調查的那樣，分工那麼明顯。因此，我創造的「L模式和R模式」這兩個詞語指的是思維的風格，而不是嚴格地指各種功能在兩邊大腦中的位置。

另外，對於日常生活中的許多活動，兩個主要大腦模式可以同時合作處理相同的工作資訊，並分別扮演自己特別的角色。比如在縫紉時，要一隻手按住衣服，另一隻手穿針引線；或者在打網球時，兩條腿負責把人運送到準確的位置，而兩隻手負責揮動球拍。因此，同樣地，對音樂來說，L模式負責閱讀音符並保持節奏，而R模式負責音調、曲調和表達。對於絕大多數人類活動來說，兩個大腦模式之間的差異和分隔存在於意識層面之外，並且在沉默中進行。

大腦深處的意識

其實，對大腦兩面性的內部認可一直停留在人類意識的深處，而語言只能表達出它的皮毛，充其量只是冰山的一角。例如，各個時代的哲學家都提出過認知外部世界的兩種方式：一種透過理性，而另一種透過感性；透過邏輯性的分析或透過抽象的類比綜合。到處都有一分爲二的辭彙：陰和陽、理性和感性、科學和想像。人們經常把自己描述成擁有前後兩種完全不同的性格：「我心裡一部分想這樣做，但我的另一部分又知道最好還是那樣做」或者「有時我非常理性、守時、可靠，而有時我又像個瘋子」。

當然，大腦兩面性最顯著的外在表現應當是人類傾向於使用左手或右手的習慣，右手被（一般來說）處於主導地位的、辭彙性的左半球所控制，而左手被處於支配地位的、視覺性的右半球所控制。

在一本關於自我認識的書裡，英國作家米納（Marion Milner，筆名是菲爾德〔Joanna Field〕）發現，她生命中的大部分時間都花在「盲目的思考」上，這是她在形容大腦喋喋不休時專用的一個辭彙。隨著她逐漸學會如何逃離「盲目的」思維的限制，她就進入她所謂的「視覺」思維，她寫道：「我最後總結出，我們平常每天使用的感知事物的方式發揮的作用並不小，但是當我們需要執行某些特殊的任務時，大腦還具備其他的感知方式……只要點意志力，就能讓我們從一種方式跳到另一種方式，然而這一點舉動足以改變整個世界，讓疲勞和厭倦變成無限的滿足感。」

——菲爾德，《自我生活》（*A Life of One's own*）

那個被看成是「次要的」腦半球

一般而言，R模式是兩種模式中被擺在後面的模式，它還是兩種認知模式中較難捉摸和達到的模式。語言似乎遠遠勝過非辭彙性的大腦，以至於人們永無休止地思考和爭論著那個古老的問題：「沒有辭彙的思緒存在嗎？」史培利的研究終於平息了這場爭論，他的回答是「是的，它存在」，但是感官認知是一種完全不同類型的思考。由於辭彙系統不知道該如何描述它那沉默的夥伴，R模式一直待在日常的、辭彙性的意識之外，甚至對於像高速駕駛這種需要R模式的空間感知處理的日常活動也不例外。

創造過程肯定不是一個普通的活動：它到底是什麼，以及它是如何完成的，儘管經歷了許多世紀的猜測和調查，這些答案還是隱藏在黑暗之中。但是史培利對於大腦知識的研究爲這些問題提出一些新想法。例如，創造過程似乎有可能是呈階段性的，也許這是因爲必須讓每一個階段使大腦「換檔」——也就是說，使認知從一個主要的大腦模式轉換到另一種模式，然後再換回來。菲爾德（Joanna Field）在旁注的文字中描述了這種大腦轉換。

繪畫經常被當成是一種創造的形式，它能提供大腦轉換的實際證據：一幅繪畫作品能夠呈現出在繪畫過程中，到底是哪一個大腦模式在「負責」，儘管這個人並沒有意識到自己的作品正被某個特定的精神模式影響著。我認爲，學習繪畫主要就是學習如何意識到哪個大腦模式正處於主導地位，更重要的是，學習如何控制大腦模式的轉換。同時我還認爲，這些技巧是提高創造性思考能力所必不可少的。

控制大腦的轉換

在我們深入地研究這些理論前，我建議你先試一試一個有趣的小實驗：依照下面給的指示，透過繪畫來獲得一份現在你的大腦狀態的紀錄，也就是你在畫中展示出來的視覺資訊。這份紀錄——三幅畫——要與你學習後畫的作品來對比，無論是在學到的繪畫技巧方面，還是在新的思考技巧方面，都會不同。就算你以前畫過畫，也許還接受過繪畫指導，但是完成這些學前的繪畫作品非常重要。不論你現在的繪畫技能處於什麼階段，都能看到自己的進步。

學前繪畫作品除了能向學生展示他們的進步，還能發揮非常重要的作用：當學生學會看事物和繪畫的新能力，並能夠控制自己大腦模式的轉換後，他們似乎就把自己以前的水準忘得一乾二淨。你必須知道，L模式寧願你根本就不要畫，以保持自己一直以來的主導地位，就算是水準很高的繪畫作品，它也會雞蛋裡挑骨頭，讓你覺得畫得不怎麼樣。「學前」和「學後」的繪畫作品爲你的進步提供了有力的視覺證據，以阻止這種「健忘症」的發生，而且它們實實在在地擺在你面前，使你根本無法否定。

因此，儘管這麼做有點痛苦，我還是要求你依照簡單的說明，完成三幅學前繪畫作品。你不需要把這些作品給任何人看；只要把它們放在一個安全的地方，過一段時間拿出來與後面他練習畫的作品相比較就可以了。學前繪畫作品將成爲你的

「之前」作品，與我將要向你們展示的一組「之前與之後」學生畫作相似。我相信，就像我的學生們都很開心地看到自己的進步那樣，你也會很高興自己保留了一份開始前的視覺紀錄，並感到自己進步了不少。

學前繪畫作品

找一支鉛筆和一些便宜的影印紙。準備一個橡皮擦。畫以下三幅畫，你想花多少時間就花多少時間；大多數學生畫每幅畫需要十、十五或二十分鐘時間。記住要在每幅畫上寫下標題（譬如學前作品1）、日期和名字。

學前作品1：畫一幅人像——全身、半身或頭像都可以。說服某個人做你的模特兒，或者畫某個正在看電視的人，或者看著鏡子把自己畫下來。

學前作品2：畫出你的手。如果你習慣使用右手，就把你的左手畫出來，如果你是左撇子，就反過來。你的手可以擺出任何姿勢。

學前作品3：畫一個物體，例如一把椅子、一張桌子，或一組靜物——如吃完早餐後的桌面，或一盆植物、一雙鞋子、桌上的一疊書，任何「靜物」都可以。

當你完成以後，可以在每幅畫的背後寫下你對這幅畫的感想。最後這個建議並你不一定要做，但在學會如何看事物和繪畫以後，你的注釋閱讀起來會很有趣。

學生們的畫像

讓我給你們看一組學生們的畫像（接下來幾頁的圖2-1到2-18）。「之前」作品是在學期開始前，沒有接受任何指導的情況下完成的，「之後」作品是接受了大約十二週的指導以後完成的。

完成這些繪畫作品的學生從來不覺得自己有藝術天賦。他們對自己的進步非常吃驚，而且對自己具有以前從來沒有發覺的能力非常高興。另外，他們還說，透過學習繪畫來學習看事物，使他們對周圍事物改變了看法。當要求他們具體描述這些改變時，學生的回答各有不同：「我看得更清楚了」、「我發現許多我從來沒有注意過的事物」——「我看事物的方法就是跟以前不一樣——在某種意義上來說，就是思考的方式不同了」。

我總是對這些說法很好奇，而且還問了相當多的學生，「告訴我，如果你們在學完看事物的方法和繪畫以後，自己的感知與以前不同了，那麼它們以前到底是什麼樣子呢？」最常見的回答是，「我眞的不知道該怎麼說，但我想以前我主要是把每件事物命名——雖然看著這些事物，但並沒有眞正把它們看清楚。」我想這些回答足以表明L模式的影響力，它強迫——甚至恐嚇——每個人按照它的方式來看事物。

圖2-1　法蘭西斯的學前畫

圖2-2　法蘭西斯的學後自畫像

圖2-3　史考特的學前畫

圖2-4　史考特的學後自畫像

圖2-5　法瑞達的學前畫

圖2-6　法瑞達的學後自畫像

圖2-7　泰瑞莎的學前畫

圖2-8　泰瑞莎學後畫一位同學

圖2-9　史提夫的學前畫

圖2-10　史提夫的學後自畫像

圖2-11　羅瑞的學前畫

圖2-12　羅瑞學後畫一位同學

圖2-13　黛比的學前畫

圖2-14　黛比學後自畫像

圖2-15　雷的學前畫

圖2-16　雷學後自畫像

圖2-17　雪拉的學前畫

圖2-18　雪拉學後畫一位同學

一個全新的觀點

爲了扭轉這種影響力，在下一個練習我要你再畫一幅畫，這一次你不僅不會覺得痛苦，還會覺得很有趣。這個練習幫你找到一種方式來控制自己的大腦裝置，那就是哄騙L模式放棄這項工作。設計這樣的練習主要是爲了說明幾點。

第一，當特殊的條件幫助你「捨棄」L模式後，你就能馬上看清楚事物，並開始畫畫。

第二，當「外部」事物按照一個你平常不熟悉的位置和方向擺放時，平時經常用到的識別和命名系統就會受到阻礙、放慢步伐，直到L模式放棄對命名和分類的嘗試。

第三，「外部」事物（未經命名）的各個部分變得非常有趣，各個部分的相互關係也同樣變得有趣起來。

最後，當特殊的條件變回原來「普通」的模樣，（辭彙性的）識別系統重新開始工作時，你的大腦可能會對眼前的事物感到吃驚，甚至嚇一大跳。

我在這裡提出來的所謂特殊的條件就是顛倒著作畫（把被描繪的物體上下顛倒過來）。

從挫折中產生的靈感

第一次與上下顛倒的繪畫作品打交道充滿了啓發。一九六五年，我還在一所高中教課，那是我第一年在公立學校教書，當時我很沮喪，覺得自己根本就無法教會所有學生如何畫畫。只有少數幾個人能夠跟得上我的教學內容，但我希望每一個人都能學會。我不知道問題出在哪裡。對我本人來說，學習繪畫似乎比學習其他知識更容易：無論如何，在繪畫時，任何你所需要知道的東西都原原本本地在你的眼前。你只要看著它，看清楚它，然後把它畫下來。爲什麼他們看不見自己眼前的事物呢？我想知道哪裡出問題了？

對一個受靜物寫生困擾的學生，我會說：「難道你看不見桌子上的靜物中蘋果是在碗前面嗎？」「是的，我看到了，」那位學生會回答。「那麼好吧，在你的畫裡蘋果和碗在同樣的空間裡。」「是呀，我知道。」那位學生非常困惑地說，「但我不知道如何把它畫出來。」「好吧，」我指著那組靜物說，「你只要看著那個蘋果和碗，並把你看到的畫下來。」「我不知道該看什麼。」那位學生回答。「好吧，」我說，「你需要的所有東西都在那裡，就在你的眼前。只要看著它們就行了。」「我是在看啊，」學生回答，「但我無法把他們畫下來。」

這樣的對話讓我舌頭打結，並且非常困惑。然後有一天，純粹是由於以往的挫敗，我對全班宣佈：「今天我們要顛倒著畫。」我把一些大師作品的複製品上下顛倒過來，放在學生的課桌上：我告訴他們在複製這些作品時不要把它們放正，而且他們自己的畫也應該是顛倒過來的。我想當時那些學生一定以爲我有點「精神不正常」。但是整個教室突然之間安靜了下來，學生們馬上進入工作狀態，而且他們明顯很享受這個過程，注意力也很集中。當他們完成以後，我們把所有的畫放正，讓我和我的學生都很吃驚的是，課堂上所有人，不只是以前少數的那幾個，都畫得很好。

我根本不知道該如何解釋這個一時衝動想出來的小實驗。它推翻了所有常識，無論如何都很難想像，顛倒著看事物或畫畫會比正著看容易一些。「這是怎麼一回事呢？」我不明白。

我詢問我的學生，希望能得到些啓發。他們說：「其實我們也不知道自己在畫什麼，所以我們就做到了。」「做到了什麼？」我問。「看清楚它呀，」他們說。「好吧，」我問，「爲什麼那些東西正著放時你們卻看不清楚呢？其實東西還是同樣的東西——我的意思是說，那些線條沒有絲毫改變呀。」「正著看太難了，」他們回答，「把我們都搞糊塗了。」我思考著他們的回答，我知道他們是對的，但我不知道這到底意味著什麼。

一位早期曾與哈樂黛(Billie Holiday)一起工作的爵士鋼琴家說：「哈樂黛有時需要很長一段時間熟悉一首曲子。」
——洛杉磯KUSC廣播電台

用一根腦筋作畫

當我在高中教學的時候，另一個困惑又出現了。在作繪畫示範時，我想向大家解釋自己在做什麼——例如我看到的角度和曲線，以及它們如何融入到畫像整體中去。但奇怪的是，我會聽見自己說著說著突然停了下來，甚至有時一句話都沒說完。如果我掙扎著繼續自己的演講，又會發現不知道畫到哪兒去了。又一次，我不知道問題出在哪裡，爲什麼我不能一邊講話一邊畫畫呢？從那時開始，我就訓練自己「腳踏兩條船」，也就是一邊對整個教室講話一邊作繪畫示範——但學生們告訴我，我聽起來很奇怪，他們的說法是，我說的話好像來自「遙遠的地方」。

那些年還有其他困惑出現。比方說，我的學生們的進展總是有些反覆，並不是一帆風順地逐漸獲得繪畫技能。某位學生可能今天還不會繪畫，但明天突然就「抓住了要領」。

一個突然的啓發和幸運的突破

直到許多年後，大約是在一九六八年，有一次我偶然讀到關於史培利腦半球研究的一些刊物和雜誌，我經歷了類似於「啊—哈！」那樣的啓發。「這一定就是答案！」我對自己說，「繪畫要求某種特定的大腦模式，也許要轉換一種看事物的方式。」

我的每一個困惑都與腦半球功能的理論不謀而合。顚倒著繪畫迫使大腦從主管命名和分類的L模式，轉換到主管視覺和感知的R模式——也就是適合繪畫的模式。我不能同時說話和繪畫，因爲對我來說，辭彙性的L模式與視覺性的R模式有衝突。學生繪畫技能的不斷變動可以看成是大腦認知模式的轉變——第一天用不適合繪畫的L模式來看事物，第二天又改用適合的模式（R模式）。

圖2-19
德拉克洛瓦，《坐在馬上被獅子襲擊的阿拉伯人》

想要識別和理解顛倒過來的圖像非常困難。相反的，當你把整幅畫放正時，請注意自己是多麼迅速地掌握了整個畫面。

扭轉受L模式控制的局面

讓我們試一試顛倒著畫畫。記住，這個練習的目的是哄騙L模式退出這項工作，因爲當視覺資訊顛倒過來後，L模式會發現很難對其進行命名和分類。爲了讓你自己更明白其中的原理，請先閱讀旁注中的手寫體，然後試著解釋上面顛倒放置的複製品（圖2-19）。接著把書倒過來，看看這幅畫正著看是什麼樣子。

Upside-down handwriting is very difficult to decipher.

當你看著顛倒的手寫體和德拉克洛瓦（Delacroix）的畫時，是否注意到自己有些被激怒了？當你正著看德拉克洛瓦的畫時，是否爲自己完全不同的感受而感到驚訝？這就像是在被強迫注意某些上下顛倒的事物時，L模式說：「聽著，我不要看顛倒的事物。我喜歡事物呈現出它們慣有的樣子，這樣我才知道我到底看著什麼。如果你一定要顛倒著看事物，我退出。」正好，對於繪畫來說，這正是我們想要的結果！

顛倒著繪畫

圖2-20是畢卡索畫的一幅人像。這幅圖是顛倒的。你將按照看到的那樣複製這幅圖像，因此你的畫作也要顛倒著完成。控制住——不，應該是拒絕把這本書倒過來看這幅畫是什麼的衝動。

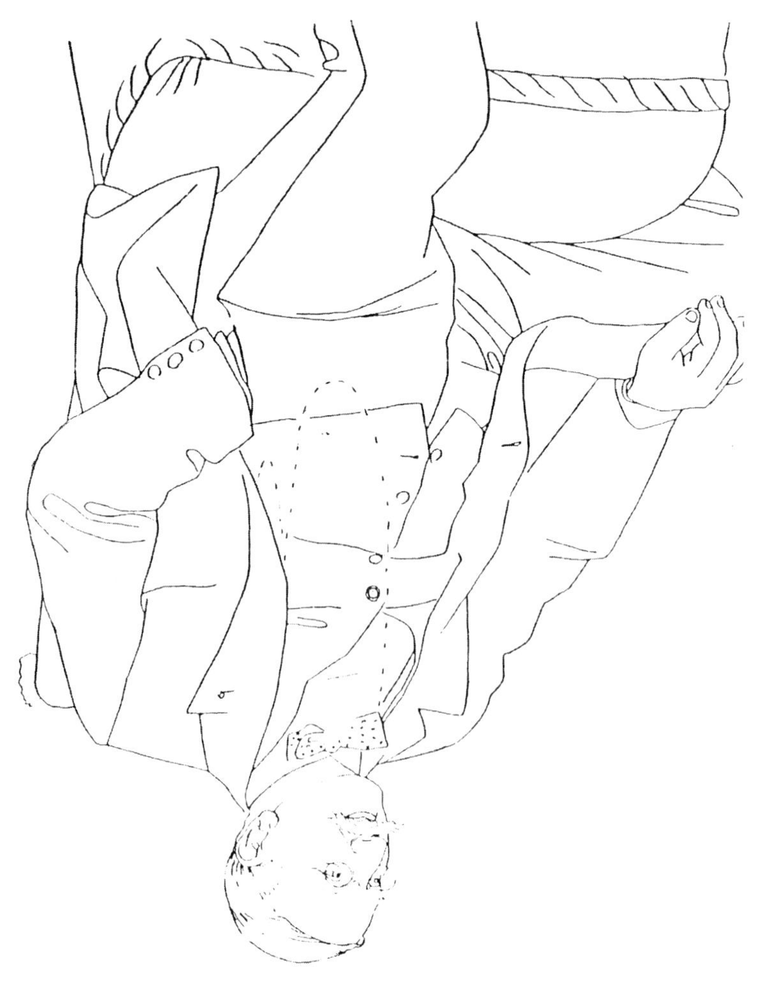

圖2-20
畢卡索，《巴科斯特的畫像》(*Portrait of Léon Bakst*)

記住，你不想知道自己畫的到底是什麼，你也不需要知道，因為你不需要按照平常那樣把這幅畫轉化為詞語表達出來。同時還要記住，如果你到了非要識別和命名這幅畫的地步，也別把它說出來！試著不要使用辭彙與自己交流，溫和地對你的L模式說：「請保持安靜。」

在你開始之前，請閱讀完所有關於這個練習的說明。

1.使用一支鉛筆來畫——任何鉛筆都行。準備好橡皮擦。

2.使用一張影印紙或普通的白紙。

3.你可以按照圖2-20的大小複製出你的畫作。大一點或小一點都無所謂——你想要多大就畫多大。當然你的畫必須是顛倒的，就像書中的畫那樣。

4.你可以從任何一點開始。由於每個部分都組合得很好，所以沒有什麼特別的順序——不需要「一是一，二是二」。R模式可以從任何地方開始，它可以任意在紙上跳躍，最後又回到最初的位置。你可以從圖像的頂部開始，依次往下畫。我建議如圖2-21所示，從一個線條畫到相鄰的線條、從一個空間畫到相鄰的空間。

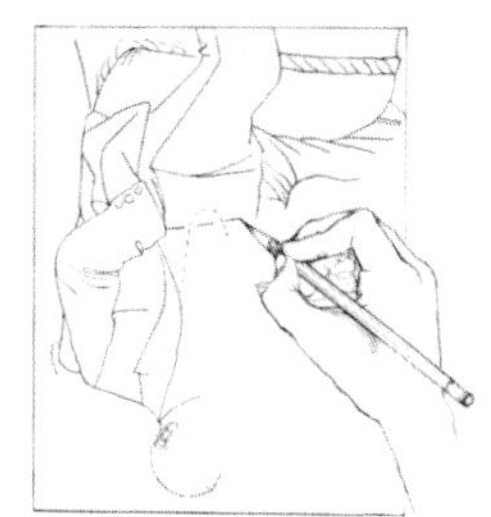

圖2-21

5.如果你習慣自言自語，請只與自己交流各個部分的相互關係和它們是如何組合成一個整體的。例如，與紙邊相比，這個角度應該是怎樣的？與第一條線相比，下一條線的角度應該是怎樣的？與紙上緣的寬度相比，這條曲線應該有多長？這個開放空間的形狀是怎樣的？不要讓自己為難，說一些負面的語言（如「這很難」或「我從來就不太會做」）。拿起筆就畫，觀察角度和曲線與紙邊的關係，以及形狀和空間相互之間的位置關係。

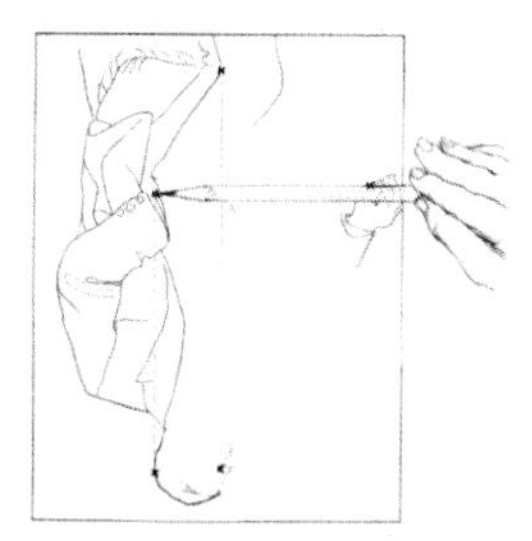

圖2-22
當你在畫畫時，使用假想的垂直線和水平線檢查點與點之間的相互關係（或者你也可以把這些線條真的畫出來，又或者把你的鉛筆放在畫面上，當作檢查點與點之間關係的工具）。

6.你可以對比畫中各個不同的點：只要按圖2-22所示，從一點到另一點畫一條假想的（與紙邊平行的）直線。這個方法可以幫助你找到各個部分之間相對的位置。

這些部分會像智力拼圖玩具那樣組合起來，你會發現自己對看清楚每個部分如何按照（視覺）邏輯組合很感興趣。

7.如果可能的話，在進行顛倒繪畫練習時隨時記錄下你的大腦活動。嘗試著關注你的（不同）大腦狀態。最重要的是，注意你在完成並把畫放正時那一刻的反應。

8.找一個沒人打攪的安靜地方作畫。你需要大約二十分鐘來完成這幅畫。有些人畫得快一些，有些人慢一些。兩種情況都很正常，沒有哪種比另一種要好。

現在開始畫吧。

當你把完成的畫作放正時，也許會很吃驚——並且也很高興——看到這幅畫畫得有多好。你學會畫畫了！任何看到你的畫作的人都無疑會說：「我不知道你如此有天賦！」你是否也注意到，當自己在畫這幅畫時，看眼前這些線條和空間的方式有所不同？但是，一旦你把畫放正，又會用你平常使用的方式來看這些形狀和空間。我想，這就是我們尋找的認知轉換。現在試著回想一下，再次體驗兩種看事物的方法的差異。

一個能夠產生有效的驚喜的行為——我應該把這個行為當成創作王國的標誌……有效的驚喜……在出現時，具有明顯的特徵，使人在識別的那一刻產生一種震動，接著人們就再也不會感到驚訝了。
——布魯諾，《創造力的條件》（*The Conditions of Creativity*）

再看一下你有可能出現的其他反應。例如，你是不是很驚奇地發現自己在毫無意識的情況下，將畫面中左膝指向自己的透視圖畫得活靈活現？你是不是對畫中的人形顯得如此立體而感到十分驚奇？對左手如此方便地插進口袋呢？還有臉上的表情？整個畫面是不是畫得非常「準確」？

我的一些學生對不知道自己在畫什麼的情況下畫出很好的圖畫感到很迷惑，甚至有些不知所措。這就是繪畫中的一個謎團——一個邏輯性的L模式不願承認的事實。當然，爲了照顧到L模式命名和識別的需要，我可以告訴你這幅人像畫的是畢卡索的朋友，俄國畫家和設計家裡巴科斯特。

我相信，這種按熟悉的方式看待事物的現象是對創造力的一大阻礙。當事物顛倒過來時，人們能夠清楚地看見——無論是各個部分還是整體，但是正常的時候卻不是這樣。使人困惑的是，在進行繪畫和創造性思考時，不知道自己在看什麼或尋找什麼變得非常有價值。無論是視覺的還是辭彙的先入之見，都會阻礙一個人獲得創新。

顛倒著繪畫和思考

你現在要一手拿著自己的學前作品，一手拿著顛倒的畫作。儘管它們顯得很矛盾，但都是你現有能力的珍貴紀錄。學前作品告訴我們你怎麼看自己的繪畫能力，而顛倒的畫作告訴我們你的實際繪畫能力。有可能你對自己創造能力的看法也有相同的矛盾。我相信，顛倒的畫作傳遞出來的資訊告訴我們，你已經具備繪畫能力——也就是說，這種能力存在你的大腦之中，準備隨時發揮作用，只要這項工作的條件能夠喚起合適的感知反應。

我希望你多畫一些顛倒著的畫來鞏固這種認知轉換。我認爲這種轉換對繪畫和創造性思維都至關重要。第42頁的圖2-23，偉大的佛蘭德斯（Flemish）藝術家魯本斯（Peter Paul Rubens）畫的《對裸體的研究》，和圖2-24，馬諦斯畫的《奧斯曼宮廷中的女奴隸與貴妃椅》，都顛倒過來，等著你隨時一試身手（和眼力）。正著放時，這其中任何一幅畫作都會顯得既難畫又複雜，但是把它們顛倒過來時，你就會發現自己能夠完成與這些畫一樣「困難」的作品。

最後，在創造發明史中，有一段小插曲展示了當問題被倒置時，一個第一流的解決辦法就會出現的情況。

一八三八年，美國發明家豪爾（Elias Howe）把自己的興趣轉移到發明縫紉機上。在各個部分的裝置都完備以後，他還有一個大問題沒解決：針的問題。每一根針都有兩頭，一頭是尖的，叫針尖，另一頭有個洞，用來穿線，叫針頭。豪爾的問題是：針頭必須栓緊在機器上，這樣的話，怎麼才能夠連續不斷地讓針穿過布，又穿回來呢？機器不能像人穿針引線那樣，放開針頭，讓它穿到布料的另一邊去。

豪爾想不到其他辦法來解決針的問題，直到有一天晚上，他夢見自己被一群拿著矛的野人追趕，這些野人的矛頭上有一個眼睛形狀的洞。啊—哈！豪爾從夢中醒來，馬上做了一根針尖上有洞的針用在縫紉機上。問題解決了，主要是透過把問題顛倒過來解決的——豪爾從另一個方位來「看」針的形狀，針尖、和穿線的針眼。

圖2-23
魯本斯，《對裸體的研究》

圖2-24
馬諦斯，《奧斯曼宮廷中的女奴隸與貴妃椅》

3. 好好審視創造力

創造力的問題在於，它與神祕主義、讓人疑惑的定義、價值觀、心理分析的警告，以及自古以來就有決定性作用的哲學推斷息息相關。

——盧森伯格（Albert Rothenberg）引述奧斯汀（James Austin）的話，《追趕，機會和創造力》（*Chase, Chance, and creativity*）

過去的八、九年，我一直在閱讀任何能搜尋到的關於創造力的文字。在研究中發現，許多作者都同意關於創造過程的幾點——例如，命名和分類是L模式的專利，創造過程分為五個階段：1.初步靈感 2.累積 3.孵化 4.啓發 5.驗證。許多作者也同意，要想讓創造力得以發揮，必須讓思維「自由地釋放」。

但一次又一次，每當我覺得自己弄懂這個過程時，又會有更多的問題冒出來。我看到，在追求創意的過程中，追求者還是必須問自己：「我對創造出的最終結果一點概念都沒有，又怎麼知道從哪裡開始呢？」「一旦我鎖定一個感興趣的區域並獲得相關資訊，我怎麼才能知道要獲得多少資訊才算夠呢？（例如，在這個對創造力的調查中，我還需要閱讀多少關於創造力的書和文章才夠呢？）」然後，「我怎麼才能進入孵化階段呢？」以及「我怎麼知道在我需要的時候，啓發我（或給予我靈感）的那束光能及時出現呢？」「我怎麼才能知道得到的啓發是正確的啓發？實際上，我怎樣才能識別受到的啓發？」「我怎樣才能知道自己接觸的是實際發生的，而不是在做白日夢——也就是說，我受到的啓發能變成新鮮而又實用的東西？」「我怎麼知道什麼時候該站在一旁，什麼時候該參與進去？」簡短地說，「我怎麼才能知道自己眞的可以變得有創意？」

奧斯伯恩（A. F. Osborn）指出，創造力是由諸如「如果……？……如何？其他什麼……？然後再一次問，其他什麼……？」之類的問題刺激引發的。

——《想像力應用學》（*Applied Imagination*）

讓我困惑的腦筋急轉彎題

我希望在採取一些行動後，這些問題能夠得到解答，所以

「刺探」了一些關於這個主題的書中，所謂的「創造力」練習和測試。我數了下面關於農場工人的段落裡有幾個「f」；我算出正方形的面積；我完成多種用途的測試（例如，磚塊的多種用途測試）；我使用三條直線把一個圓形分成十個部分；我還做了九個圓點的實驗。（我邀請你來試一試這些腦筋急轉彎題。答案在這一章的最後。）

圖3-1 你是個好的觀察者嗎？算算文中有幾個f。

The necessity of training farmhands for first class farms in the fatherly handling of farm livestock is foremost in the minds of farm owners. Since the forefathers of the farm owners trained the farmhands for the first class farms in the fatherly handling of livestock, the farm owners feel they should carry on with the family tradition of training farmhands of first class farms in the fatherly handling of farm livestock because they believe it is the basis of good fundamental farm management.

總共有______個f

你可能會發現，這些練習和一些類似的練習都要求你用不同的新方法「看」問題。一旦找到這些練習的答案（或者偷看到答案），你的反應可能會是：「就是這樣，答案一直就在眼前。我當時怎麼沒看到呢？」那些找到答案的人，就會被認爲比沒找到答案的人更「有創意」一些。

大多數創造力練習都有特定的目標：能更快地想到更多辦法（你試過進行「腦力激盪」嗎）；增加你的視覺能力和幻想能力（試一試這些步驟：1.想像你的前門。2.把你的媽媽放在天花板上。3.像一隻蒼蠅那樣在牆上行走）；消除文化、環境、語言或情感上的障礙；提高自信，減少自我批評；以及增加詳細而精確的思維策略的數量。這裡的假定是，創造力能夠像高爾夫或網球那樣，透過練習來獲得。

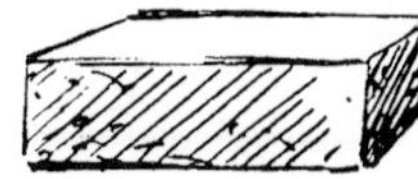

圖3-2
多種用途測試。用最短的時間，列出一塊普通磚頭的所有用途。

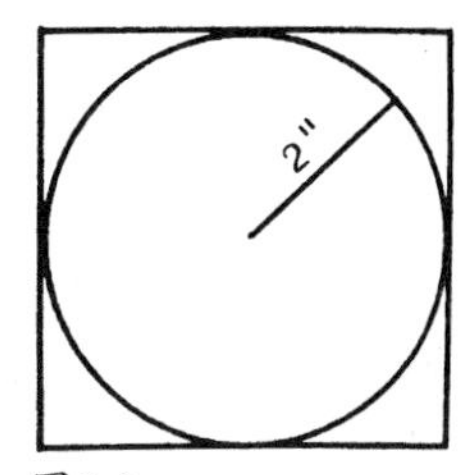

圖3-3
正方形的面積有多大？

圖3-4
九個圓點的實驗
畫出四條頭尾相連的直線，它們必須穿過所有圓點。
——尼仁伯格（Gerard Nierenberg），《創造性思維的藝術》（*The art of Creative Thinking*）

然而，當我進行一些更深入的閱讀時發現，這種方式存在一些缺點。儘管測試和練習做起來很有意思，而且創造力的一些有效衡量標準也被建立起來，但很少有證據表明，熟練地完成這些創造力練習確實能夠增加創造力的成果，也就是說，那些眞正進行創造性工作的人，並不一定能在「創意」問題解決的測試和練習中得到高分。

其中的原因似乎是，套用作家韓特（Morton Hunt）的話，這些測試都太「知識貧乏」了。它們不針對任何用途，也沒什麼內容。我發現它們的確能夠測試我的感知和刺激性思維的能力，但我還是覺得它們太複雜和難以理解，而且需要花太多時間，根本就不值得爲了這麼少的一點利益而花那麼多的腦力。

沒有明顯的證據表明，解決問題的課程能夠提升一個人的想像力，儘管想像力對於問題的解決來說至關重要。
——韓特，《心中的小宇宙》（*The Universe Within*）

此外，其中的一類練習——那些被稱爲圖畫含義的測試——使我感到困惑。儘管設計這些練習的本意並不是測量創造力，但它們的確能夠測試到你的感知能力。你必須看著一組圖畫，然後找出它們之間的關聯。我發現自己的問題是，我總是看不到應該看到的東西。結果，我的困惑變成了一件好事；它使我對看事物和創造力的關聯產生新的想法。

我給你作幾個這樣的練習，讓你也動動腦筋。第一組圖畫（圖3-5）較直接：

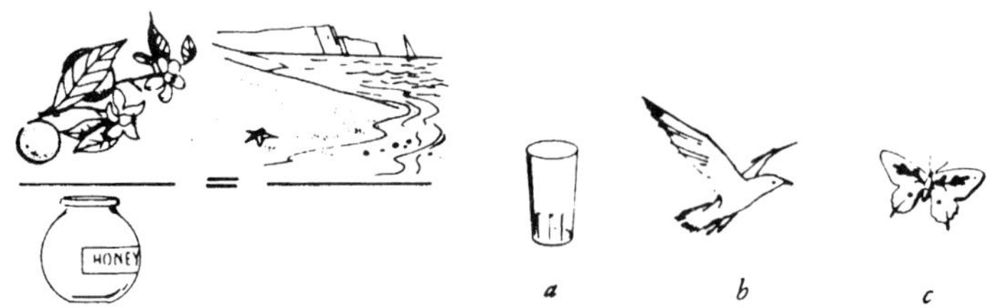

圖3-5
摘自尼仁伯格《創造性思維的藝術》

很明顯，這裡要作出的類推就是「開花的果樹枝」與「蜂蜜」的關係等於「大海、沙灘和貝殼」與「________」的關係？這道題目的「建議答案」是「b」，海鷗。這我（或多或少）

還能接受，儘管還是有人爭論說應該是「a」：樹枝上的花蜜最終會被放在一個玻璃蜂蜜罐裡，而大海的濕潤空氣最終會化成水裝進玻璃水杯裡。但接下來的練習（圖3-6）讓我想了一遍又一遍：

圖3-6
摘自尼仁伯格《創造性思維的藝術》

我認爲，這裡需要作出的類推是：「海鷗」與「大海、沙灘和貝殼」應該等同於「正在做飯的女人」與「________」的關係？這道題的「建議答案」是「a 或者b」，超級市場或男人。這意味著什麼？是海鷗吃海裡的東西，而女人吃超級市場裡的東西嗎？還是海鷗爲其配偶尋找食物，而女人爲她的配偶做飯？儘管我不願意，但其他的解釋還是浮現在我的腦海裡：海鷗不理會大海裡有什麼，在別處尋找食物，而女人也不理會超級市場裡有什麼，湊合著隨便弄點吃的。或者，海鷗必須依賴大海找到自己的食物，而女人必須依賴男人來維持生計（當然我必須承認，這已經成爲一個古老的說法了）。但是爲什麼「c」就不可能是正確的答案呢？海鷗是大海的象徵，而煮飯用的瓦斯與加油泵裡的汽油也是相關的。在我的腦海裡，同時也許在各位讀者的腦海裡，越來越多的可能答案浮現出來，當被告知只有這個或那個答案才是正確的答案時，我就越來越煩惱。

最後，我突然想到，作出類推的困難來自於繪畫本身：不像圖表、辭彙和數字問題，以及「知識貧乏」的腦筋急轉彎題，繪畫其實是「資訊豐富」的——就算是簡單的小草圖也可以用在圖畫含義的測試裡。設計這些練習的人必須忽視一部分資訊，才能提供一個簡潔的「答案」。（請注意在第二個例子，圖3-6中，練習的設計者提供了兩個可能答案——這是個不同尋常的讓步，但還是不足以涵蓋這組圖畫中所有的視覺資訊。）

另一個非常著名，且經常使用的圖畫含義測試更加清楚地展示出其中的問題（圖3-7）：

圖3-7
視覺接收的子測驗。伊利諾州語言心理學能力測試的複製品。

問題的說明特別明確要求兩組圖畫中功能相似，而不是視覺感知相似的一對。練習設計者給的「正確」答案應該是手錶，而不是看起來與沙漏非常相像的咖啡壺。

一位研究科學家使用這個，以及與這個相似的練習測試三位成年病人，他們（以語言爲基礎）的大腦左半球都曾經受過傷。這個實驗的目的是爲了測試每一位病人的右腦（主管視覺感知資訊處理的腦半球）是否有能力完成通常由左半腦完成的辭彙和概念性分析。實驗結束後，這位研究員在報告中指出，三位病人在圖畫測驗中得到的分數非常低，只相當於五至六歲小孩的水準。這些病人都沒能找到「正確」的答案。

畫出遠離單一的答案

如圖3-7中看到的答案那樣，這樣的測驗到底是否只有一個單一的答案呢？就算完全按照說明來做，我還是能夠爲某個圖畫類比找到好幾個同樣正確的答案。我同意沙漏和手錶都具有記錄時間的功能，但我也可以說，沙漏的其中一個功能是把一些物質（沙子）從頂端的容器轉移到底端的容器，而咖啡壺同樣具備這樣的功能。另外，鏟子能把沙子從一個地方移到另一個地方（桶子裡），而沙漏也具有這種功能。更進一步說，酒精燈裡的火能夠迫使試管裡的液體轉移到空氣中，而地心引力能夠導致沙漏裡的沙子從一邊移到另一邊等等。

三位病人還遇到另一個圖畫含義測試。這一個測試更精確地展示了其中的困難（圖3-8）：

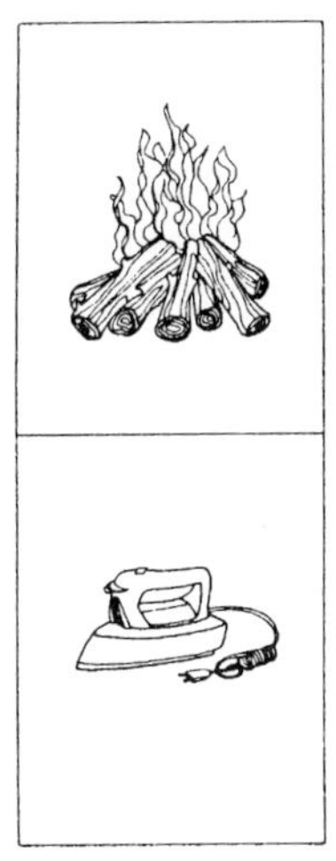

圖3-8
伊利諾州語言心理學能力測試的複製品。

練習的設計者提出了一個問題：「右圖中四件物品中的哪一件與中間物品的關係，是與左圖中上面的物體與下面物體的關係相同？」

研究員本人這時也意識到有點不妥，他在報告中挖苦道：

「每次我（在同事和學生們中間）進行這個測試，總能得到各種各樣的答案，多得我都沒耐心聽完。」然而，他繼續說：「這裡我希望你識別的語義關係是同樣的溫度。熨斗和燃燒的木頭都很熱，而霜淇淋和冰水都很冷。」很明顯，這才是正確的答案，但病人在這個測試上的得分還是很低。

但是等一下！在我看來，這一次這個所謂的「正確」答案一點也不正確！這個熨斗明顯是冷的：因爲電線整齊地捲在一起，並沒有插電，而且熨斗平攤在某個表面上。沒有人會把熱的熨斗放平；因此，它一定是冷的。那麼左圖的類比關係應該是：熱與冷。正在燃燒（煙都冒出來了）而且肯定很熱的火與冰冷的熨斗的關係，應該等同於熱茶（正在冒熱氣）與杯子裡加了冰塊的冷水的關係。練習設計者的答案，如果按照我的思路，一定與展現出來的視覺資訊不相符。

對我來說，想出這個練習的人忽視了複雜的視覺資訊，實際上他在說：「我不關心這幅圖畫展現出什麼；我堅持你必須忽視熨斗上捲起來的電線，以及熨斗平放的事實；不要注意茶上面冒著的熱氣。你必須接受我的想法：一種語義關係、一種分類法。所有的圖畫細節都是非實質性的。別看你看到的東西。火是熱的，熨斗也是熱的，這就是它們的全部關係。」

如此刻板是瘋狂的，我相信這樣做對做這些測驗的學生最終的影響是，讓他們看不見眼前的東西，直接從中得出抽象的辭彙性概念，就算與視覺感知相衝突也無所謂。那麼（辭彙性的）左腦受過傷害的病人，也許已經根本無法按照普通的方式來看事物，卻被誤認爲有這個能力。在意識到這一點後，我才發現現代教育是多麼強調這種類型的思考，因此貶低了直接感知。

畢竟，還是有某些時候，一個詞語勝過千萬幅圖畫。
——加州州立大學長灘分校，戴恩（Don Dame）教授

看與不看

爲什麼會這樣呢？我問自己。不眞正地去看眞的有好處嗎？這個世界到底有多少人沒有眞正地在看？從一個不鼓勵眞

正地看事物的教育體系中成長，到底有多少次我自己也沒有眞正地去看呢？如果像我想的那樣，看事物能力與創造力之間有某種關聯，那麼不眞正地去看對創造力會有什麼影響？

篩選視覺資料就是最好的佐證。二加二一定等於四，無論這些數字的外表如何變化，近距離觀察字母的外型絕對是浪費時間。辭彙的拼寫方式、不同硬幣和紙幣的價值、物體、人物和地點的識別，都能夠更有效地透過刻板的語言分類處理。

但是如果一個人一生中受到的全部教育都要求他篩選出視覺資料，並只選擇用語言來建立概念，會出現什麼樣的結果？他最終會不會失去看事物的能力？又或者這只是一種局部性的損失，是有選擇性的呢？那麼我自己到底接受了什麼不同的訓練，致使我像那些病人一樣，看到那些視覺資訊，甚至有的時候並不是我自願的呢？對於那些不能輕易地壓制視覺資料、不喜歡使用辭彙分類功能的人來說，他們該怎麼辦？我們怎樣看待這種人，怎樣看待他們的潛在能力，怎樣看待他們生活中的機會，怎樣看待他們的未來？

心理學家對智力的設想導致社會對它的錯誤想法，人們認為智力是一種特殊的東西——某種「金蛋」——而且我們非常珍惜它，儘管它是由看起來微不足道的事物展現和組成的，而且還經常受到這些事物的挑戰。它完全不能（也不願意）激發想像力。
最糟糕的是，人們認為智力是學習技巧和理解事物所必須具備的前提，儘管它已經被我們當成最寶貴的金蛋來珍惜，卻不能透過任何努力來獲得。讓人難以置信的是，人們的所有社交活動、個人的自信，以及在教育和工作機會方面作出的重要決定，都是建立在智力這個不牢靠的金蛋上的，而智力的標準又完全基於IQ測驗這個神祕的東西。
——格理高利（R. L. Gregory），《大腦的科學用途》（*Mind in Science*）

試著把注意力集中在它們的關聯上

關於這個論點的問題堆積如山，爲了把它們整理得更有系統，我試著把注意力集中在看事物的能力、繪畫的能力和創造力之間的關聯上，如果它們之間有關聯的話。其實我在第一本書中就已經嘗試地探索了這些關聯，在《像藝術家一樣思考》中，我指出學習繪畫能提高一個人的創造力，也能夠提升藝術的自信。對於後面這個目標，我比較肯定：我的學生全都提升了對自己藝術能力的自信。

繪畫能讓創造性大腦向人們展示它的工作狀況。繪畫揭露出視覺思維的中心，連接精神和感知，懇求想像力的加入；繪畫是一種冥想的行為。
——希爾（Edward Hill），《繪畫的語言》（*The Language of Drawing*）

然而，對於提高創造力的承諾，情況卻不那麼明朗。許多學生告訴我，在學習完繪畫以後，他們覺得自己更有創意了，而且有的人還提供創造性成果的實例。我也知道，不知何故繪畫的確能釋放創造力——但我卻無法準確地說出到底整個過程是如何完成的，也無法清楚地表達這個概念。

圖3-9　第45頁那些難題的答案。

●「F」測驗
答案：我們傾向於遺漏掉「of」這個詞裡的「f」。總共有36個「f」。

●多種用途測驗
衡量回答是否具有創造力的標準是，列舉的用途是否涵蓋各種不同的類別，例如：蓋一面牆；磨碎製成紅色油漆；用它砸你最壞的反對者；製成一個鉛錘……
另外，一個人如果能在固定的時間裡答出越多回答，那麼他的思維也越靈活，這也是創造力的一個方面。

●正方形面積的測驗
把圓圈的半徑放到與正方形相交的點上，會使整個問題變得更簡單。

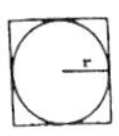

●九個圓點的測驗
大多數人會把思維局限在九個圓點以內正方形的範圍裡。當他們把正方形拋開，再來思考這個問題，把九個圓點連接起來時，答案就立刻呈現在眼前。三條，兩條，甚至一條線都能把所有圓點連接起來。

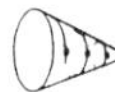

然而我很肯定，繪畫與創造力之間的關聯與看事物的方式有關。然後有一天我突然想到，從許多方面來說，繪畫的過程就是創造過程的情景重現。首先，在繪畫時，一個人工作很長一段時間，深深地沉醉在觀察事物的奧妙中，根本就沒有意識到時間的流逝。沒有時間觀念是繪畫的一個重要特質，對我來說，這個特質與創造過程中孵化階段的無意識狀態非常相似。在繪畫時，一個人其實知道認知識別系統在發揮作用，只不過它是在大腦的更深處作用而已。

其次，在繪畫時，一個人不僅能感覺到被感知物體的本身，同時還能感覺到它與其他物體的相似處——頭髮很像大海的波浪，那隻手的姿勢很像樹枝上的花朵。研究者與發明創造者指出，這種象徵性、比喻性的思維不僅包藏在繪畫的過程中，還深嵌在創造過程中。

再者，創造者要求單獨進行工作，繪畫也一樣，特別是需要沒有辭彙語言的打攪。大多數藝術家在沉默和孤獨時的工作狀態最好。

最後，也是最重要的，由於繪畫的能力要求以上所有的感知技巧——特別是看事物的技巧——我想也許創造過程中最難以捉摸的三個階段（初步靈感、孵化和啓發）與視覺感知也有非常緊密的關聯，我這裡所說的不是「看事物」字面上的含義，而是特指藝術家的視覺感知。

看事物的特殊方式不僅包括觀察事物整體的能力，還包括感知整體間各個部分的相互關係，以及各個部分與整體之間的關係（也就是你在進行顛倒繪畫時經歷的過程）；遠離語言的判斷，集中精神觀察「外部物體」實際形態的能力；以及感知事物本身和其象徵性意義的能力。

在我深思視覺感知和創造力之間的關聯時，心中的靈感非常模糊，且閃爍不定，使我的進展緩慢。經歷了一些不安和半信半疑的情緒後，我繼續自己的搜索，結果出乎意料地找到隱藏在語言中的關鍵線索。

4. 創造的五個階段

有人曾說過，創造力實際上是把我們知道的重新編排，從而找出我們所不知道的……。因此，我們如果想進行創造性思維，就必須從一個新鮮的角度來看那些平常被我們想當然的事物。
——科尼勒（George Kneller），《創造力的藝術和科學》（*The Art and Science of Creativity*）

看事物的能力在創造性思維中到底扮演什麼角色？爲了尋找相關線索，我再次閱讀創作人士留下的文字、信件和日記。經過了一段時間毫無成果的瀏覽後，我突然不知何故地把注意力集中在閱讀文字的措辭上，而且從這裡看到了新的曙光：我意識到，那些創造者幾乎每一次都把自己受到的啓發，也就是創造過程的第四階段，描述成某種視覺景象。

一段又一段的文字不斷使用相同的動詞to see（看，領會）：「突然之間我看到了答案！」「有一天我做了一個夢，夢中我看到了問題的答案。」法國詩人瓦勒里（Paul Valéry）這樣形容靈感：「有時我可以觀察到，大腦裡有一絲感覺；它就像一束微光，這種啓發並不會使人眼花繚亂……你會說『我瞭解了，明天我會瞭解得更多的』。所以某種大腦活動的確存在，這是一種奇怪的感覺；很快你就如同到了暗房，準確的圖像馬上就能浮現。」

在進行任何類型的調查研究時，你沒有可能不意識到，真相正躲在各種各樣的提議裡，跟我們玩捉迷藏的遊戲，過去的種種給我們不少暗示，如果在這樣的暗示下你還是找不到任何東西，那麼這就不是上帝的錯了，而是我們人類太愚昧。
——康納利（Crril Connolly），《過去的定罪》（*Previous Convictions*）

這個發現非常讓人激動。我終於知道看事物的能力與創造力之間的關聯了——這個答案其實一直就在我的眼前。一旦我清楚這個概念，我一次又一次地發現同樣的視覺景象出現在文字中，主要以動詞to see（看，領會）的形式出現，用來形容發明、發現和調查問題的答案突然出現的那一刻。

我起初怎麼能看不見這個事實呢？這個重要的暗示深藏於語言之中，僞裝成我們如此熟悉的語言形式，以至於我輕易地錯過它們，或者根本就沒意識到它們傳達的含義。我發現就算創造力本身，也經常被定義爲某種視覺景象：「創造力是指用新的方法來看問題的能力。」「創造力是指從新的角度來看事物的能力。」「創造力就是在想不到的地方尋找答案的訣竅。」我覺得自己也「進入了一個暗房」，而準確的圖像馬上就要浮現出來。

揭開藏在語言中線索的面紗

首先，我發現啓發（Illumination），荷蒙賀茲口中所說的得到靈感的那個時刻，也就是創造過程的第四階段，這個詞本身在字典裡的定義是：「為了能夠看得更清楚，在物體上打光。」在這個發現的促使下，我進而調查了可與啓發進行互換的兩個詞：直覺和洞察力。這兩個詞都能揭示藏在它們起源中的一些線索。直覺（intuition）的詞根是intuitus，拉丁語動詞intueri的過去分詞，這個詞的定義是：「在沒有經過理性思維和推論的情況下，獲得直接知識或認知的能力。」——也就是說，在沒有經過思考前，直接看清楚事物，「獲得畫面」。

對洞察力（insight）這個詞的調查把我帶到其他非常有趣的方向。洞察力與直覺這個詞一起出現，它直接涉及到看事物的能力和視覺景象，但指的是看清不一定非常顯著或實際可見的事物，例如「看透」某些事情，或「理解、領會」某些事情。理解、領會和識別力（洞察力的同義詞），「用眼睛（或其他感官）來探測」，或「精神上瞭解和識別」，這些辭彙和定義指明了看事物的能力和創造力的關鍵元素，瞭解——也就是理解、領會和明白，之間的關聯。

深謀遠慮、後見之明和聰明這些詞都是相同概念的不同體現。其他習慣用語和短語巧妙地強調「看事物」和領會的不同面向：遠見、眼力、看到事物的比例關係、看到事物的差異、看透某人（或某些詭計）、看到曙光、集中注意力等。實際上，當某個人掙扎著想要弄懂某件事情，而「曙光或黎明終於來臨時」，人們最常用的表達方式就是：「我看到（明白）了！」

在革命戰爭最黑暗的一段時期，華盛頓告訴勤務兵不要讓任何人打攪自己。華盛頓希望把自己面臨的問題交給大腦中具有創意和直覺的部分……根據他的陳述，華盛頓也是用這種洞察力來指導當總統這段時間做出的任何決定。林肯也是這麼做的，還有其他無數人。開國先驅們認為這麼做太重要了，因此他們在一美金的紙幣後面再提醒我們一次。在紙幣上，你看到一座未完成的金字塔，塔尖上是一隻眼睛。這個符號的含義有幾千年的歷史。無論是一個人的生活還是整個國家，它的結構都不完整，除非所有看事物的眼睛處於壓頂石的位置，也就是說，在指導我們決定時，我們大腦中具有創造力和直覺的部分要能擔當主要角色。

——哈曼（Wills W. Harman），《公共管理雜誌》（*Public Management*）〈最近這二十年〉

與繪畫有關的語言線索

這時打動我的是那些創作者令人愉快的感嘆——「有了！」和「啊─哈！」當我的繪畫學生最終在繪畫的引導下用特殊的感知看到某件事物時，這些感嘆也在他們的口中回響。同時我也明白，對於這些學生來說，這就是他們洞察到某件事物的形式。此外，這種經歷是有意識的（還記得你完成顛倒繪畫練習的那一刻嗎？當你把畫放正，就突然能夠一下子看見「整個大畫面」）。

對我來說，這個畫面還不完整，但我突然想到，透過繪畫來看事物的經歷可以用來澄清洞察力的概念——展示出它到底是什麼，如何知道和識別它，以及如何建立合適的環境條件幫助我們獲得它。無論如何，邏輯性推理和分析是透過辭彙和數字技巧訓練獲得的，而不是透過邏輯和分析技巧訓練。如果洞察力、直覺和啓發正如它們的詞根表明的那樣，是透過特殊的感知掌握事物的含義，那麼感知技巧訓練應該是獲得對整個創造過程更多理解的一種合適方式。

「但是請等一等，」你可能會反對說，「我不是瞎子。我的視力完全沒問題。」

法國數學家哈德馬德在談到他對視覺感知技巧的使用時，說：
「一位好的數學家在犯錯的時候，能夠馬上感知到並改正錯誤……這是因為，無論錯誤是什麼時候出現的，洞察力——那個同樣具有科學性的敏感特性——會警告我們，我們的計算看起來不是它們應該有的樣子。」
——《數學領域中的發明心理學》（*The Psychology of Invention in the Mathematical Field*）

當然這一點是毫無疑問的，任何有視力的人都有能力完成普通的視覺任務。但是我在這裡談到的是一種不同的看的方式，是一種透過繪畫來獲得的看事物的方式，它與普通視覺有著質和量的區別。

繪畫與語言的類比

語言使用中的一種類比情況可以說明這其中的區別：某個從來沒有學過讀和寫的人仍然可以使用語言——他還可以說話。這個人在說話時能夠展現他的風趣幽默、機靈、智慧，以及理解力。但他並不具備文化修養：他無法閱讀過去和現在多少個世紀遺留下來的文字，他沒有把自己的想法寫下來留待他人使用的能力，沒有透過閱讀增加知識的能力。幾乎所有人都會同意，學習讀和寫能使思考能力得到質的飛躍。

看事物的能力也一樣。某個從來沒受過感知技巧訓練的人仍然可以看見事物，也許甚至在注意力上還有非常敏銳的感知，例如，注意到臉部表情的細微變化、計算中出現的小錯誤或運動中微妙的動作。但我的學生大多同意，透過繪畫來學習看事物也能獲得質的飛躍。他們從前從來沒有意識到這個世界有那麼多可看的東西、每件事物呈現出來的形態又是多麼不同，以及這種看事物的方式會對他們的思維產生多麼根本的影響。

感知技巧的價值

人們如何從思考中得到真相？這就像某人要畫一張臉時，必須學會如何把這張臉看得更清楚。
——惠金斯坦（Ludwig Wittgenstein）摘自哈里森（Andrew Harrison）的《製造和思考》（*Making and Thinking*）

因此，讓我重申一下我的論點，學習看事物和繪畫的作用不僅僅停留在製作出藝術品，就像學習讀和寫的作用不僅僅停留在寫出文藝作品。學習用藝術家的方式看事物的目的也不只是爲了能夠看到更多東西，或看得更清楚；（至少對於大多數人來說）這麼做的目的必定不是爲了成爲一個職業藝術家，儘管有可能會出現幾個這樣的例子。感知技巧，就像辭彙技巧一樣，非常有價值，因爲它們能夠提升思維能力。

因此，我逐漸將拼圖中的每一塊集合起來。但是如何才能把它們拼湊起來呢？辭彙和感知技巧到底能夠在創造性思維的過程中發揮怎樣的作用呢？

易於理解的兩個階段

「創造過程中的」累積階段是對所有剛萌芽的想法的可能性進行透徹調查。在寫《白鯨記》這本書之前，作家梅爾維爾讓自己完全沉浸在從古至今所有關於捕鯨的文字裡。
——科尼勒，《創造力的藝術和科學》

爲了回答這個問題，我想應該邁出的合理的第一步是，把五個階段中最不神祕的兩個階段分離出來：累積和驗證階段，創造過程的第二和第五階段。簡單地說，累積就是將資訊聚集起來。關於如何累積資訊進行調查研究的文字眞是多得數不勝數，圖書館就是爲了幫助研究者收集資訊而設定的——例如事實、圖形、資料和程式資訊。尤其在西方社會，一個人接受教關於驗證階段艱辛歷程的最經典例子，就是居禮夫婦在瀝青油裡尋找未知元素的故事。他們在發現新能源時感受到的巨大快樂，也掩飾不了經年累月地進行艱苦工作後所感到的疲憊不堪。

——科尼勒

我堅信，當我真的在進行思考時，大腦裡沒有任何詞語，而且我的情況與高爾頓（Galton）的情況一樣，當我閱讀完或聽到一個問題後，從我開始思考這個問題的那一刻起，所有的詞語消失了……。我非常同意叔本華的說法：「當所有的思緒被嵌入辭彙時，這些思緒就死了。」

——哈德馬德

愛因斯坦的朋友最喜歡講這樣一個故事：當愛因斯坦與同事們討論一個科學問題時，有時他會從朋友的身邊走開，並用他那充滿魅力、帶點德國口音的英文說：「我思考一會兒。」

——《愛因斯坦：百週年紀念版》（*Einstein: A Centenary Volume*）

育的方式主要是搜集和記憶資訊：哥倫布在哪一年發現美洲大陸？《哈姆雷特》是誰寫的？七乘以七等於多少？到了更高的教育程度，學生們總是專門研究一個專業領域，這樣就可以讓他們的大腦充斥更多越來越細微的事實和程式細節。因此，收集資訊的過程至少對我們來說是很熟悉的。

創造過程的最後一個階段，驗證階段，也比較容易理解。一個新的想法需要進行檢驗核實，並把它變成一個具體形態，使其能夠爲其他人所使用。儘管有創意的思考者列舉了許多快速驗證的例子——把在夢中或靈感閃現時出現的情形寫下來——但是這個過程還是非常困難和消耗時間，有時需要多年的努力，才能得出一個有說服力和毫無破綻的證據。但這個過程本身還是比較容易被人類理解和操作的，因爲它的程序已經被研究、分析、編成文字和詳細說明過了。讓我再重申一遍，西方教育的主要目標就是教導學生如何驗證自己的想法。在無數課堂裡，「證明它」的挑戰不時響起。

神祕的三個階段

比較棘手的是創造過程中的第一個和中間的兩個階段：初步靈感、孵化和啓發階段。無論從哪個方面看，這三個階段都顯得非常神祕，而且似乎都在躲避人類的理解。在產生初步靈感，也就是問題浮現時，大腦裡的情形是怎樣的呢？在孵化過程中，大腦對前一階段累積的資訊做了些什麼？偉大的法國數學家哈德馬德（jacques Hadamard）在旁注中描述了自己的思維創造模式。但是哈德馬德「眞的在思考」時，他大腦裡的情形是怎樣呢？他引用法國哲學家索瑞奧（Etienne Souriau）的話，有時需要「從旁側思考」。但是這個「旁側」到底是什麼？它指的是哪裡？當愛因斯坦爲了能「思考一會兒」而從朋友身邊走開時，他的腦海裡到底發生了什麼事？這些就是創造力難以捉摸的一面。而啓發階段，也就是靈感閃現的那一刻，也許是所有階段中最神祕的一個階段。

在我看來，如果把創造過程看成一個整體，那麼累積和驗證階段與我們平常對有意識思維的概念最切合，而初步靈感、孵化和啓發階段則與我們對下意識和潛意識思維的概念相契合。累積和驗證階段符合邏輯性、分析性的思維，而初步靈感、孵化和啓發階段則最符合想像力和直覺的概念。如果應用於繪畫領域，累積和驗證階段似乎更像注視和命名；初步靈感、孵化和啓發階段則更像用藝術家的方式觀察事物。

我一直相信，繪畫要求大腦的認知模式從主導的、辭彙性、概念性的L模式轉換到次要的、視覺性、感知性的R模式。到底是不是這樣呢？藝術家們證明繪畫的確能導致一種細微的意識變化，一種可以感覺到的精神狀態的轉換，這種轉換一般被描述成「用不同的方式看事物」。如果你問一位藝術家：「當你在工作時，大腦是不是處於一種不同的狀態？」大多數藝術家都會回答：「是的。」而且他們都不會問你爲什麼這麼問。然而請注意，一位藝術家只有在完成這種精神轉換後，才會意識到自己曾處於「不同地看事物」的狀態，而且他們通常都拒絕對這種不同的精神狀態進行深究。正如法國藝術家巴克（Georges Braque）說的那樣，神祕的東西「必須受到尊重」。

然而，我們可以調查這種「看事物的不同方式」的某些方面。例如，通常無法進行交談（當我在進行繪畫示範時，講話也非常困難），以及任何打攪都非常不受歡迎。另外，這種精神狀態讓人非常警覺，與做「白日夢」正好相反。人們會忘記時間的流逝，不會感到任何厭倦的情緒，偶爾也會感到一種深入的揭示或對奧妙近距離的洞察，如佛蘭克（Frederick Franck）在旁注中說的那樣，隨著大腦「跳入眞相的大海中」，自我被解放了。

一個假設的結構

爲了繼續把每一塊拼圖拼湊起來，我勾畫了一個假設的結

法國藝術家巴克總是拒絕太深入地探究自己的藝術作品：
「我自己的作品中有些祕密，某些神祕的東西，就連我自己也不能理解，不過我也從不嘗試去理解……。如果一個人越想去探究它，它就變得越神祕：我們永遠也無法掌握它。如果要讓神祕的事物保留它的力量，就必須尊重它。藝術打破規則：科學證明規則。」
——科尼勒，《創造力的藝術和科學》

簡單地看（look）和看事物（see）都是由感知開始的，但是它們之間的相似之處僅止於此。當我「看」世界，並標出看到的每一個現象時，我必須立刻作出決定，進行即時的評價——我喜歡還是不喜歡，接受還是不接受我看到的東西，而判斷的標準就是它對我到底有什麼「用處」。
「看」的目的是為了生存，適應和操縱……我們從第一天開始就已經接受了這樣的訓練。然而，當我要看事物時，突然間我的全身都變成了眼睛，我忘記自我，並從自我中解脫出來，跳進面前現實的海洋中。
——佛蘭克，《看事物的禪》（*The Zen of Seeing*）

構，用來描繪創造過程中各個階段的精神轉換。我推測，如果發生在繪畫時的認知轉換也發生在創造過程中，那麼這個畫面應該是這樣：

1. 假設我們找到了一個值得調查的範圍，也就是說問題浮出水面了。初步靈感階段會需要進行一個直覺的跳躍，使其能夠「看到」大量資訊，也就是「整個畫面」，並尋找缺失、不對勁或顯得有點「突出」的部分。總有某些東西被注意到，而關鍵性的問題就會浮現在腦海裡，這個問題通常是關於某些缺失的部分，或從一個全新的、想像的方位看到的東西。由於L模式並不適合如此大量和含糊的探索，我認爲初步靈感階段應該透過R模式完成。

2. 然後，假設，隨著大腦不斷地在我們關心的區域裡搜集、整理和分類資訊，L模式入主累積階段。第二階段主要還是有意識的，所以應由「標準的」、辭彙性、分析性和直線性的模式來完成。在這個階段，大腦的確會累積大量資訊，在理想狀態下，它會盡最大努力收集資訊。

3. 這時，L模式開始搖擺不定。讓我們回顧一下那些有創意的思想家們留下的筆記，他們都指出，當調查的線索逐漸消失，當邏輯性的問題公然與答案相違背，當拼圖拒絕被解答出來，而更進一步進展無法實現，一種不安、焦急和挫敗的感覺冒了出來。思維變得毫無結構可言。所有收集到的資訊像一塊塊智力拼圖那樣攤在桌面上（只有少數能夠拼湊起來），拒絕讓人進行邏輯性的分析。能夠揭示整個畫面的圖案、組織的法則、關鍵線索都不見了。由於更深入的L模式分析無法進行，整個問題被「放在一旁」。

假設這時整個問題被「移交」到另一個更加晦澀的大腦模式，那個視覺的、感知的、總括性的、直覺性的、尋找圖案的R模式。它自行——也就是說，在意識形態之外——處理那些在L模式主導的累積階段收集來的資訊，這就是孵化階段。稟承一貫的毫無時間概念、沉默無言、綜合的工作風格，R模式在一個想像的視覺空間裡熟練地操縱著收集來的資訊，不斷地改變大大小小各種形狀的資訊的位置，試著找到「最佳拼湊方式」，儘管整個拼圖的有些部分遺失了，但是它還是企圖構建一個和諧的圖案，試著看到整個大畫面，試著在空白的地方「塡空」，試著建立一個符合視覺邏輯的結構，使每一個部分相互之間和部分與整體之間的關係「恰當」。請注意，這個構造並不是按照邏輯分析——也就是線性語言的語法——建立起來的，而是按照視覺邏輯法則或啓發。

一個單詞的演化史

●啓發式的（heuristic）：形容詞或名詞

來源於印歐語系的wer（我發現）；在希臘語中，heuriskein（發現）這個詞來自於阿基米德的喊聲：「Eureka！」（我找到了！）

——托馬斯（Lewis Thomas），《一個細胞的生活》（*The Lives of a Cell*）

今日的解釋（韋氏詞典）：

啓發式的（heuristic）：

廣義：發揮指導、發現、或揭示的作用；

窄義：一個對研究非常有幫助的規律，但是未經證實，或者無法證實。

擺在一旁：一個不同的邏輯

關於這一點，研究指出大腦的右半球並沒有自己解決方式的內部模型，就算把某些法則和例子放在它面前，它也不會從中學到什麼。儘管這個說法對於某些R模式過程來說是正確的，但是卻與我自己和其他人的繪畫經歷不相符。繪畫還是有規律可循的，這些規律能夠指引看事物和繪畫的過程。這些規律當然不是語法性的，也就是說，它們不像語言語法那樣有順序地組織辭彙，使其組成各種短語、子句和句子。繪畫的規律非常博大，能夠允許無限的變化——這是個必要的特徵，因爲「外面」的視覺資訊擁有無限的變化，而且非常複雜。也許R模式解決方式的內部模型與L模式的太不相同了，使得L模式根本就看不見它，所以我們就以爲R模式沒有內部模型。

爲了展示這一點，讓我們看一看菊花的花瓣，它們的形狀大概都差不多。在（寫實）畫中，儘管我們不想瞭解，但還是被（繪畫的規律）要求把每一個花瓣當成獨立的個體來觀察，同時觀察它與其他所有花瓣、花莖、葉子和整個形體周圍的空間（還有每個花瓣、葉子和花莖周圍的空間）之間的關係，以及觀察所有這些與畫紙的形狀、每個線條的明與暗和每個痕跡的模糊和清晰之間的關係等等。

從某種意義上來說，這與L模式的思維風格正好相反，它

兩種模式的繪畫

下面這個簡短的練習將幫助你找出這兩種繪畫模式的區別：

1. 在一張草稿紙上，複製蒙德里安的《菊花》中的某個小局部。例如一片葉子，或者某個小區域的花瓣。試著按照自己看到的準確模樣把所有線條畫下來。

2. 然後，在同一張紙上，複製第二幅畫（圖4-2）中的一片葉子，或者某個小區域裡的花瓣。在你畫第二幅畫的時候，注意感受大腦模式，線條快慢，難度和複雜度的不同。

3. 最後一個步驟是，選一盆花，使用兩種模式把它畫出來。

圖4-1
一種看事物的風格……
蒙德里安，《菊花》

圖4-2
另一種看菊花的方式

只會看到一大堆花瓣並問：「一個典型花瓣的基本形狀是怎樣？」然後毫不猶豫地簡化出一個象徵性的符號，並一遍又一遍地使用它，用以「代表」所有菊花花瓣。接著，L模式轉移到下一個類別，並問：「菊花花莖的基本形狀是怎樣的？」然後再決定菊花葉子的基本形狀。「好了，我完成了，」L模式說，「這幅畫叫『菊花』。」

圖4-1和4-2展示了兩種不同思維風格的成果。圖4-2可以一遍又一遍地重複使用，它符合L模式內部模型的思想，並可以用來代表任何一朵菊花，甚至代表所有「花朵」。

然而，荷蘭畫家蒙德里安（Piet Mondrian）畫的第一幅畫展現了一個完全不同的策略，這個策略不是根據歸納出來的形狀，而是實際的、獨特的、無比複雜的形狀。由於蒙德里安畫作的複雜性，只有費很大的努力才能把它複製出來。此外，如果是另一朵菊花，這位藝術家一定會重新開始畫，如果是相同的菊花，但看花的角度有了細微的變化，他也會這麼做。

我認爲，正是因爲這種樂意接受巨大的複雜性和每一種特殊情況的態度，使L模式無法忍受R模式。它難以接受R模式是如此的不同——這讓我想起音樂劇《窈窕淑女》（*My Fair Lady*）中的一首歌：「爲什麼女人不能變得更像男人？」L模式說，爲什麼R模式不能變得更像我，爲什麼它不能像我一樣簡明扼要，只把重要的挑選出來，找到普遍的規律並堅持下去？爲什麼還要花精力在這些複雜的東西上呢？如果每個花瓣稍微有點不同，那又有什麼要緊呢？它們基本上都差不多。有點小差異也沒什麼關係。R模式不同意（就像L模式不同意結算支票簿這項工作是單調乏味、不重要的一樣），瑞士藝術家克利（Paul Klee）也不同意，他拒絕對看到的事物和「外部」事物的眞相作出假設。除了無法抵抗的複雜性，R模式在意每一個獨特的存在形式。

思考風格的巨大不同導致兩個過程所處的意識形態也不同。R模式應該主要存在於意識形態之外；L模式更加願意忽視「擺在一旁」的R模式的存在。

我認爲，這就是孵化階段過程中發生的事情，它最終引出了創造過程中的啓發階段。資訊的數量太多，以及同時進行的空間感知太複雜，以至於超出了線性的、有續的、基於語言的思維模式的能力範圍，也不適合它的風格。L模式也許並沒有意識到到底發生了什麼事，只是繼續進行更加「正常的」意識活動，讓更適合自己思維模式的認知占據自己，而它的夥伴正躲在「一旁」思考。

1922年，偉大的原子物理學家波爾正在鑽研一個原子動力學問題，而且陷入了困境。在1980年的一次演講中，哈佛物理學教授赫頓描述，波爾的大腦當時處於「幾乎絕望的」狀態：

「波爾已經知道這個問題不僅與物理有關，還與認知論有關。人類語言根本就不適合描述原子內部的情況，因為在那以前我們與原子幾乎沒有直接的接觸。但是由於任何理解和討論都必須依賴現有的語言，所以這種語言的缺乏使當時很難找到一個解決方案。」

「波爾坦承，起先他並沒有使用經典力學研究出複雜的原子模型；他是從『直覺』中得到答案的，『就像一幅圖像』，展示著原子內部的活動。」

——赫頓（Gerald Holton），《追蹤創造產生的那一刻》（*On Tracing the Nascent Moment*）

一個假設的結構

讓我們回到我先前推測的創造過程的構造，下一個階段應該如下所述：

法拉第、高爾頓、愛因斯坦和其他著名的科學家都曾經反映，他們是透過視覺圖像來解決問題，而且之後才把他們的思維翻譯成辭彙。
一個著名的例子是，愛因斯坦無法使他那特殊的相對論與牛頓物理原理取得一致。他彷彿看到一個箱子從高處自由落下；在箱子裡有一個人，他把口袋裡的硬幣和鑰匙拿出來，並把這些物體從手中放開。愛因斯坦看到，這些物體還是會處於空氣中原來的相對位置，因為它們與人的降落速度是一樣的——這種情況與缺乏地心引力的宇宙空間裡的情況一模一樣。
從這個視覺圖像中，愛因斯坦能夠感覺到一些似乎相互矛盾的運動和停頓，加速度和地心引力關係。後來他在相對論中，把這些情況用數學公式和文字表現出來了。
——韓特（Morton Hunt），《心中的小宇宙》（*The Universe Within*）

4. 假設潛意識裡的孵化階段持續了好幾天，好幾個星期，或好幾個月。也許L模式一直就對調查的問題感到擔憂，然後假設有一天，需要解決問題的人正在高速公路上開車，或正要上一輛公車，又或者像阿基米德那樣，正躺在浴缸裡，終於，「他看見了曙光」。直到這一刻，R模式還是一直存在於意識形態之外，並且一直在一個想像的視覺空間裡，按照自己的獨特規律操縱著所有的資訊，它一直在尋找解決這個難題的鑰匙。突然之間，每一個部分都找到適合自己的位置，整個結構看起來很順眼，所有的空間和形狀組合起來，並且滿足這個問題的所有約束。整個問題的答案清晰可見，他終於受到啓發了。「啊—哈！」「這就對了！我現在終於明白了！」「有了。我找到了！」

在靈光閃現的那一刻，腦子受到的啓發怎麼看怎麼順眼。發現者興高采烈地擁抱問題的答案，因爲它讓孵化階段經歷的不安和焦慮消失無蹤。創作人士們的日記和筆記告訴我們，伴隨著啓發階段到來的是一種深深的喜悅，就像看見了某件美好事物一般。人們對問題答案的評價往往是「美極了」或「第一流的」。但更重要的是，啓發階段不僅讓人感覺很好，看得順眼，人們還知道它一定是正確的，一種非常確定的感覺流遍創作者的全身，他們頓時神清氣爽。

5. 從某種意義上來說，R模式把問題的答案按照與L模式匹配的形式呈現給它。隨著事情逐漸沉澱下來，L模式會問自己：「那個答案到底是從哪裡得來的，它怎麼突然之間就浮現腦海？我剛才根本想都沒想過這個問題，答案就出現了。太奇怪了！我想也許只是點小運氣。我一定是無意中發現了這個答案，否則它怎麼會無緣無故冒出來。啊，好吧，沒關係。這不重要。不知何故我就是知道這個答案是正確的，既然我已經看到曙光，就可以繼續完成這項工作了，或者說，眞正開始這項工作。我可以檢驗它，看看到底是不是這麼一回事。如果是這麼一回事，就把證據寫下來。」因此，在創造過程中的最後一個階段，驗證階段，L模式又重新奪回主權。

由於孵化階段和接下來的啓發階段都存在意識形態之外，而且突然地冒出來，像一個驚喜、一個謎、一個令人費解的事件，人們會不會覺得問題的解決其實是因爲自己的好運、繆斯女神的眷顧，或者某種被稱爲「天賦」的東西？在人們的意識裡，辭彙性的左腦總是這樣解釋整個過程，問題的答案是「上天的禮物」，或從「完全不知道的地方」鑽出來的。其中最後一種方式也許就是左腦沉默的夥伴——右腦，提出來的，對於大多數人來說，它的確掌管著左手和左邊的視野。

但是關於靈感來源的沉思通常非常簡短，L模式馬上就進入最後一個階段，繼續自己最拿手的工作。有了對最終結果的自信後，創作者循序漸進地寫作、作曲、描繪建築物的藍圖、檢驗數學公式、改組公司人員，或製造一台機器，簡短地說，就是一步一步地驗證從「啓發」中得來的問題解決方案。

我對自己說，到目前爲止一切順利，創造過程五個階段的概念符合思維模式的不同組合。初步靈感階段主要由R模式主導，但是由意識的問題而引起的，比如說，「如果……那該怎麼辦？」或者「我想知道爲什麼……」又或者「爲什麼……」；累積階段主要由L模式主導；孵化和啓發階段主要由R模式主導，它們在一個想像的空間裡操縱L模式的資訊；最後，驗證階段主要由L模式主導。

1	2	3	4	5
初步靈感	累積	孵化	※	驗證
			啓發	

這的確是一個「第一流的」公式。我就是這麼認爲的，至少我已經朝正確的方向邁出了一大步。但我還是遠離自己設定的目標：首先，確切地說，如何才能進入創造過程中，晦澀的、難以捉摸的初步靈感、孵化和啓發階段？其次，我如何才能把這個過程教授給其他人？我怎樣才能找到辦法把心中的藝術家畫出來？

1907年，當愛因斯坦領會到地心引力是一個不均勻運動的時刻時他說，那是「我生命中最快樂的時刻。」
——培潔爾斯（Hans Pagels），《宇宙的密碼》（*The Cosmic Code*）

不是所有的發明創造者都覺得（為了驗證的目的）從想像空間回到語言很容易。19世紀偉大的遺傳學家高爾頓（Francis Galton）寫到：
「我的寫作能力極其差勁，而我解釋自己的能力更加差勁，因為對我來說，用辭彙來思考很困難。我經常會遇到這樣的情況，當我努力研究某個問題，並得出讓我滿意的結論後，一旦試圖把它們用語言來表達，我就覺得必須從頭把自己放在另一個智力平台上去。我曾經把自己的思維翻譯成語言，為此我花費了大量的時間尋找合適的辭彙和短語，而且當我突然被要求把想法講出來時，我能清楚地意識到，如果不透過清楚的感知，而是透過笨拙的辭彙和語言，我的想法會變得含糊不清。這就是我生活中的小煩惱。」
——哈德馬德，《數學領域中的發明心理學》

達文西，《天使的頭研究》

第 II 部
讓思緒看得見

問題是，誰對創造力有興趣？我的回答是，基本上每一個人都感興趣。這種興趣再也不限於心理學家和精神病學家。現在它已經成為一個國家和全世界的方針政策。

——馬斯洛（Abraham Maslow），《更深入的人類本性》（*The Farther Reaches of Human Nature*）

5. 用類比的語言作畫

當然，作爲一個教師，我必須依靠辭彙語言教我的學生。但是作爲繪畫老師，我同時還會用到其他的語言——繪畫本身的視覺語言。因此，我在如何教授創造過程的這個問題上，也打算使用兩種形態的語言。

一個偶然的機會，我看到了歐威爾（George Orwell）寫的一篇散文，這篇文章名爲〈新辭彙〉（*New Words*），大概完成於一九四〇年。儘管這篇文章的主要內容是關於辭彙性的語言，但它讓我把自己的研究與創造者的筆記結合起來，還證實了我對於創造過程中L模式和R模式在各個階段所扮演的角色的觀點，以及二十年來我一次又一次地拿起又放下的概念：繪畫——也就是留在紙上的痕跡，無論是否具有可識別的圖像——可以被當成一種語言來解讀，而且它們能夠向製造這些痕跡的人（以及欣賞者）揭示作畫者腦海裡到底發生了什麼事情。

在視覺藝術範圍內的繪畫，對我來說似乎具有與純粹的思維最接近的結構。
——紐約現代藝術館繪畫主管艾德菲爾德（John Elderfield）

這並不是一個新鮮的或原創的想法，我越來越被這種說法所打動，認爲繪畫也能揭示出在繪畫的過程中到底哪一個大腦模式——L模式還是R模式，具有主導作用。此外，我一直在與自己的學生共同研究一個看法，那就是**抽象的繪畫可以揭示出連思考者本身也沒有意識到的思緒**。——也就是說，在紙上留下純粹的表達性痕跡，完全沒有任何寫實性的或象徵性的圖像。

關於歐威爾的文字摘自《歐威爾的散文、採訪和信件合集》的第二部分：《我的國家，左派還是右派》。

挖掘視覺的思緒

在〈新辭彙〉中，歐威爾使用「讓思緒看得見」的短語，對於我來說，這似乎正是我尋找的東西，一個指向R模式語言的線索，這種語言與L模式辭彙性的語言類似，卻又完全不同，而且它有可能提供進入創造過程中那些晦澀的、只有R模式才能工作的階段的方式。

在歐威爾的這篇文章中，他想到在描述思緒時辭彙有限和受限的能力——這與前文高爾頓的「小煩惱」不謀而合。歐威爾說：「任何有思考能力的人都會注意到，我們的語言在描述腦海中發生的任何事情時，顯得特別無力。」歐威爾建議發明新的辭彙來解決此問題，但他又很快指出，如果每個人不時發明新的辭彙來描述自己的精神世界，那麼就會天下大亂了。然後他又回到原來的想法，製造可以描述精神狀態和事件的新辭彙的第一步，就是要「讓思緒看得見」。

「總而言之，」歐威爾寫道，「必須給辭彙一個物理的（或者說視覺的）存在方式。只談談它的定義是沒有用的；當你試圖對文藝評論家使用的字眼（如感情脆弱的、平民化的、病態的等等）下定義時，你就會明白我的意思。這些字眼毫無意義——或者說，對每個使用它們的人來說，都代表不同的意思。我們需要的是讓語言呈現出一種特殊的形態，以讓所有人都不會搞錯它的意思，當不同的人在腦海裡進行識別和認可時，能夠對其統一命名。這個問題很簡單，只要找到一個辦法，讓思緒客觀地存在就可以了。」

歐威爾進一步指出，電影可以成爲溝通精神過程的介質：「請你想一想，大腦中幾乎任何一點細微的活動都能夠透過電影的神奇力量表現出來。一位擁有私人電影攝影和放映機、所有必要的道具和一整個劇團聰明演員的百萬富翁如果願意，就可以把所有他的內心活動都展現出來。他可以解釋自己行動的眞正理由，而不是說一些合理化的謊言，他還可以指出自己認爲美好、可憐和有趣的事物——而一個普通的人只能把對這些事物的感覺鎖在腦海

詩人尼姆羅夫（Howard Nemerov）對這個想法很感興趣：有可能我們擁有另一種語言，一種與辭彙性語言完全不同的語言。尼姆羅夫注意到，法國作家普魯斯特「曾經接近過這個想法，但又讓它瞬間溜走了」。

普魯斯特寫到：「正像某些生物是一種生活方式自然淘汰的最後證明，我問自己……如果人類沒有發明語言、辭彙，和對想法的分析，這個世界將變成什麼樣子……這是個永遠沒有答案的可能性。」

——尼姆羅夫，《關於詩歌、繪畫和音樂》（*On Poetry, Painting, and Music*）

我們這些智者對自己並不瞭解：這種現象有很好的原因。我們從來不尋找自我——那麼我們又怎麼會意識到，應該要找到自我呢？

——尼采，《道德的族譜》（*On the Genealogy of Morals*）

裡，因爲找不到語言來表達它們。大致上，這位百萬富翁應能讓其他人瞭解他……儘管把思緒轉換成可見的形狀並不容易。」

歐威爾注意到，儘管他把這些思緒寫下來時只用了很短的時間，但他還是認爲這些想法具備一定的價值：「讓我好奇的是，當我們的知識、生活的各方面以及（我認爲緊跟著的應該是）我們的大腦都飛速發展時，語言這種溝通的主要媒介卻幾乎沒有改變。」

使用歐威爾的概念來畫畫

對我來說，歐威爾的概念與繪畫不謀而合。繪畫能夠使思緒變得客觀——它可以使思緒凸顯出來，輕易被大家看見。繪畫與辭彙性語言有根本上的不同，特別是在處理「生活的各方面」時發揮的作用。例如，繪畫不被線性的時間（L模式）所約束，因此它能闡明過去、現在和未來存在的複雜相互關係。另外，在畫畫時，人們可以表達過於複雜，或經過辭彙的「過濾簡化」後變得不準確的想法和感受。繪畫還可以把當即領會的相互關係展示成一個簡單的畫面，而辭彙則必須按一定的順序將其一一鎖定。

如果有一個漂亮的答案，就有一個更漂亮的問題。——葛德斯丁（Nathan Goldstein），《反應性繪畫的藝術》（*The Art of Responsive*）

除此之外，繪畫能傳達豐富的資訊，並能求同存異。在繪畫時，R模式通常不會按照分類選擇資訊，而是觀察所有「外部」（或人腦海中的）事物，同時尋找統一的、可以連接各個不同部分的規律。換句話說，繪畫能夠幫助每一個人獲得整體畫面，看清整個佈局，讓事物更清晰，集中精神對準問題，同時見樹又見林，在視覺空間裡變換每一個部分的位置，並看見如同白晝一般的曙光。我想知道，它還能不能幫助一個人進入初步靈感階段，找到問題所在，並提出一流的疑問？

繪畫中存在的可能性

一種能夠幫助大腦進入R模式的視覺語言應該是什麼樣

子？它的規律是什麼？這些規律與所謂的「藝術法則」——也就是構圖的法則——相似嗎？如果它們更爲複雜，那麼能不能把它們翻譯成普通的語言，還是它們根本就與語言不同，而且存在於語言之外？視覺的次序和排列有必備的條件嗎？視覺語言可以組合成L模式能夠理解的形式嗎，還是如此的「解讀過程」對辭彙來說太複雜了？視覺和空間關係有專門的辭彙和語法嗎？機會和意外在這裡又扮演什麼角色？在充斥著各種可能性的世界裡，這種語言的使用者該如何應付壓得人透不過氣來的各種複雜事物呢？

這些就是我經常問自己的問題，我絕對沒有接近完整的答案。但我相信在人類的大腦裡，這種語言的確有存在的可能性。然而，它的形式、規律、使用的辭彙以及把它翻譯成普通語言的可能性，現在我都不知道。

至少我們暫時可以說，由這種語言組成的句子和命題也許是視覺性的，它的語法是一組（無約束的）感知策略或啓發形式，它的辭彙是一組可廣泛解釋的、不固定的、永遠處在演化中的視覺形態，這種視覺形態具有可識別的大體涵義，但卻有無限的可變性（這樣才能符合歐威爾所說的讓思緒看得見的條件）。它的次序和排列必須是視覺性的、空間性的、相互關聯的以及同時發生的，而不是語言辭彙性的、分析性的和有續的。如果具備上述特徵的R模式語言的確存在，那麼它應該是一種有深度的、複雜的、非常靈活的語言。它不僅不輸辭彙性的語言，而且有可能眞正地讓思緒看得見。

很顯然，這種類比的R模式語言依賴視覺感知來「解讀」畫面，但是如果能把這個畫面擄獲並翻譯成詞語，將會很有用——這讓L模式有可能處理視覺概念。然而，毫無疑問地，這種翻譯非常困難。

我的腦海裡完全找不到辭彙的影子，直到我需要把結論翻譯成文字或口頭形式的時刻……
——哈德馬德，《數學領域中的發明心理學》

在我看來，主要的問題是兩種表達模式複雜程度的不同：圖像幾乎總是很複雜；而辭彙往往將複雜的事物加以萃取、簡化和提煉。換句話說，辭彙與圖像之間的關係就像繪畫的標題和繪畫本身之間的關係。辭彙（或標題）不能完全取代圖像，但如果選擇得當，與圖像相稱，它們就能給圖像「加上標籤」，並隨時把圖像召喚到「腦海」中，保留它們的複雜性。

辭彙和圖像的兩面性

拋開複雜性不說，我直接向前邁進，假定繪畫的非辭彙性視覺語言與辭彙性語言平行存在，儘管我現在還不能用L模式的術語把它描述出來。當然，繪畫的語言並不是惟一可類比的語言。很明顯，還有許多非辭彙性的語言存在，如聲音（音樂）的語言、運動（舞蹈或體育活動）的語言、抽象的符號性思維（數學和科學）的語言、色彩（彩色畫）的語言、電影的語言（如歐威爾提議的那樣），以及大自然本身的語言，例如遺傳密碼。這其中的每一種語言都能夠成功解讀R模式的思維——讓思緒看得見。

繪畫非常簡單。但其他非辭彙性語言儘管也很有效，卻由於需要工具、空間、原料或身體的靈活性而變得很複雜。舉例來說，音樂（除了唱歌以外）需要樂器，由於它的雙重大腦模

畫水彩畫完全是一種娛樂。我還不知道有任何不耗費體力的事情，可以比繪畫更耗費腦力。無論當前的憂慮或對未來的威脅是什麼，一旦筆下的畫面逐漸形成，大腦就再也沒有任何空間來擔心它們了。他們消失在陰影和黑暗中。一個人所有的腦力都集中在手頭的任務上。時間也被丟在腦後。
——邱吉爾，《作為消遣的繪畫》（*Painting as a Pastime*）

圖5-1
邱吉爾在畫水彩畫。

式特徵，而變得過於複雜。水彩畫需要那些體積龐大而又昂貴的原料，如畫筆、顏料和畫布（不過英國前首相邱吉爾，如圖5-1所示，覺得這些根本就不是問題）；舞蹈和體育活動要求身體具備一定的柔韌性，還需要活動和表演的空間；數學和科學需要至少接受過基本的訓練；如果想要探索大自然的奧祕，就必須具備高級的科學技術和哲學理論，並進行深入的冥想。最後，如歐威爾指出的那樣，用電影來記錄某人的思想需要百萬富翁的資金支援。

只用繪畫來進行思考

相反地，繪畫（素描）只需要最簡單的原料。史前人類的岩洞畫清楚地展示了繪畫要求的原料是多麼簡單：一個可以留下痕跡的平面和能夠製造出痕跡的東西。多少個世紀以來，原始的部落成員透過使用最粗糙的繪畫工具——一點炭化的木頭或一根沾著黏土灰的樹枝——製造出精美的畫面。這些畫面一般以自然的形態爲基礎，呈現出他們的看法和信仰。

圖5-2
《男巫士》，15000～10000年前

繪畫沒有太多對身體的要求。只需要基本的運動技巧和眼與手協調性就足夠了，就像穿針引線和接球的基本技巧。許多殘障人士向我們展示了繪畫所需要依賴的普通運動技巧多麼少。就算不使用手，一個人也可以學會繪畫，有些癱瘓的人用自己的牙齒咬住筆，也畫出了優美的作品，有些截肢的人用腳拿筆或用臂膀夾著筆，同樣也能畫畫。重要的是知道如何去看。

簡易地說，繪畫是閱讀的沉默雙胞胎。人們在任何年齡都能學繪畫和閱讀，可以從小時侯開始學，也可以從生命中的最後一天開始學，只要你的眼睛還健康。其中的任何一項都能在任何環境下完成，不論是白天還是黑夜，不論年齡多大，只需要具備最基本的生理和心理健康。像閱讀一樣，繪畫也可以在一間普通的房間或者戶外學習，完全不需要當今美術課堂裡的那些精細工具和設備。

圖5-3
雷頓（Elizabeth Layton），《母親節》。
雷頓很晚才開始她的繪畫生涯，當時她希望能減輕中風後患上的憂鬱症。繪畫證明很有治療效果，所以雷頓繼續她的繪畫生涯。從那以後，她的畫被拿到全國各地展覽，並受到大家的喜愛。

哲學家博藍尼曾說過一句晦澀的名言：「我們知道的，比我們認為自己知道的還要多。」

爲了確定繪畫的確有可能是一種與辭彙性語言相對稱的語言，首先我必須向所有的讀者展示繪畫語言的確存在，而且你已經有能力解讀它，至少部分地解讀它。史前人類的岩洞畫讓書寫語言的出現提早了大約一萬年，這個事實讓我有所啓發，繪畫語言似乎有可能來自於大腦的先天結構，就像辭彙性語言也來源於先天的結構（心理語言學家杭斯基〔Noam Chomsky〕假定語言是大腦「深處的結構」，由已經存在的人類語言的元素組合而成）。你已經知道（部分的）視覺語言的事實——儘管你也許並不知道自己知道，就像哲學家博藍尼（Michael Polanyi）的名言說的那樣；這個事實是：視覺語言的確有可能有一個先天的大腦結構。

那麼，你究竟該如何訓練這種天生的能力，可以使用——並理解——視覺語言的表達能力呢？很明顯，透過繪畫，以及透過學習如何繪畫，就像我們透過學習讀和寫來訓練辭彙性語言的能力一樣。

6. 創造可表述的標籤

如果你曾對自己說：「我從來沒畫過畫。」那麼我告訴你，這句話根本就是錯的。幾乎每天你都使用線條這種藝術中最基本的元素畫過畫：你「畫」過自己的名字。包含在那幅「畫」中的你的簽名線條，不論這些線條拼出的名字是什麼，都是大量的視覺資訊。這些資訊就待在原地等待所有人觀看和「解讀」。

Walt Disney

Thomas A. Edison

Martin Luther King Jr.

Jack Dempsey

M. Curie

名人的手跡

有些人把自己當成是解讀筆跡的專家，儘管這種被稱爲筆跡學的筆跡分析，從來沒能被大多數人當成是一種個人性格的嚴肅檢驗方式，但是無可否認，每個人的筆跡都是獨特的。你的簽名能夠表達你自己，而且只有你。實際上，你的簽名是一個合法財產，只有你才能擁有，就像你的指紋是你身體的一部分一樣。

由於英文字母不會有什麼變化——a就是a，不論它看起來是什麼樣子——你在畫自己姓名的字母時，使用的線條就是你簽名獨特性的來源。每條線的準確特徵來自於你的靈魂，你的生理條件和你的歷史。因此，沒人能準確地複製你的簽名，因爲你製造出的線條攜帶著豐富而又複雜的資訊，除了你以外，任何人都不能製造出這些資訊。

畫出你的名字

拿出一張普通的紙，然後試一試以下這些步驟：

首先，像你平常寫（或者畫）你的簽名那樣把你的姓名寫/畫下來。

接著，把紙放在一旁，然後看一看下列這組簽名。每一個簽名的內容都是一樣，是爲了別避免模糊主題。

這個David Jacoby應該是個什麼樣的人？他是個內向還是個外向的人？他喜歡什麼顏色？他應該開什麼車？你會不會借錢給他？他會不會是個很好的朋友？你信任他嗎？他有沒有很好的時間觀念，比如說，遵守約定的時間？你覺得他最近讀過什麼書嗎？應該是本什麼樣的書呢？

現在，把這個人放在腦後，想一想接下來這個David Jacoby應該是怎樣的：

這個人是不是與第一個David Jacoby不大相同？他是個內向的人還是個外向的人？他喜歡什麼顏色？他應該開什麼樣的車？你會不會借錢給他？他會不會還給你呢？他有沒有很好的時間觀念：他遵守約定的時間嗎？他最喜歡哪個電視節目？

現在，讓我們看看第三個David Jacoby：

再問一次，他是個內向還是個外向的人？他應該是做什麼工作？他最喜歡什麼顏色？他應該開什麼車？（對於這種書寫風格，我的學生有時會回應：「他應該是坐公車。」）他最喜歡哪個電視節目？遵不遵守時間？你會不會借錢給他？他會不會是一個值得信任的好朋友呢？

現在，讓我們看看第四個：

然後，第五個：

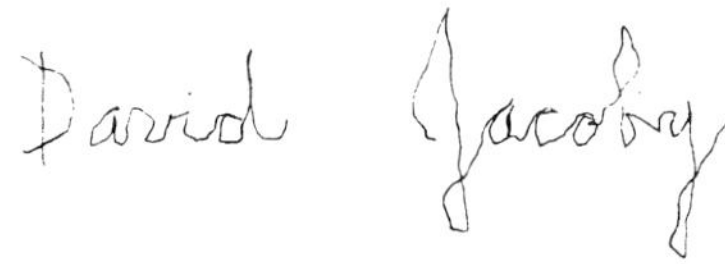

現在我要問你：「你怎麼知道這麼多關於這個虛構人物的事呢？」我想答案是（回應博藍尼的名言），你知道的比自己認為的還要多。這些簽名是一幅幅生動的繪畫，具有非常豐富的資訊，而且你可以透過直覺來解讀這些藏在資訊裡的語言。你能立即掌握這種語言，完全不需要任何訓練。而且至少在一定程度上，你對每個簽名背後那個人的直覺都是正確的，因為每個人的性格特徵都能影響他的筆跡。

解讀你自己的線條

接下來，把你簽名的那張紙拿出來放在一個手臂遠的地方。好好看看它，把它當成一幅畫（它實際上就是一幅畫）。試著根據直覺解讀這些線條所要表達的意思。試著把那些浮現在腦海中的、有點機械化的辭彙性判斷丟到一旁，例如，「我的筆跡從來就沒有變漂亮過」、「我寫得有點亂，如果我再試一次可能會好點」、「我的筆跡總是越變越差勁」等等。改變一下，試著觀察線條組成的形狀、留下每一點痕跡時筆速的快慢，以及「整個畫面」所要表達的意思。你可以把整張紙上下顛倒，這樣能夠更加清楚看到隱藏在這些線條中的含義。

你其實正盯著一張自己的照片。這個簽名裡包含著關於你的資訊，你的個性、你的態度、你的性格，所有關於你的一切都包含在這種豐富而又複雜的語言中，只能透過視覺的、感知的、直覺的方式來解讀。這種語言處理的方式與辭彙性語言不同，但與之是相似的，而且任何大腦裡有些意識的人天生都懂這種語言。

爲了證明以上的說法，請試一試下一個步驟，如圖6-1所示。使用你平常不會用到的那隻手——也就是說，如果你平常使用右手，那麼這次就使用左手，反之亦然——把你的簽名再寫一遍，請寫在上一個簽名的下面。

現在，看著這幅新的「畫」。那些線條會展現出嶄新而又陌生的特質，而且對於那些試圖解讀你的簽名的人來說，你變得不一樣了。

接下來，用你平常使用的那隻手拿鉛筆，但是這一次把你的名字從後往前寫，也就是說，不要在紙上從左至右地寫，而是把方向調過來，先寫你名字中的最後一個字。

請再看一遍你剛完成的「畫」。你會發現這些線條顯得很慢，很沒自信，也許還有些歪歪扭扭和笨拙。你對這個「人」有什麼感想（請只從線條本身的特質來考慮，假裝你不知道這個簽名是反著寫的）？

最後，使用那隻你平常不使用的手再寫一次你的名字，但這一次在寫的時候不要看自己的手；轉過頭去，或者乾脆閉上你的眼睛。然後評價一下最後這個簽名。它會展現出非常多的壓力、焦慮和極大的沒自信。讓我重申一遍，由於每次你簽名的內容都是一樣的，所以是線條展現出來的特質改變了觀者的感受。

把線條從心中釋放出來

現在再回到第一個簽名上，也就是用平常的筆跡寫的那個

畫家康丁斯基（Wassily Kandinsky）當年放棄在俄羅斯的學業，並在1896年在德國成為畫家，他曾經總結過視覺語言的語法。他在1947年寫到：「點——停頓。線條——由運動產生的內部張力。這兩個元素在一起——它們的混合和組合——就能形成它們自己的『語言』，這種語言是辭彙無法表達的。」

——《從點、線，到平面》（*Point and Line to Plane*）

圖6-1
在這個練習裡，請遵照作家哈里斯所說的下列步驟：

Geoff Harris

按照平常的方式簽名。

Geoff Harris

用另一隻手簽名。

Geoff Harris

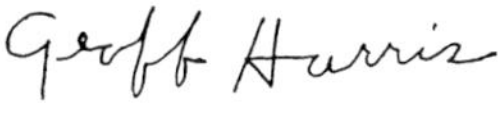

用平常使用的那隻手簽名，但是從後往前寫。

Geoff Harris

用另一隻手簽名，在簽的時候不要看自己的手和紙。

簽名。這個簽名展現出最眞實的自己，完全不受外部條件的影響，也就是說，不受我先前提出的要求，例如用平常不使用的那隻手寫、從後往前寫等等的影響。但更重要的是，我們要知道其他那些簽名也能給我們眞實的畫面和準確的資訊：展現你對外部條件影響的反應。你的筆跡成了每次寫簽名時，你的生理和心理狀態的證據，同時也包含許多關於你的情緒的、複雜而難以理解的資訊。你到底覺得自信還是不確定？很享受還是很有壓力？容易還是困難？清楚還是困惑？高興還是厭煩？書寫的速度快還是慢？所有情緒都變得客觀化了，而且每個人都能看見。這些線條不僅能夠準確地記錄你的「最好狀況」（你平常寫的簽名），還能夠記錄所有可能的情況下大腦的狀態。而且這些獨特的線條只會明確地反映出你一個人，而不是其他任何人。

匈牙利藝術家和設計家莫禾里-那基（Laszlo Moholy-Nagy）在1947年出版的《新視野》（*The New Vision*）中，談到了對含義非辭彙性的理解：「如果要準確地理解直覺，就要把它當成一閃而過的潛意識邏輯，而且與有意識的思維是平行的，具有巨大的微妙性和流動性。一般來說，被人們當成直覺的深層含義更應該歸功於感官領會。在那裡有說不出的思維。這種類型的經驗本質上是非辭彙性的，但是對於視覺和其他感官來說，要表達它並不難。直覺在辭彙性的世界裡總是顯得有可能被解釋清楚。但是在藝術的領域裡，包括在詩詞裡，直覺卻是一個永遠無法用有意識的辭彙來表達的事物。」

線條的視覺語言，無論是簽名中的線條還是其他任何種類繪畫的線條，都可以翻譯成辭彙，但這麼做非常困難，因爲視覺資訊太密集和複雜了。在揭示你畫的那組簽名的複雜性時，一長串描述性的辭彙也只不過是剛開了個頭。而大腦卻能在一瞬間領會整個簽名，在「靈光一現」之間理解這些線條想要傳達的「資訊」。當然，更深入的研究和思考能夠增加這種靈感的出現。

解讀線條的語言

很明顯，就像你剛才展示的那樣，「解讀」線條語言的能力是一種人人都擁有的能力，但在日常生活中我們很少有意識地使用它，特別是處在我們這種以辭彙、數字、科技爲榮的L模式文化中。由於這種文化過於偏袒L模式的思維，視覺語言剛開始可能會顯得不可靠、不精確、很避諱、不合理以及很短暫。

但是恰恰相反，視覺語言根本就不是這樣的。線條語言非常精確、微妙和強大，能夠快速地理解，而且從美學和智力角度上讓人容易滿足。如果想解讀線條語言，就需要一個與我們通常用來識別臉部的類比思維模式。識別每個人的臉是一件複雜而又困難的工作，我們會潛意識地依賴R模式的視覺思維來處理複雜而微妙的資訊——所以我們不僅能知道被識別者是誰，還能知道這個人當時處在一種什麼情緒當中。

在教授一堂課程的開始，當我在每週的作品討論會中「解讀」學生們的畫作時，他們經常會感到非常驚奇。我會說，「你需要花更多的時間在畫上，這幅畫你只花了十五分鐘」，或者「我知道你花了大約四十五分鐘在這幅畫上」、「我看得出你非常喜歡畫這件衣服的領子，但似乎很不喜歡畫這個模特兒的頭髮」，或者「當時你作畫的那間屋子到底發生了什麼事？你的畫顯現出你似乎不斷地被打攪」以及「我看得出在畫這幅畫的大部分時間，你都非常享受，但是在這個部分你卻很焦急。那個時候發生什麼事情了」等等。

在我們的討論會中，一些有啓迪作用的小插曲也會發生。例如，一個我經常給學生的作業是畫自己的腳。在作業完成以後，我發現其中一個學生的畫作中，幾乎鉛筆畫出來的每一個痕跡都充滿了焦慮和壓力。儘管整幅畫非常漂亮，而且每一個細節和相互關係都經過仔細地感知和思考，但其中的某些區域被橡皮擦擦了一遍又一遍，幾乎把紙擦破了（這種行爲本身並沒有壞處；用力地使用橡皮擦，並不斷地重畫那些線條，會使整幅畫顯得柔和又有表現力。）「談談這幅畫吧，」我要求這個學生。她回答說：「你的意思是什麼？」「那麼好吧，這是一幅不尋常的、漂亮的畫。但是在我看來，你在畫的時候似乎腦子裡藏著事情——也許你在爲什麼事情煩惱。你能告訴我究竟是什麼事嗎？」

這個學生一時顯得很驚訝，然後很迷人地笑了，一隻手托著自己的前額，說：「我還是告訴你吧。我很討厭自己的腳。」

每個人都笑了。然後一個學生說：「我覺得你的腳很漂

特別讓大多數研究者著迷的是，某種僅限於識別人臉時遇到的的困難——一種人臉識別障礙的症狀。一個患有人臉識別障礙的人通常可以毫無困難地識別其他物體，他的語言能力很強，也很有可能智力完好無缺。他對自己熟識的人保有清楚的記憶，而且他能識別這些人的聲音，並能用語言描述他們，或者說出他們的某些外表特徵，如留著鬍子，戴眼鏡，有一頂最喜歡的帽子。

但是患者無法識別一張未經裝飾的臉……一般來說，他不會有任何熟悉的感覺，就算這是張最親近的熟人、家人，甚至病人自己的臉！如果把這張臉的身分告訴患者，他會不相信，也許還會說這個人（甚至他自己）的模樣比上次他看見時改變了許多。

——加德納（Howard Gardner），《散落的大腦》（*The Shattered Mind*）

亮。」整個教室都支持這個看法，所有的注意力又逐漸地集中到這個學生的身上。她若有所思地看著自己的畫，最後用有點驚喜的語氣說：「也許我的腳並不那麼難看。我想我會試著再把它們畫一遍。」

畫一條線就要看到一條線

爲了向大家展示線條的語言，讓我們從ABC開始。請在紙上畫三條線：第一條要畫得非常快——在紙上用鉛筆飛快地一劃；畫第二條線時要慢一點，用中等的速度；畫第三條線時，要能畫多慢就畫多慢。

圖6-2

在圖6-2中，我也用不同的速度畫了三條線。我把每條線的順序打亂了。哪一條是畫得最快的線呢？你是怎麼知道的呢？

當然，答案是你就是知道。你可以看到其中的快和慢：快速和緩慢的特質是與痕跡本身分不開的。如果把你畫的三條線和我畫的三條線並排放，你可能察覺到六種不同的速度，因爲你的畫不可能是我的畫的複製品。線條的紋理能夠呈現出速度、它的重量、粗糙和平滑的程度。因此時間本身被記錄在這些畫作裡——不是透過L模式時間的那種線性的、可測量的方式，而是透過時間被記錄在人臉上的方式。時間變成了一種附著在線條上的特質，既可以被人看見，也可以被人理解。

現在，在相同的紙上畫一組新的很快速的線條。這一次，試著原原本本地把那些快速的線條複製下來，但要用非常慢的速度畫。你會發現如下圖所示（圖6-3），不論你是多麼小心仔細地慢慢畫這些線條，它們都沒有可能成爲快速線條準確的複製品，因爲，在線條的語言裡，線條被畫的速度是透過線條本身來表現的。

圖6-3

讓我們再證明一次這個概念：非常快速地畫一條曲線，然後試著用很慢的速度把它複製一遍，如圖6-4所示。接下來，把步驟反過來：非常慢地畫一條曲線，然後試著用很快的速度把它複製一遍。

圖6-5至圖6-9是一些示範給大家看的作品，它們都是把線條繪畫速度的快慢作爲表現的主要方式。想像一下，你的手究竟應該用什麼樣的速度來移動，才能複製出馬諦斯或柯克西卡（Kokoschka）的作品。觀察德拉克洛瓦的作品，儘管他在畫這些線條時速度非常快，但是他似乎是經過深思熟慮後才這麼做的。反觀林布蘭（Rembrandt）在畫傳教士時所用的線條，這些線條畫得非常慢，也經過了深思熟慮。最後，請評價一下沙恩（Shahn）畫的人像畫「物理學家歐彭爾」（Robert Oppenheimer）。這幅畫中，所有的線條都畫得異常的慢、緊湊，甚至有些怒氣衝衝和潦草。

圖6-4

現在試著畫這些線條。進入馬諦斯、柯克西卡、德拉克洛瓦、林布蘭和沙恩的精神狀態。不要試圖複製每幅畫中的圖像，只要把線條的速度和走勢複製下來就可以了，換句話說，就是跳進這些偉大的藝術家們的皮膚裡呆一會兒，如圖6-10至6-14所示。當然，你畫的痕跡與他們的一定不一樣，原因我在前面已經說過了：**你是一個完全不同的個體，你留下的痕跡將永遠是你自己的痕跡**。不過，就算是用自己的大腦經歷一下偉大藝術家作品中的一個元素——這一次只是線條速度的快慢——就已經很有啓發性了。

製造「條狀（法國）痕跡」。

近代英國畫家哈克尼（David Hockney）曾經一語雙關地說，1981年，他為在現代歌劇院上演的歌劇《小孩與魔法》設計舞台時，使用「條狀痕跡」製造出一種法國的感覺。哈克尼發現，在法國藝術家杜菲（Raoul Dufy）的水彩畫中可以看到「條狀痕跡」的身影。

杜菲，《朵村的賽馬場》（Racetrack at Deauville）局部

圖6-5
馬諦斯，《對人體的研究》

圖6-6
柯克西卡，《蘭頤夫人的畫像》

圖6-7
德拉克洛瓦，《對手臂和腿的研究》局部

圖6-8
林布蘭，《牧師斯萊維司遺像》

圖6-9
沙恩，《歐彭爾博士》

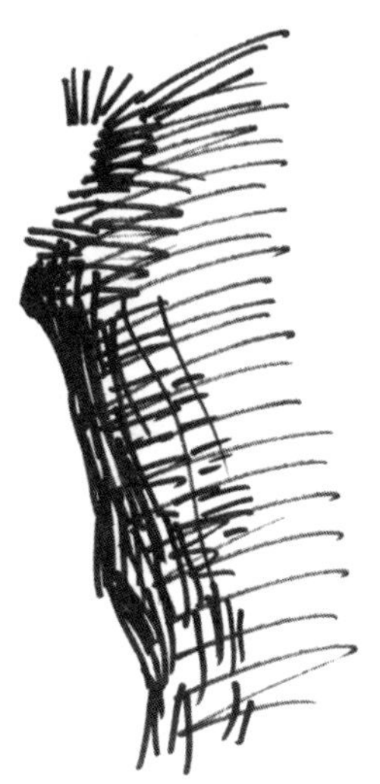
圖6-10
馬諦斯的筆跡

圖6-11
柯克西卡的筆跡

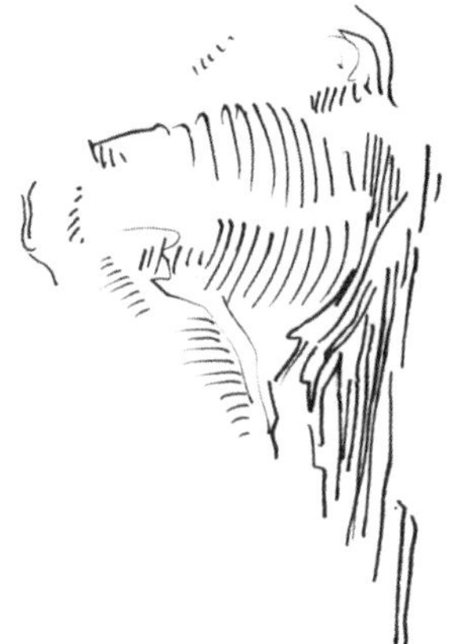
圖6-12
德拉克洛瓦的筆跡

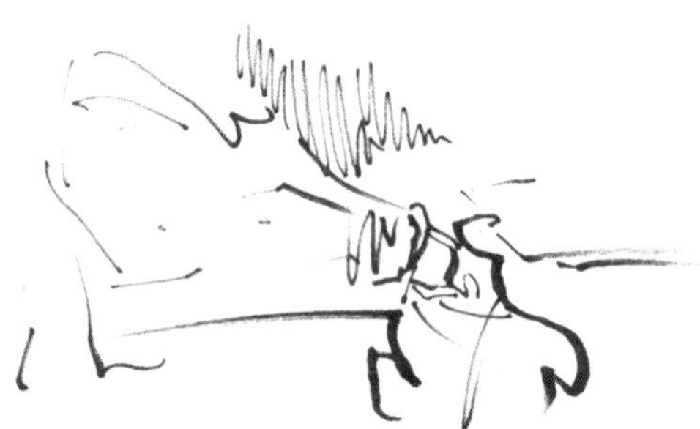
圖6-13
林布蘭筆跡

圖6-14
沙恩的筆跡

透過線條進入創造的第一步

因此，每一條線都是一次聲明，是畫線的人與看線的人之間溝通的橋梁。一幅畫其實是一種比這要複雜得多的表現方式，它能揭示各種各樣的思緒和情緒，而這些思緒和情緒很多都來自於意識形態以外的領域。既然我們可以「解讀」一條線，那麼我們可以「解讀」一幅畫嗎？如果可以，也許我們就能向正確的方向邁進一步，進入領會性的大腦——那個比自己認爲自己知道得多的大腦。就是這個部分的大腦提出了最佳問題，深思之後仍未解決的難題，向創造邁出了最初的一步：進入初步靈感階段。

7. 把洞察到的真相畫出來

藝術理論家比爾（Max Bill）認為，藝術是能夠讓思緒看得見的媒體：「思緒本身無法直接透過感官表達出來，除非透過藝術這個媒體。因此，我認為，藝術可以透過某種方式把思緒轉化成可以直接感知的事物。」
——比爾，《美術中的數學方式》(*The mathematics Approach in Art*)

歐威爾在他的文章〈新辭彙〉中提到，我們每一個人都有一個外在的和一個內在的精神世界：前者用我們在日常生活中的普通語言進行表達，而後者則使用一種很少能表達出的思維方式（也許一個更好的描述是「關於感受的思維」），因爲普通的辭彙無法表達出它的複雜性。我們的目標是透過使用另外的視覺語言（這裡是指繪畫），挖掘出大腦的內在世界，並給予它一個確實的形態，簡短地說，就是讓內在思維看得見。

用畫來類比內心深處的想法

第一個練習將會超越線條畫得快慢這一類基本問題，直接進入能夠揭示這種視覺語言的複雜性和微妙性的繪畫。

開始之前，請閱讀完這個練習的說明。

1. 把一張複印紙分成八個等份，先把它對折，再對折，第三次對折，如左圖所示。

2.在紙上把每個部分編上號碼，從1至8，如圖7-1所示，把每個號碼放在每個部分的底端。

3.如圖7-1所示，在每個部分寫上標籤，標籤的內容如下所示，這些詞語「代表」（從L模式的意義上來說）人類的性格特徵或情緒：（1）憤怒（2）喜悅（3）平和（或寧靜）（4）沮喪（5）人類的能量（或力量）（6）溫柔（7）疾病（8）________（這一個你可以選擇任何人類的特徵、本質、情形、或情緒。這裡有些可供參考：男性、孤獨、嫉妒、焦急、歇斯

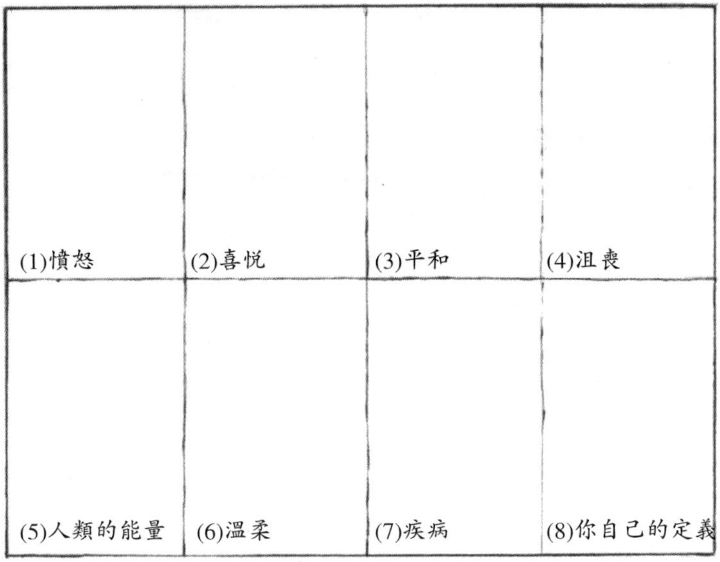

(1)憤怒	(2)喜悅	(3)平和	(4)沮喪
(5)人類的能量	(6)溫柔	(7)疾病	(8)你自己的定義

圖7-1

底里、渴望、內疚、著迷、愛慕、仇恨、崇拜、害怕）。

4. 我在本章中加入一些我的學生們按照說明完成的類比畫的例子，但是現在先別看它們。最重要的是，在做這個練習時，不要帶任何已有的觀念，認爲繪畫「應該」看起來是某種特定的模樣。這些畫沒有「對錯」和「好壞」。每一幅畫都是正確的，因爲它恰如其分地表現出你自己。

5.在畫這些畫時，請不要使用原子筆，要使用鉛筆。紙上的每一個部分，每一幅畫都要由線條組成。你可以使用一條線、數條線，或讓整個部分都充滿線條，只要你自己覺得沒問題就可以了。你可以使用筆尖畫，也可以斜著使用鉛筆，讓留下的痕跡更寬一點；你可以用力地畫，也可以輕輕地畫；你還可以把線畫得很長，也可以把線畫得很短。如果有必要，你可以使用橡皮擦——你想怎麼使用鉛筆都行。

6. 按照順序一個一個地畫，在每一個部分按照底端辭彙的含義畫一幅畫。你的畫將會顯現你的思緒對每個概念的理解，從某種意義上來說，繪畫可以讓主觀思緒變得客觀化，並賦予它們可見的形狀。

但是我有一個非常明確的規定（當然也只有一個）：**你不能畫任何實物圖片或使用任何有象徵性意義的符號**。畫中不能有雨滴、不能有流星、不能有心形和花朵、不能有問號、不能有閃電、不能有彩虹、不能有握緊的拳頭。你只能使用線條的語言：快速的線條、緩慢的線條、輕的、重的、平滑的、粗糙的、虛的或實的——只要適合你要表達的意思就行。這些表情將會透過紙上的痕跡，也就是線條的視覺語言，浮現出來。

思維在腦海裡呈現出來的圖像，不會是一幅對某些可見景像完整、色彩繽紛和忠實的複製品。
——阿荷恩（Rudolf Arnheim），《視覺思維》（*Visual Thinking*）

7.我與我的學生發現，完成這個練習最好用以下這個辦法：

讀出在第一個長方形裡的標籤：憤怒。回想一下上一次你非常憤怒是在什麼時候。在不使用這個詞語，不給這個事件貼上標籤，也不尋找你憤怒的原因的情況下，自己在心裡感覺一下那種憤怒是如何。想像你又感覺到這種情緒，讓它從你的心中釋放出來，流動到你的臂膀上，再流動到你的手上，最後流動到鉛筆上。它會從筆尖湧現出來，留下的痕跡與那種感受是相同的——這些痕跡看起來就是感覺到的情緒。這些痕跡不需要一下子畫完，它們需要修改、變化，如果有必要還可以使用橡皮擦，只要能夠畫出代表這種情緒的圖像，就像你所感受到的。

8.你在這些畫上想花多少時間就花多少時間。請不要檢查這些痕跡；它們是非常私人的，所以你不需要拿給任何人看。你只不過試圖製造一些能夠表明——或證明——你個人的、內在思維的痕跡。你的目標是製造視覺圖像，讓它們能類比——或代表——那些思維。

讓我重申一遍，這些類比畫沒有對與錯。你畫的每一個圖像都是正確的，因爲它恰如其分地表現出你自己。每一幅圖像對你來說都是獨一無二的，因爲這個世界上任何人都無法準確地複製你大腦、思維和情緒的視覺顯示。

要知道，在開始畫之前，你無需知道這些痕跡最終會變成什麼樣子。實際上從某種意義上來說，你在畫之前也無法知道它們將變成什麼樣子。它們到底能揭示什麼，完全取決於你。只有在畫完以後，你才能意識到它們是什麼樣子。因此，在開始畫之前，**請不要嘗試去想像整個畫面是什麼樣子**。允許這些圖像自然地浮現，簡而言之，讓它們自己講出自己想說的話。

試著一次完成整組類比畫。我的學生通常需要十五到二十分鐘的時間，有的人可能會需要多一點時間，而有的人可能完成得很快，根本就不需要這麼多時間。在你完成以後，我要給你看幾組我的學生完成的類比畫。但是現在請不要看它們！爲了讓你自己獨特的圖像自然浮現，你的大腦必須清除其他人的類比資訊。記住，這些畫沒有對錯，也沒有好壞。每個人的畫就只是代表他們自己，就像你的簽名就是你寫出來的那個樣子一樣。

現在開始畫吧。

當你完成以後，把你畫的類比畫放在我的學生畫的圖7-2至7-7旁邊。我們會去尋找你的畫與其他畫之間的差異，更重要的是，我們也會尋找它們之間相似的地方，從廣泛的意義上來說，這兩者都是視覺語言「辭彙」中的一部分。

視覺辭彙：在衆多類似中存在的無限變化

首先，讓我們看看眾多類似的地方。你會注意到，每個不同類別中所有的畫都有一些基本特徵非常相似——就像「同一個家族」中相似的臉。例如，在標著「憤怒」的長方形區域裡，線條一般都很黑、很重、而且有些參差不齊。然而，在標著「喜悅」的長方形區域裡，線條一般都很輕、有點弧度，而且帶著向上的趨勢。在標著「寧靜」或「平和」的長方形區域裡，線條一般都是平行或輕微捲曲的，而且帶著向下的趨勢。「沮喪」那一組圖像一般都處於畫面比較靠下的位置。

你在自己的畫中也會發現這些類似之處，當然也不一定，你的類比畫有可能與我剛才總結的完全不同。很明顯，在變化的程度上是無限的。儘管每一個類別中具有廣泛的相似性，但我還沒有找到兩幅完全相同的畫，就像我們不可能找到兩個完全相同的人一樣。

我在後面還會回到關於廣泛相似性的話題，但現在，讓我們看看在一個類別中無限的變化。請看圖7-8收集來的關於「憤怒」的畫。每一幅畫都是不同的學生完成的。

在腦海裡想像一下把你自己的畫加進去的樣子。正如你看見的那樣，你那幅標著「憤怒」的畫也許與其他人有廣泛的相似性，但同時也是特別獨特的一幅——與其他人的都不一樣。這就像每一片雪花的圖案都與其他雪花很相似，但是又不完全相同一樣。

如果你從這個角度看自己的畫，那麼你就會意識到你製造了自己憤怒時獨特的圖像。儘管每個人經歷憤怒的方式大致相同，但每個人憤怒的性質、程度、時間長度、起因等等都是不同的。

你的畫讓你的憤怒表現出來，這就是它真實的模樣。當其他人看到你的畫時，他們就能「解讀」你的憤怒的視覺顯示，也能透過直覺知道你的憤怒是什麼樣子。同樣地，當你看其他學生的畫時，也能知道每一個人的憤怒是什麼樣子。當然，這種認知有可能被翻譯成口頭使用的語言，但是由於在每一幅畫中，即使是很小的一幅圖像都充滿大量而複雜的資訊，所以把它全部用口頭語言表達出來很困難。（現在你可以做一個小實驗，試著找到合適的詞語或一句話，能夠把你的畫從視覺上「告訴」你的東西用口頭語言表達出來。）

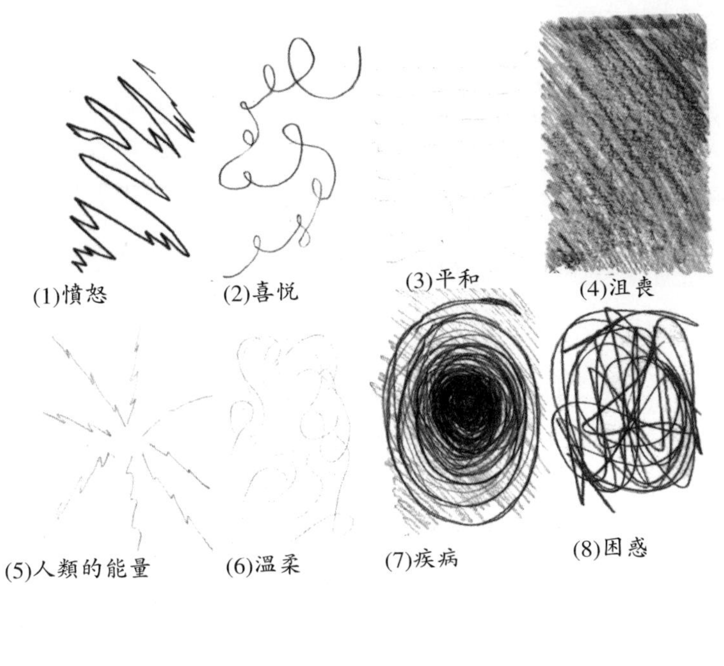
(1)憤怒
(2)喜悅
(3)平和
(4)沮喪
(5)人類的能量
(6)溫柔
(7)疾病
(8)困惑

圖7-2

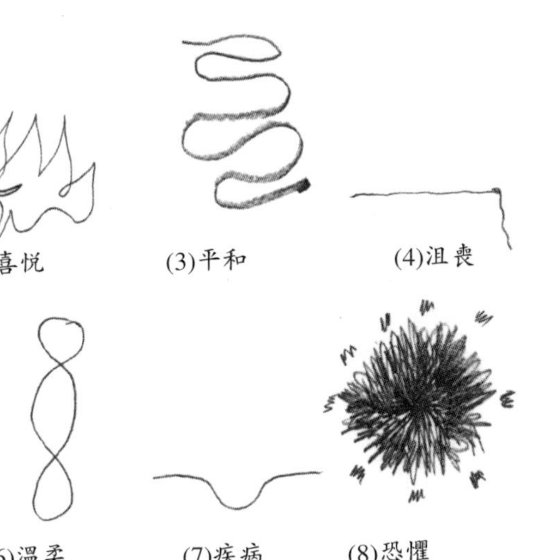
(1)憤怒
(2)喜悅
(3)平和
(4)沮喪
(5)人類的能量
(6)溫柔
(7)疾病
(8)恐懼

圖7-3

圖7-4

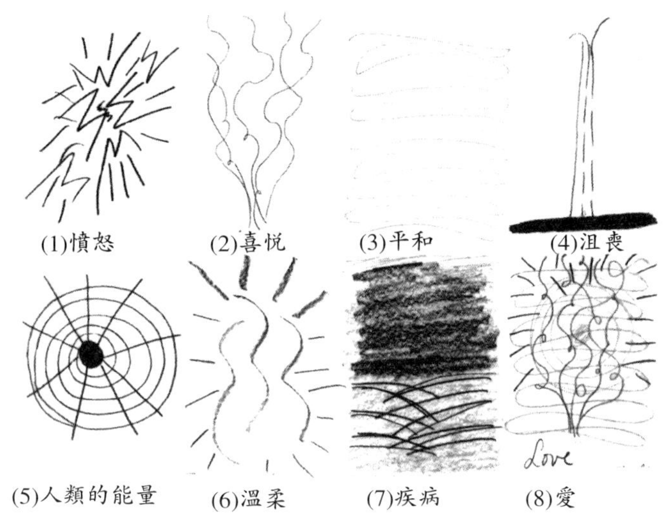
(1)憤怒
(2)喜悅
(3)平和
(4)沮喪
Love
(5)人類的能量
(6)溫柔
(7)疾病
(8)愛

圖7-5

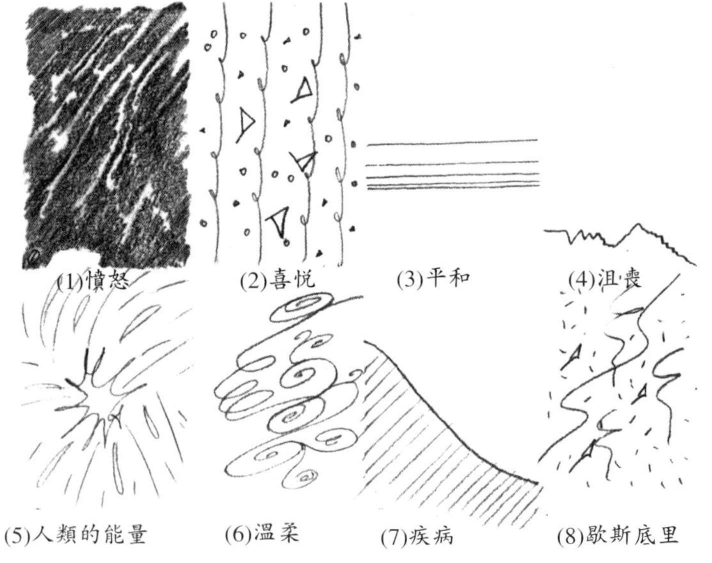
(1)憤怒
(2)喜悅
(3)平和
(4)沮喪
(5)人類的能量
(6)溫柔
(7)疾病
(8)歇斯底里

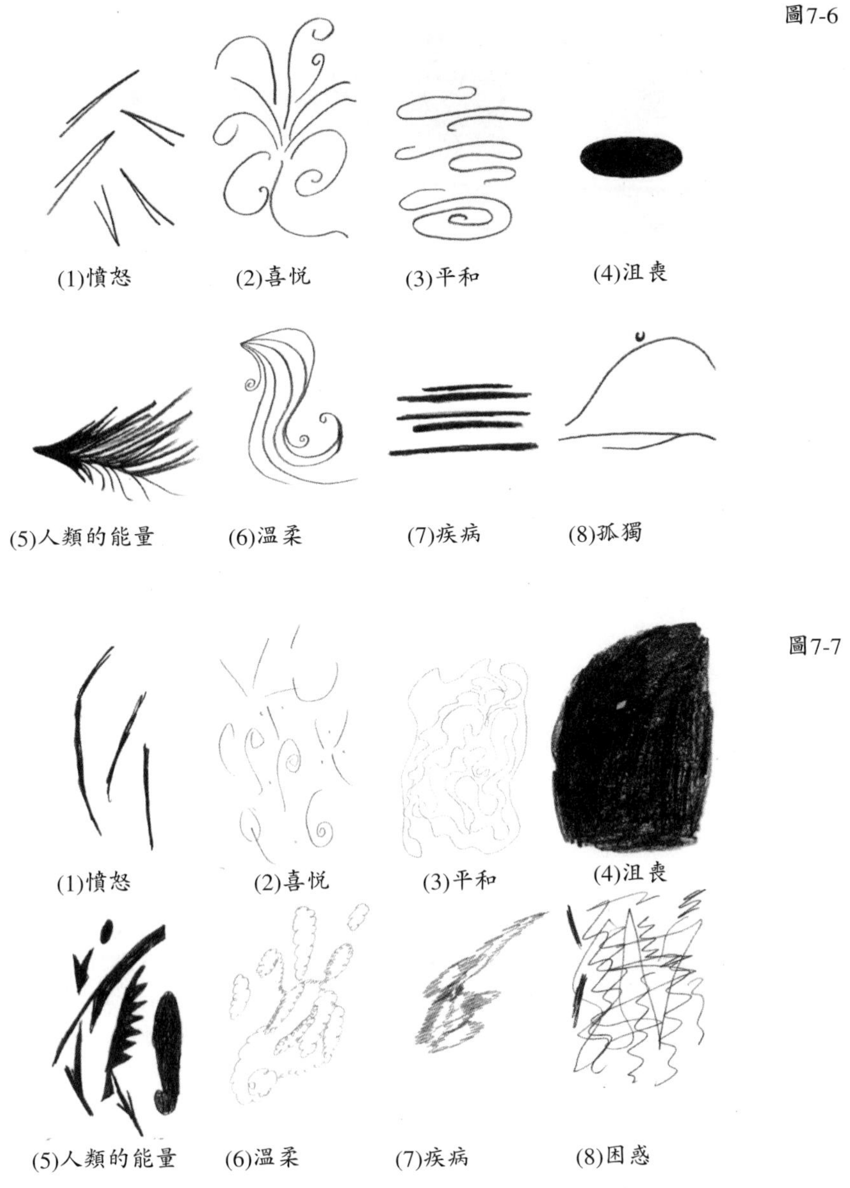
(1)憤怒
(2)喜悅
(3)平和
(4)沮喪
(5)人類的能量
(6)溫柔
(7)疾病
(8)孤獨
(1)憤怒
(2)喜悅
(3)平和
(4)沮喪
(5)人類的能量
(6)溫柔
(7)疾病
(8)困惑

圖7-6

圖7-7

圖7-8
學生畫的關於「憤怒」主題的類比畫。

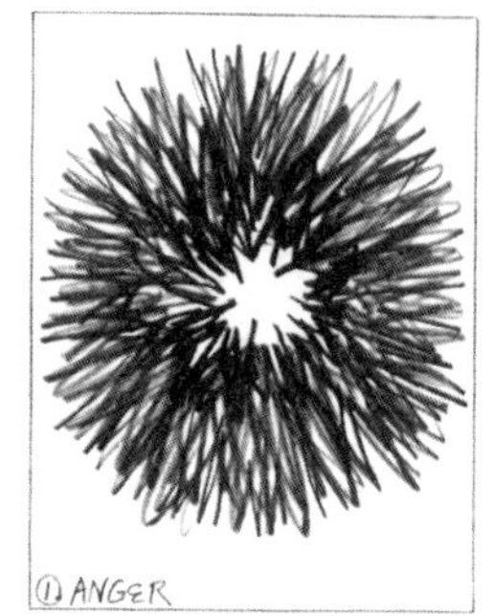

圖7-9
某個學生對「憤怒」的概念。

用口頭辭彙「連接」圖像

一次經歷讓我明白用口頭辭彙表達類比畫的困難。一個學生交給我一組類比畫，就像你剛完成的那組一樣。她畫的「憤怒」吸引我的視線，我不加思考地說：「啊，我希望你永遠也不要生我的氣！」她的畫就像圖7-9這樣（當然，我無法準確地複製出原畫，因爲我們是不同的個體）。

這個學生問我爲什麼，我突然無言以對。我腦子裡知道是爲什麼，我想你也知道是爲什麼，我非常肯定這個學生自己也知道爲什麼，但我們無法找到準確的語言解釋出這種憤怒，結果無非是找一些未加修飾之辭解釋半天（我就是這麼做的）。

但是這幅畫中蘊藏著太多資訊，遠遠超出了我用口頭辭彙解釋的能力。

當我試著用口頭辭彙「連接」這些畫中顯現出來的思緒和情緒時，相同的事情發生了。對我來說，圖7-8左上角的第一幅畫中表現的應該是驟然的憤怒，也許還會從一件事轉移到另一件事上。然而，這時口頭語言卻讓我失望了，我無法用語言說出畫中央那些沉重的痕跡所代表的意思。我腦子裡知道，但就是說不出來。

讓我們看圖7-8中第一行的第二幅畫：是的，那是非常嚴重的憤怒；我可以清楚地看到。你能嗎？第一行第三幅畫：是的，我認識這種憤怒。對我來說，那是像利刃般、非常傷感情的憤怒（畫這幅畫的學生告訴我，讓他自己很吃驚的是，他發現自己用鉛筆在紙上猛刺，把紙都刺穿了——這就是線條間短而尖銳痕跡的由來）。接下來，第四幅，是的，我想我能理解這一類型的憤怒……等等。

請注意，這些畫中的每個點滴都能傳達出資訊，就像我們筆跡中的每一部分都有意義一樣。例如，第二行左邊第三幅畫（如圖7-10所示），那些痕跡全部擠到右邊，幾乎就要碰到了長方形的右邊界，這個事實非常重要，請看旁注中作家和講師羅森的注解。

圖7-10

圖7-11

西方的藝術傳統一直受到畫框內長方形的限制，而且大多數偉大的畫作都是這樣畫出來的；因此我們有責任非常嚴肅地對待直角框架。為了讓大家知道它多麼重要，讓我們研究一下，線條是如何以它與標準紙邊的相對位置表達含義。

一個重要的因素是我們書寫的方向，因為繪畫與書寫密切相關。大多數書寫西方語言的人覺得，從左邊移動到右邊是「向外移動」，而反向移動則是「向內移動」。因此你會覺得一條「隨著向右移動」越來越粗的線條，表示走得越來越遠，一直到整個框架以外。如果右邊頁邊的空白處有東西，你就會覺得那是個障礙。

你會覺得從右到左畫下的有力線條代表著向內的暴力行為，幾乎是朝心臟狠狠的一刀。

——羅森（Philip Rawson），《繪畫的藝術》（*The Art of Drawing*）

使用類比畫的創新實驗

阿荷恩在一九六九年出版的《視覺思維》中，描述一個透過繪畫來思考的簡短實驗，這個實驗在他的指導下由他的兩個學生完成。這一組數量不多的實驗對象，也就是那兩位學生，被要求描繪出他們心中的「過去，現在和未來」、「民主」、「好的婚姻和不好的婚姻」以及「青春」四個主題。阿荷恩把學生交上來的畫作形容成「非模仿性的」——也就是說，不會與任何物體或事件相似。實驗對象在實驗過程中或畫完以後，對自己的作品進行辭彙性的解釋。

過去，現在和未來

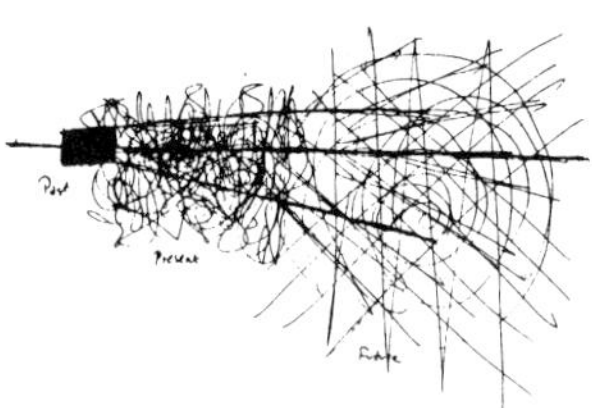

「過去是實心的和完整的，但是它仍然影響著現在和未來。現在是複雜的，它不僅是過去的產物，還引領著未來，所以它與另外兩個重合，但又是獨立的個體（黑點），未來是最不受限制的，但是會受到前面的過去和現在的影響。一條線貫穿始終，那就是一個最常見的元素——時間。」

民主

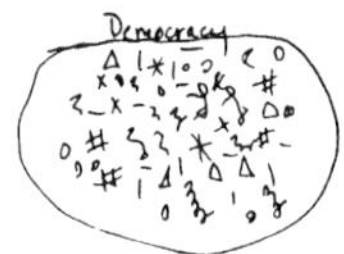

「所有類型都能和諧地融入系統中（外面的大圓圈），無論是人還是概念，都不會遺失它們原有的身分。所有的東西組成一個整體。」

「人人平等。」

好的婚姻和不好的婚姻

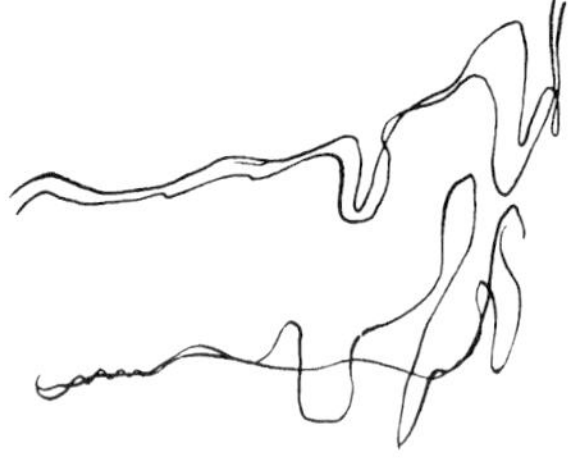

「一個好的婚姻（上方）是兩個人個自獨立地在一起。他們把對方當成與自己不同的個體，但是又能相互包容。一個不好的婚姻（下方）是兩個人互相忍受互相占據。當矛盾發生時，他們不能幫助對方。」

左邊，好的婚姻；右邊，不好的婚姻。

這個實驗更加展示了辭彙性的思維（其中的說明包括「在你繪畫的時候費力想，並且一邊畫一邊解釋自己的思維」），而不是試圖進入意識之外、不在大腦的辭彙模式以內的思維。阿荷恩說：「這些畫主要是爲了給概念一個準確的視覺圖像。它們純粹是認知上的，與科學家使用設計示意圖的原理一樣。然而，它們能讓我們深入組成這些圖案的視覺力量中。畫圖的人試圖成功引發這些力量的回響，因此採取藝術表達的形式。」

無論如何，這些畫明顯能夠開發出在類比畫中也出現過的豐富視覺語言。在其中一組畫中，只要學生們需要，可以使用無數張紙，而這組畫中的每一幅都明顯展示出可見的變化，阿荷恩把這種現象看成是對概念的逐漸細化——這個想法與他使用繪畫來表現思維的目的相符。

阿荷恩說，他的學生對美術非常在行，所以沒有對這些繪畫要求產生任何抗拒心理，並且毫不猶豫地進入繪畫狀態。然而他想知道，「具有不同教育程度，並對美術不那麼在行的人，是否也能有這麼好的反應」。正好相反，我在與大量對美術不在行的學生做這個實驗時，發現他們同樣也毫不猶豫、沒有疑問。他們既不懷疑自己是否有能力描繪出如此複雜的概念，也不懷疑這些概念是否具有可描繪性。一旦我告訴他們不需要畫任何可識別的物體，他們就馬上稱職地開始畫，而且很享受這個過程。

畫中各個痕跡的位置到底是如何影響表達出來的最終含義的，如果要用口頭語言來表達同樣也很困難，但你可以跟我一樣感覺到這種佈局帶來的影響。我大腦裡浮現的畫面是，某個人正憤怒地咆哮——以此類推，他咆哮出的憤怒不斷地堆積到正對著的一面牆，結果如羅森提到的那樣，形成了一個強大的障礙物。我們還可以推測，這種憤怒與在畫面中央的憤怒（圖7-11）不一樣。偏離中心的憤怒與長方形的右邊界接觸，這個事實也很重要。如果它接觸的是左邊界，那麼整個類比類推就會改變——它會顯得更具侵略性，而且不知爲何顯得有些缺乏防備。把這幅畫顛倒過來，就可以體會其中的變化了。

a rose is a rose is a rose is a rose is

英國布里斯托爾大學大腦和感知實驗室負責人格里高利，在一九七一年提出關於感知的「一個深層結構」的想法。

「人類語言中最特別的部分就是語言的語法結構，如果杭斯基是正確的話，那麼所有自然語言都與他所謂的語言的深層結構有密切的關係，它是遺傳而得，不是透過學習獲得的。而且我們可以推斷，它來源於感知性分類，也是感知性分類的主要組成部分。杭斯基理論中的一個生物學問題是，在一個生物學的時間表上，合乎文法的語言發展速度：有可能這種發展速度太快了，以至於感知性深層結構的古老起源（甚至在人類存在以前），被完全抹殺掉了。」

——格理高利，《大腦在科學上的用途》

語言和繪畫的含義

爲什麼會這個樣子呢？或者它本來就是如此嗎？至少對於那些處於相同或類似文化的人來說，這種類比的語言對每個人都具有相同的意思嗎？一幅畫怎麼能夠有含義呢？回過頭來看

圖7-12 現代藝術中類比畫的先例
康丁斯基，《黑色線條》。
康丁斯基廣泛地應用了線條的語言。

另一種語言——口頭辭彙性語言——每個人都會同意歐威爾的觀點，就是口頭辭彙儘管非常有限和受限，但它們是什麼意思就是什麼意思，人們也普遍同意它們所包含的意思。正如作家史坦（Gertrude Stein）指出的，「玫瑰」這個詞無論怎麼使用都表示一朵玫瑰，絕不會是其他意思。那麼人們能對某幅畫的含義達成一致意見嗎？如果可以，那麼我們又掌握更多的證據證明，人類藝術中存在一個視覺形態的「潛在結構」，它在人類大腦中運作的方式，與杭斯基假定人類口頭語言表達結構的運作方式是一樣的。類比畫似乎指出了這種結構存在的可能。

象徵性藝術語言是人性化的，而藝術的各個組成部分——那些能夠「代表」或象徵事物或想法的素描、水彩、雕塑和其他方式——同樣也是人性化的。然而，我們面前的類比畫並不具象，它們故意不「代表」任何可識別的物體。所以，它們不能像大多數人共享的視覺符號那樣，進行更高層面的溝通（例如讓人一看就知道，是的，那是一個人的身體、那是一棵樹、那是一盤水果）。就算它們能夠進行溝通，那也是在其他層面上共用的意識。

結構的意義

我們可以看到，類比畫有成千上萬種變化——實際上，沒有哪兩幅畫是完全相同的。然而最讓人吃驚的，還是這些畫在表達某個概念時結構上的相似性，如「憤怒」（圖7-8）、「喜悅」（圖7-13）、「平和」（圖7-16）等等。這些結構上的相似性已經足夠證明，這些畫想要表達的是一種共用的直覺，這種直覺往往能夠爲我們提供對這個概念視覺上的理解。如果我們同時看很多同類別的畫，就特別容易看到這種結構上的相似性。我們已經看過一組標題爲「憤怒」的畫。現在讓我們看一看關於第二個概念，「喜悅」的類比畫。

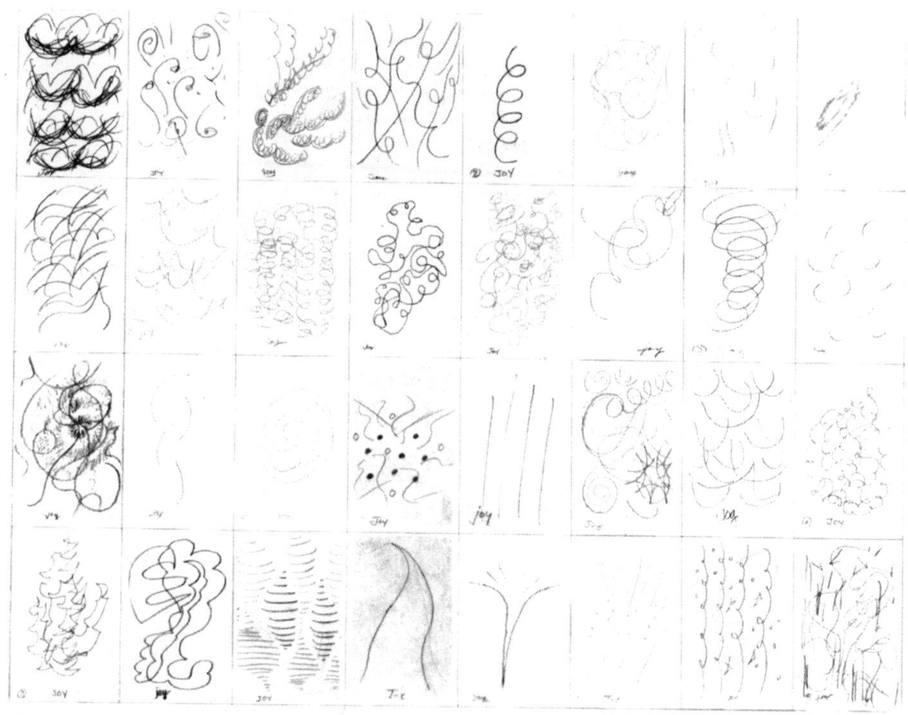

圖7-13　主題爲「喜悅」的學生類比畫。

喜悅的類比畫

與標題爲「憤怒」的畫一樣，我們可以看到這一組的每一幅畫都很獨特。然而這些畫還是共用一個類似的基本結構。「喜悅」這個概念產生的圖像與「憤怒」產生的圖像不一樣，畫中出現的不是鋸齒狀、黑暗、尖銳、把整個畫面壓得透不過氣來的形狀，而是輕鬆、帶有某種弧度、圓形、呈向上趨勢的形狀（圖7-13）。圖7-14和7-15展示藝術大師是怎樣使用線條的語言來表達喜悅。特別是大師梵谷的畫，他在畫柏樹林時不僅由衷地表現出這種情緒，而且同時還爲畫增添了多層次的象徵意義。

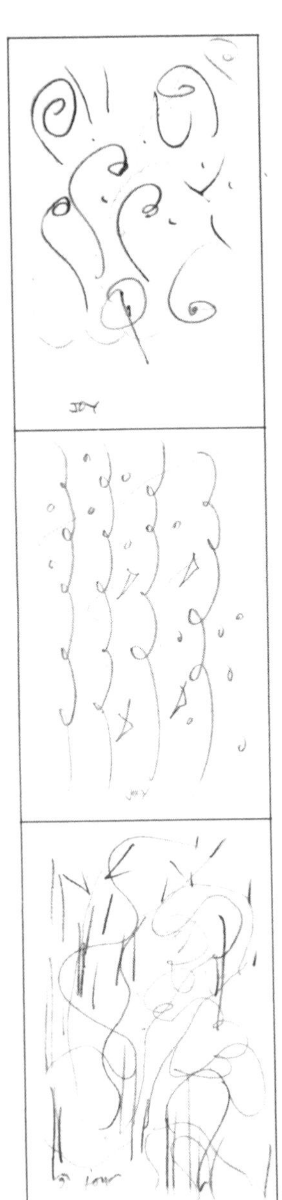

主題爲「喜悅」的學生類比畫。

圖7-14
梵谷，《柏樹林》

圖7-15
坎塔里尼（Simon Cantarini），《對各種姿勢的嬰兒的研究》

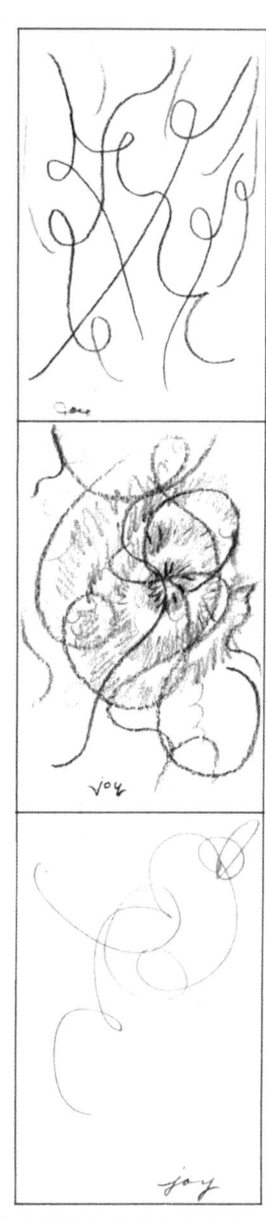

主題爲「喜悅」的學生類比畫。

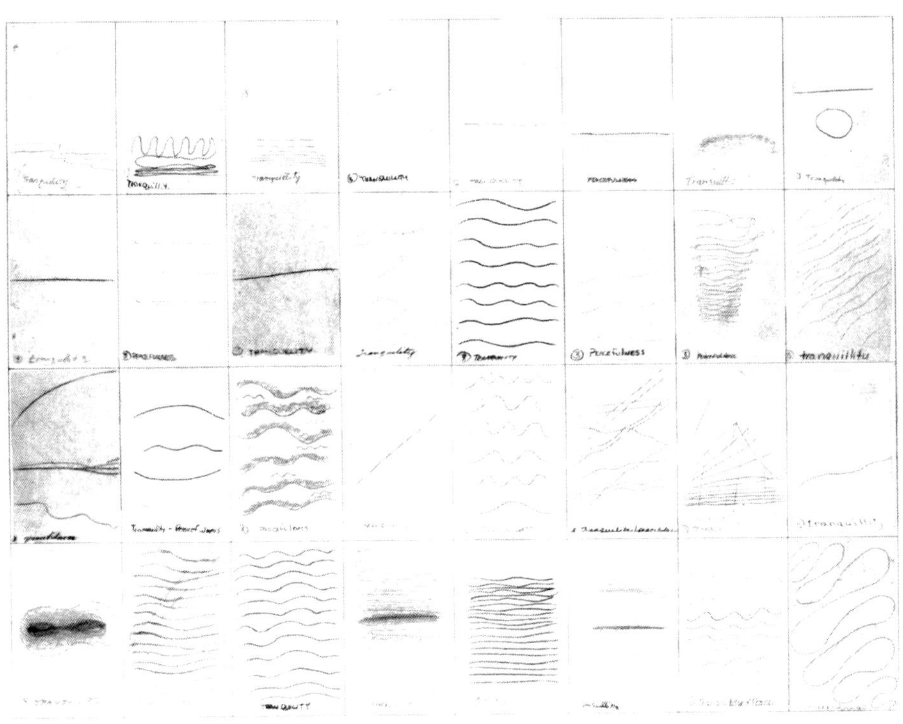

圖7-16 主題為「平和」的學生類比畫。

水平線傳達出的平和含義

另一個非常明顯的結構相似性的例子是標題為「平和」或「寧靜」的類比畫。我的學生主要使用水平線——儘管對於這個概念還有其他解釋。整組畫如圖7-16所示，你自己畫的關於這個概念的畫可能也是水平的。如圖7-17和7-18所示，以平和為主題的大師級作品同樣也呈現出水平狀態。

圖7-17　羅登（Johann Martin von Rohden），《風景》

主題爲「平和」的學生類比畫。

圖7-18　黑迪（Martin Johnson Heade），《破曉，鹼性沼澤地》

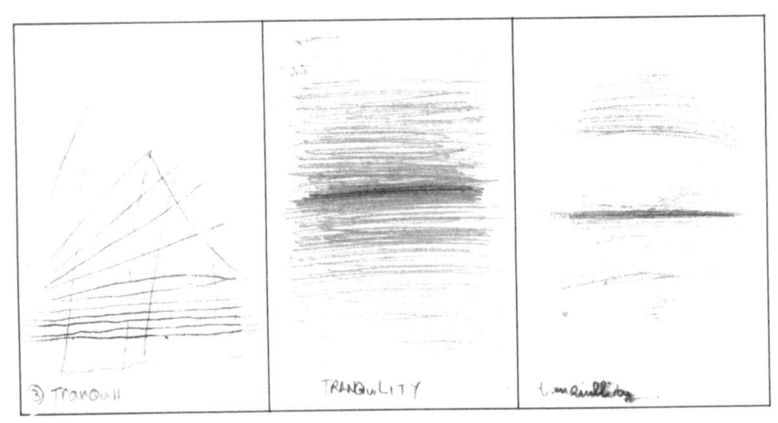

主題爲「平和」的學生類比畫。

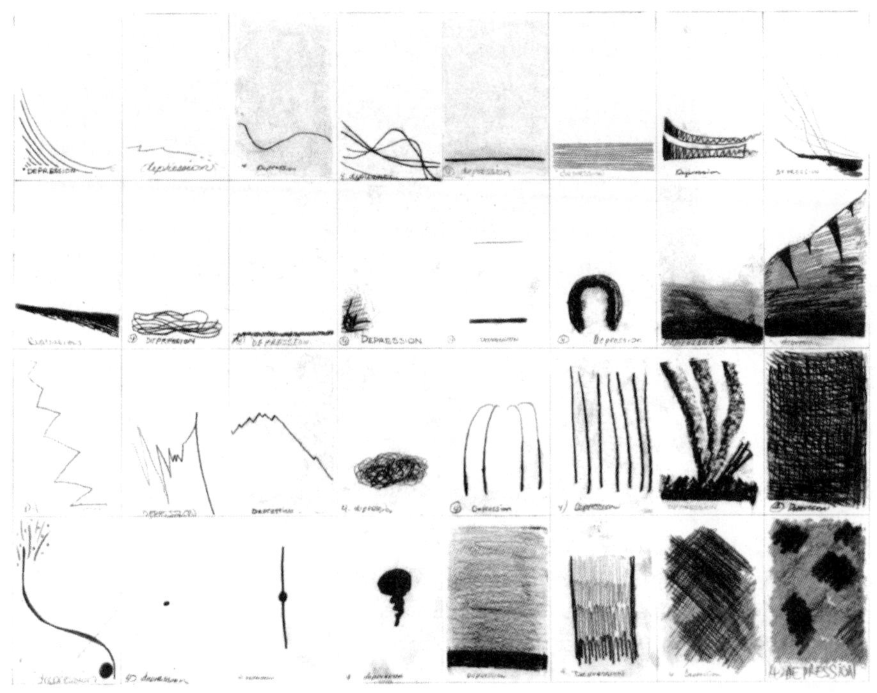

圖7-19
主題爲「沮喪」的學生類比畫。

低沉的沮喪

學生們對「沮喪」這個概念的類比（圖7-19），從結構相似性來說特別有趣。我的許多學生把線條和形狀放在比較靠近長方形底端的位置，而且他們很明顯是故意這麼做的，因爲這種情況一再地出現。我也許根本就不應該感到吃驚。「沮喪」和「低落」在口頭語言上就有一定的關聯——我們有時會這麼說：「今天我覺得自己情緒低落。」這又讓我想起了一個有趣的問題：在早期的人類文明中，到底是人們發明語言來「連結」已有的視覺結構呢，還是語言本來就先出現，而視覺結構是後來才去適應口頭辭彙結構的呢？無論到底是哪種情況，學生們非常直接地透過視覺語言表達這個概念，並向我們證明，形狀在畫面中的位置與形狀本身一樣重要。

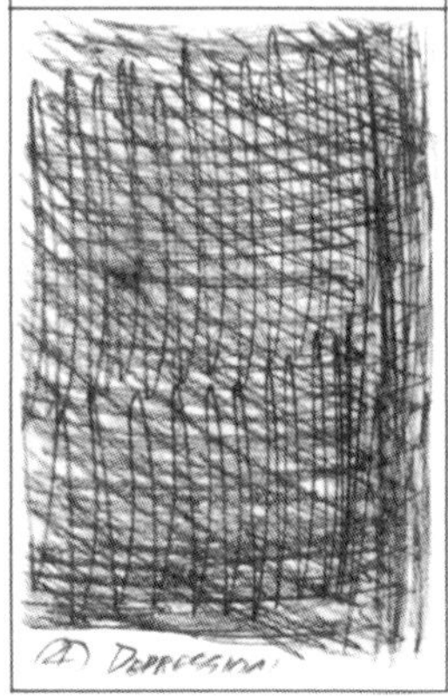

主題爲「沮喪」的學生類比畫。

圖7-20
戈雅（Francisco Goya），《在戰爭中，對即將發生的事情的憂傷預感》

在學生的類比畫中，主要以三種方式表現「沮喪」：下降的線條、與格子下緣平行的形狀，以及畫滿格子的陰影線。西班牙藝術家戈雅的《在戰爭中，對即將發生的事情的憂傷預感》（圖7-20）就綜合了這種方式。

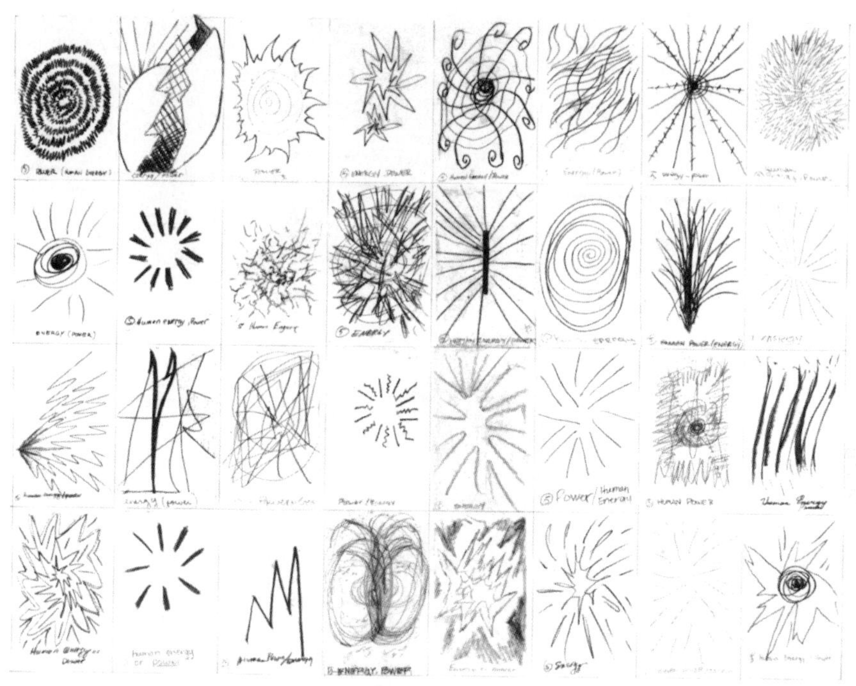

圖7-21
主題爲「人類能量」的學生類比畫。

表現人類能量的線條

最能引發人好奇心的一組類比畫是關於「人類能量」或「力量」的那組（圖7-21）。我非常驚訝地發現，一幅又一幅畫展現出相似的基本結構形狀，其中有兩種主要的變化：不是爆炸型的圖像，就是上升的三角形。你自己的那幅關於這個概念的類比畫可能也呈現出這些基本的視覺結構——當然，也有可能完全不同。

在對主題是「人類能量」或「力量」的畫進行分析時，一些數字非常有意思：在第一組的八十三個學生中，有四十七人使用了爆炸型的結構，二十二人使用上升的三角形或線條，而十四人使用其他形狀。在第二組的八十個學生中，四十一人使用爆炸型的結構，二十三人使用上升的三角形，而十六人使用

圖7-22　林布蘭，《伶人》

其他形狀──基本上與第一組的比例相同。不過我們再一次看到，不論基本結構多麼的相似，每一幅學生類比畫都是獨特的，它所表達的視覺資訊與其他畫有細微的不同。

當然，藝術大師的畫作能夠把圖像和含義巧妙地置於畫面深層結構之上，讓欣賞者的大腦產生共鳴。圖7-22和7-23就是兩幅藝術大師的作品，它們同樣是關於人類能量

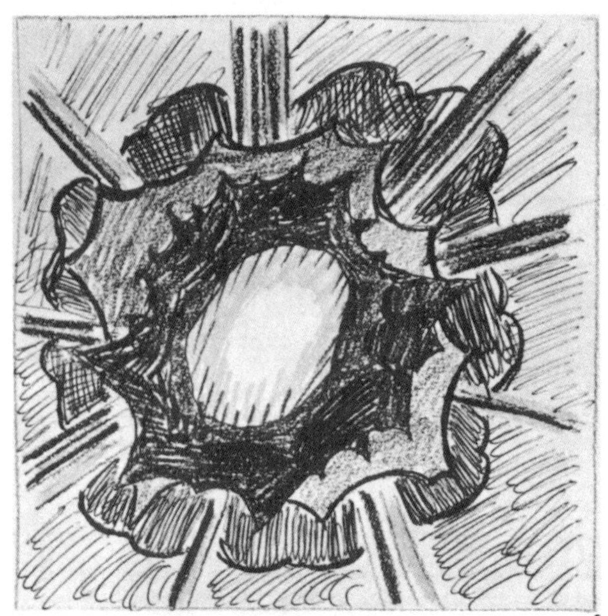

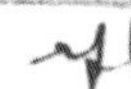

圖7-23　李奇坦斯丁，《爆炸的草圖》

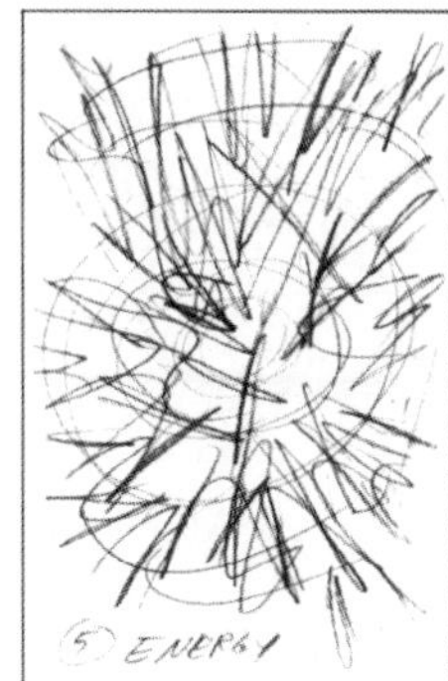

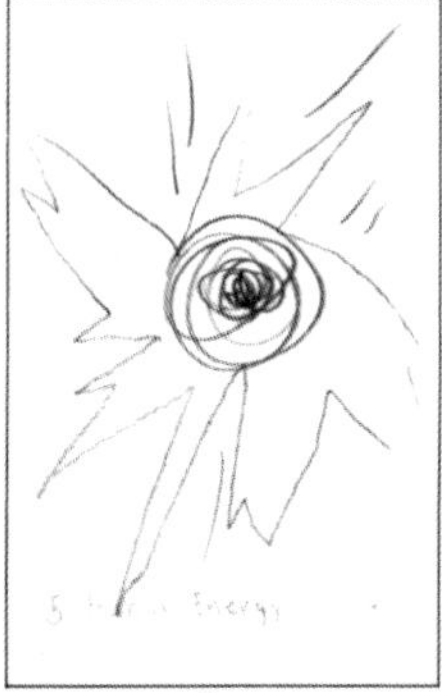

或力量的主題，同樣使用了爆炸型的結構。李奇坦斯丁（Roy Lichtenstein）的作品本身就是一幅類比畫。我們可能一開始很難看清楚林布蘭畫的《伶人》（The Mummers）的基本結構。曾寫過眾多著名繪畫書籍的作家戈德斯丁（Nathan Goldstein）描述這幅畫的結構：

「在畫面的正中央，牽著韁繩的手成為一組爆炸性線條、形狀和色調的中心。整個畫面充斥著如此強大的力量，我們可以感覺到蘊涵在左邊那個人的帽子、衣領、手肘、腿和韁繩中的放射性能量。這種能量繼續在馬的頸部和胸部出現，以及右邊那個人附近的線條。如此爆炸性能量的釋放與周圍濃密的緩衝區形成對比……這種從畫面中心呈放射狀的輪輻結構為整個畫面增加了動態……。其餘空白的區域不僅吸收了畫面的『衝擊波』，而且再次把它們反射出來。」（《回應型繪畫的藝術》

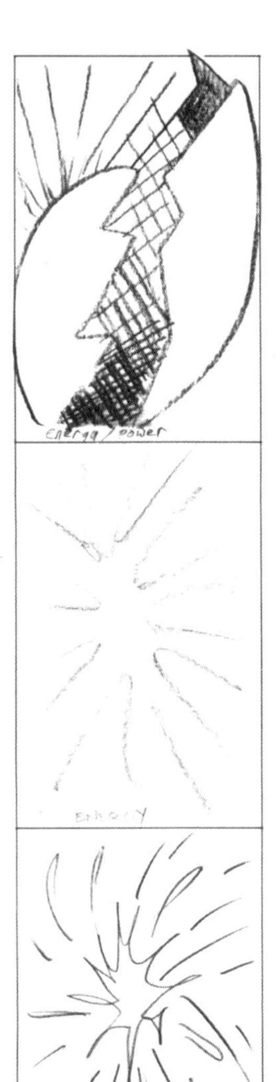

圖7-24
杜克，照片

〔*The Art of Responsive Drawing*〕）

相似的結構出現在杜克（William Duke）的攝影作品中（圖7-24）。杜克描述他的作品，「我覺得這一個男人進行藝術創作、達到頂峰、最後突破的故事。」主題：人類能量和力量；基本結構：爆炸的意象。

圖7-25　畢卡索，《洗澡的人》(局部)

圖7-26　莫迪里亞尼，《一個女人的畫像》

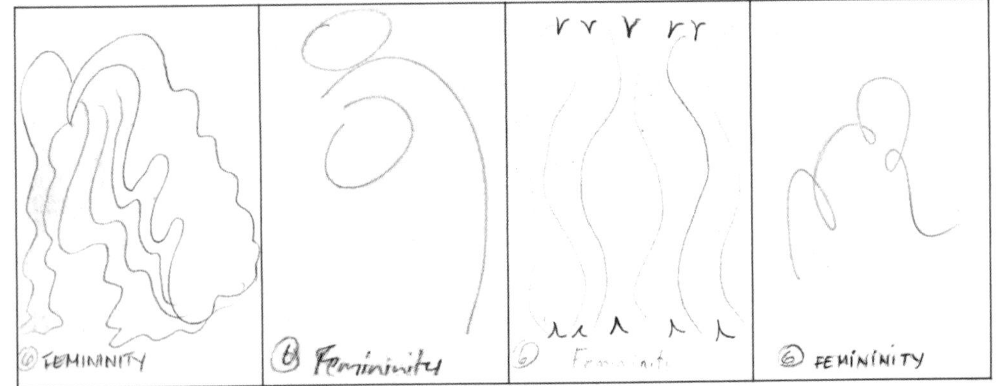

溫柔的線條和交叉的形狀

對於「溫柔」這個概念，我的學生們主要使用了許多彎曲的線條，這些線條與畢卡索（圖7-25）、莫迪里亞尼（圖7-26）和葛飾北齋（圖7-27）在畫女性人體時使用的線條類似。對於彎曲的線條我倒是沒覺得意外，但一部分關於這個主題的類比

圖7-27
葛飾北齋，
《準備打掃灰塵的女僕》

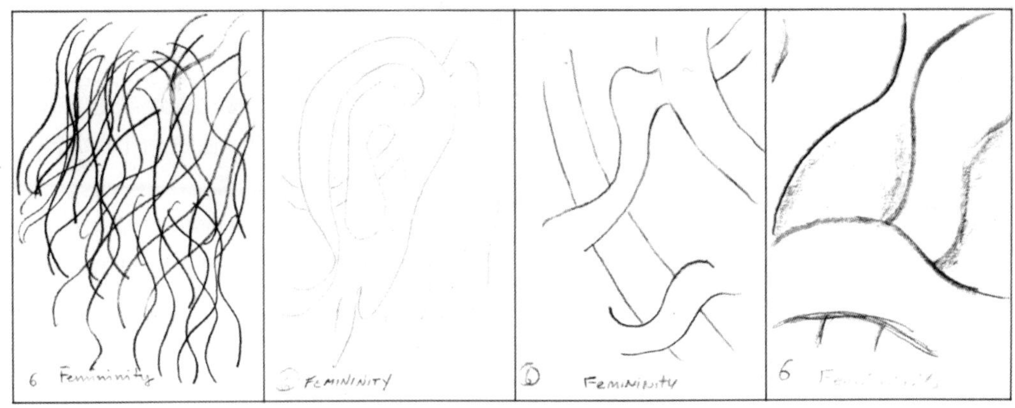

主題爲「溫柔」的學生類比畫，展現出「交叉的圖案」。

圖7-28
一幅馬諦斯的畫，也展現出「交叉的圖案」。
馬諦斯，《靠在手臂上休息的模特兒》

維根斯坦1919年寫一封有名的信給英國哲學家羅塞爾，信中說：
「我不知道組成思維的成分是什麼，但是我知道它一定含有與語言中的辭彙相對應的成分。」
然後羅塞爾問道：「思緒裡含有辭彙嗎？」
「沒有，」 維根斯坦回答，「但是它含有跟辭彙一樣，與現實相關的物理成分。到底那些成分是什麼，我就不知道了。」
——格理高利，《大腦在科學上的用途》

畫，大約10%左右，呈現出奇怪的交叉結構。這種結構完全出乎我的意料。

學生們又一次讓我感到驚奇。我從來沒注意過在意識層面生根的交叉形狀結構，也無法把它與溫柔這個概念串聯起來。然而它卻是完全合理的——在我們看到以後，就會說：「是的，當然！你不這麼認爲嗎？」同樣的，這種結構並非相當明顯。最讓人吃驚的是，那些並不熟悉藝術的學生能夠靠直覺得出如此微妙和富於表現力的視覺類比圖像。

從此，我對這個不同尋常的圖案很感興趣，並開始在女性人體繪畫作品中尋找這種圖案，終於找到一定數量的實例，例如圖7-28所示。我還在一個廣告中發現了如此的細節，如圖7-29所示。它又出現了！椅子腿和模特的毛衣幾乎完全呼應了學生們對溫柔這個概念的直覺類比圖像。這個廣告的設計者是故意使用交叉形狀的嗎，還是下意識這麼做呢？這個廣告有「作用」嗎，因爲這個設計的欣賞者下意識地解讀了這個視覺語言的含義？

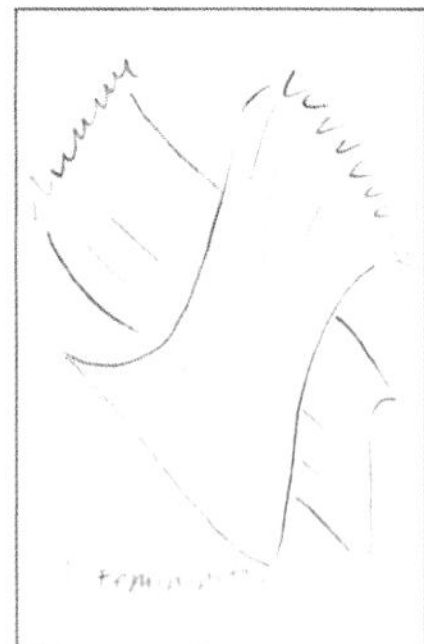

圖7-29

圖7-30

形狀疊著形狀

對我來說，學生們對於「疾病」這個概念的類比畫是另一個驚奇。這些畫基本上呈現出一種形狀添加到另一種不同性質的形狀之上（圖7-30）。它們也顯得很合理——某人會說：「是的，當然。」——同樣地，其潛在的結構既微妙，又不明顯。

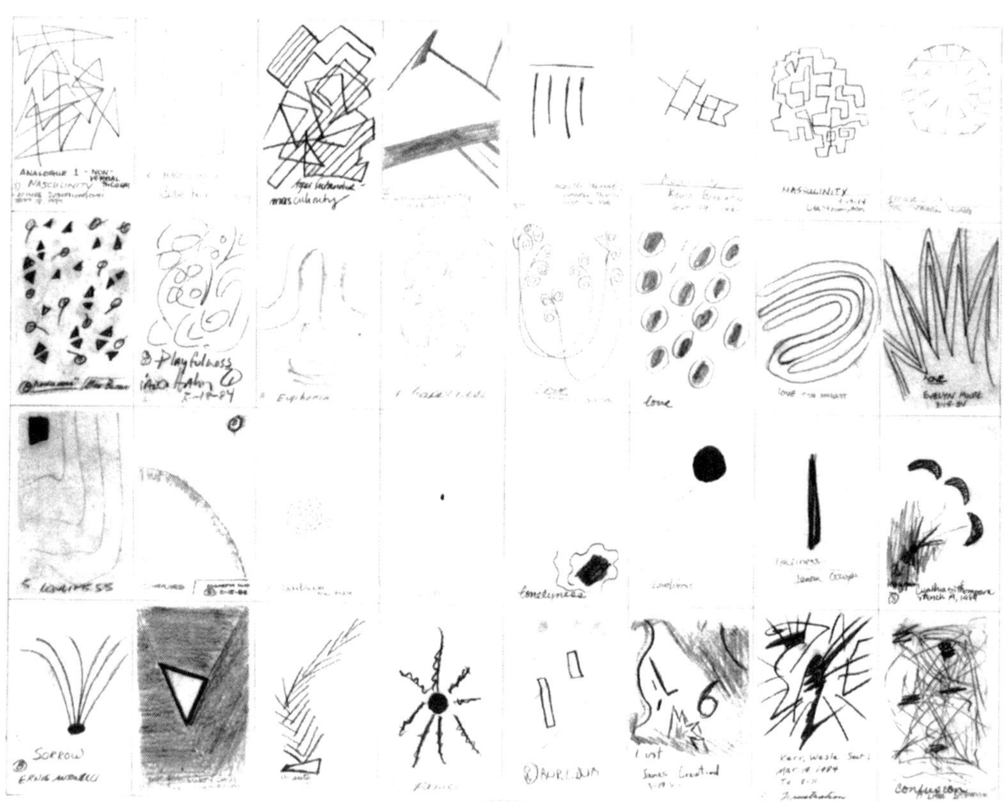

圖7-31　關於不同主題的學生類比畫

關於最後那幅空白主題的類比畫，學生選擇的範圍非常廣，其中既包括諸如「死亡」之類的巨大主題，也包括一些更詳細而明確的概念，如「好奇心」、「頑皮」和「優柔寡斷」。但儘管每個主題只有很有限的幾幅類比畫，但其顯現的結構相似性非常明顯：例如，關於「孤獨」主題的類比畫每一幅都呈現出相似的記號——也與喬伊斯（James Joyce）的花的類比畫相似，如120頁所示。「興奮」、「賜福」和「幸福」主題的畫都在畫面的上半部顯現出搖動的線條，「頑皮」顯現出圓形在畫面中跳躍等等。

我相信，這些類比畫對我和學生都是非常有價值的練習，它們展現出繪畫的視覺語言的確由「辭彙」組成，這些辭彙包括線條、形狀和結構——它們所包含的意義可以被「解讀」出來。因此，我相信，類比畫能夠給概念一個具體的形態，而這也正好符合歐威爾提出的，讓潛意識看得見的條件。

面對這些由思緒組成的視覺圖像需要一定的腦力。類比畫有時可能並不受歡迎，但它是正確的。也許作爲視覺語言的類比畫與「自由書寫」的方式有一定的相似程度，後者是作家有時用來產生靈感，並突破寫作「障礙」的方式。兩種方式都用R模式的方式在潛意識裡遨遊，繞開L模式的規章制度、限制和審查，所以也肯定都是不受歡迎的，也是正確的。

一位藝術家能表達出感覺，但是與政治家演講和嬰兒又哭又笑時使用的方法不同。他把現實中難以捉摸的那一面組織起來，也就是普遍認為沒有形狀或極其混亂的那一面，換句話說，他使主觀的世界變得客觀。
——朗格（Susanne K. Langer），《對哲學的新解答》（*Philosophy in a New Kay*）

8. 用直覺作畫

喬伊斯的小說《尤利西斯》中，主要角色是布魯恩（Bloom），他是個虛構的角色，但在很多方面都代表著一個普通的男人。布魯恩成天孤單地流浪，被忽視、拒絕，很少有人能忍受他。最後，在夜深人靜的時候，他形單影隻，散發著孤獨的光彩。他被無限的空間包圍著。布魯恩上床睡覺了，我們對他最後的一瞥是一個單一的圖像。

在《尤利西斯》的早期版本中，布魯恩由一個大圓點代表，如下所示：

●

——利夫（Robert S. Ryf），《對喬伊斯的新研究》（*A New Approach to Joyce*）

現在我們來到了問題的重點：思維的視覺語言的使用——特別是那種能激發創造過程中第一階段，初步靈感階段的思維。

類比畫證明視覺語言的確在大腦中存在，它能透過某些特定的條件獲取，並馬上能夠使用。由於創造力主要依靠用新的方式解決老問題的能力，或將已有的想法和事物重新組合的能力，以及用新的方式看事物的能力，所以進行這個過程的第一步是找出或提出問題，讓大腦能夠洞察、視覺清晰，讓思緒看得見。

用類比的形狀畫人像

讓我們做一個練習，它能幫助你更加熟練如何使用視覺語言。你要完成一幅人像畫，但**請在開始之前，閱讀完所有說明**。

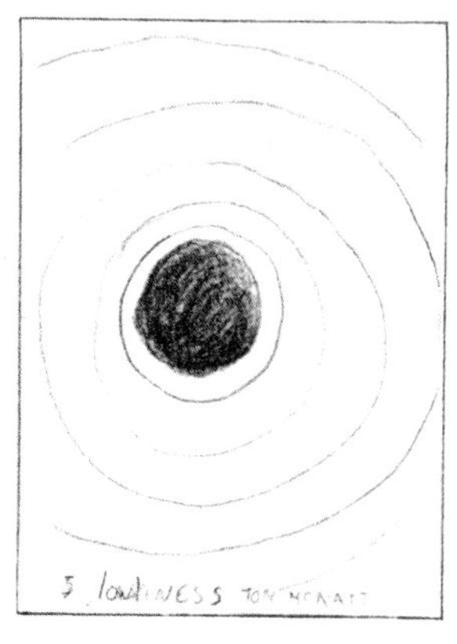

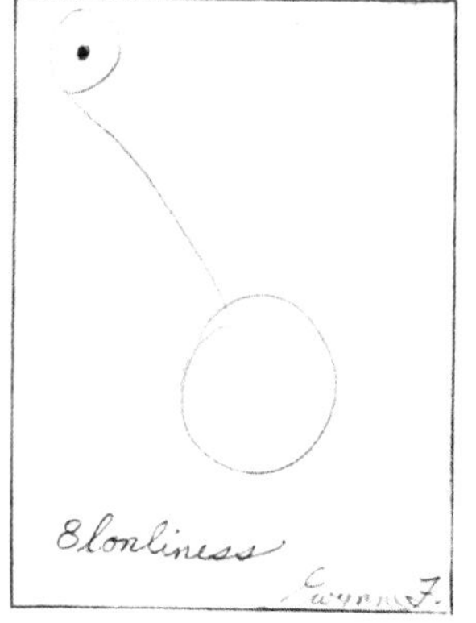

幾幅主題爲「孤單」的學生類比畫，正好與喬伊斯代表布魯恩的大圓點相呼應。

1.把你的思緒集中在一個人身上——這個人的個性或特徵在過去或現在對你的生活產生重要影響，但你也許對他感到困惑。你不會按照平常畫人像的方式來畫這個人，而是畫一幅類比畫，使用線條或形狀圖案代表這個人——就像圓點代表花朵那樣——最後呈現出來的畫面應該沒有任何寫實性的東西。簡短地說，你要按照自己感知到的畫出那個人的個性和特徵，你只能使用上一章練習過的表達性視覺語言。

2.一旦你選好自己的主題，爲人像畫一個「框架」，也就是說，提供一個可以工作的畫面範圍（圖8-1）。你可以選擇任何形狀的畫面框架：可以是（最常見的）長方形、正方形、圓形、橢圓形或不規則的形狀。選擇任何你覺得合適的形狀就行。

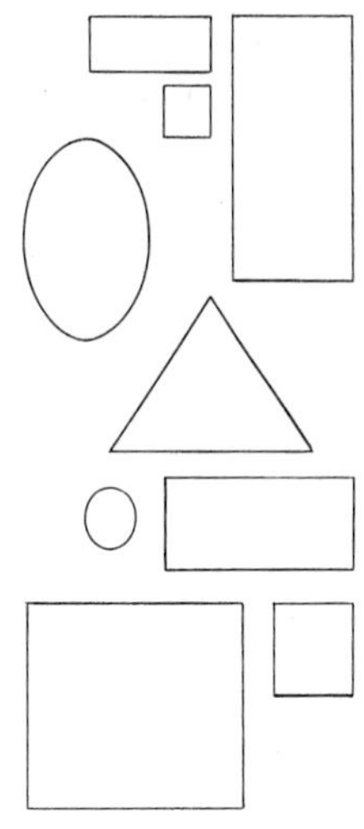

圖8-1
各種各樣的框架

這幅畫，就像你前面畫的那組畫一樣，完全不需要接受過任何美術訓練。正如上一章看到的，你已經具有畫線條的能力，而且在這個練習裡隨時都能使用它。記住，你不能畫任何可識別的物體、符號、字母和辭彙。

3.你必須知道，在開始之前，你完全不需要知道畫面最後會變成什麼樣子。實際上，你也不想知道，因爲這幅畫的目的是，揭示你在某種意識層面上已經感覺到、但日常的思維還無法理解的，這個人的某些方面——讓我重申一次，就是向你展示其實你已經知道了，但還不知道自己知道的事情。

4.首先，想一想這個人，如果有可能的話，掃描其個性的複雜性，但不要使用任何口語辭彙。在不同的情況下看這個人。看他臉上的表情。感覺潛在的、未說出口的訊息。如果在你的想像中，這個人正在講話，試著不要去聽話的內容；觀察這個人，但不要聽任何聲音，就像看一部無聲電影那樣。

5.讓鉛筆開始畫，開始製造那些必須完成的痕跡。不要檢查任何東西。這幅畫是你私人擁有的，不需要展示給其他人看。這幅畫一定要反映你的眞實感受，至少要反映出那些透過你大腦篩選的眞實感知，因爲大腦視覺的、感知的R模式必須在違反自己意願的情況下，看清楚「外部」物體的形狀。讓鉛筆把你對這個人的任何感受都記錄下來，就算是明顯相互矛盾或荒謬的事實。在時間上你沒有任何限制；只要你願意，這幅畫可以分幾段時間完成。

6.記住，在你完成以後，這幅畫將會向你展示這個人在你（右）腦裡的形象。讓我重申一遍，在這幅畫完成以前，你無法知道畫的模樣，因爲你的認知處於大腦中普通思維無法進入的部分。這幅畫的目的是讓你腦海中已有的圖像看得見——不是學習新的事物，而是「逃脫」口頭語言的干擾，更清楚地看事物。

愛爾蘭作家喬伊斯在1904到1914年間寫的《年輕藝術家的畫像》中，主人翁史帝芬（Stephen）談到了三張威脅他的「網」：「當一個人的靈魂誕生在這個國家時，總會有一些網罩住他，不讓他飛走了。你重視的是我的國籍、語言和宗教信仰。我要試著突破這些網。」

現在開始畫吧。

在你完成以後，請評價一下自己的作品。嚴格來說，這不是一幅人像畫；你把自己洞察到的事物畫了下來——你「看穿了」這個人——而不是僅僅把這個人畫下來。當然，你的靈感和感知與其他人、或當事人的感知可能有些不同。但是這些都不是問題。記住，這幅畫的目的不是畫出你認爲自己知道的，或其他人知道的事實，而是練習尋找在大腦的某種意識層面中深藏的、你不知道的感知。

現在可以「解讀」你的畫了。你可以理解自己製造的痕跡，因爲它們代表著已在你大腦裡存在的事物。你能完成以下這些句子嗎？

線條在繪圖者本身和他的經歷之間產生交流溝通。繪圖者試圖製造一種環境，使感覺能直接深入到現實中去……。他尋找外形、相互關係和順序的結構。
——希爾（Edward Hill），《繪畫的語言》（*The Language of Drawing*）

「我根本沒有意識到的是……」
「我現在明白……」
「我對……非常驚訝。」
「我之前並沒有眞正理解……」
「我發現自己在畫……」

由於創造性思維的其中一個要求是把靈感提升到意識層面的能力，現在試著把你剛知道的事實用辭彙表達出來——對畫產生辭彙性的「連結」，並用辭彙抓住短暫而又脆弱的靈感。我必須再次提醒你，面對靈感和看清楚畫面展示給你的資訊需要很大的勇氣。另一方面，畫面有可能會向你展示這個人可愛的一面，這些資訊也有可能逗留在意識形態之外。如果你發現自己對這幅畫聳聳肩，蔑視地說：「對我來說，它看起來什麼東西也不像。」我建議你重新用新的目光看這幅畫，不然就把這個人重畫一次。

你可以透過把靈感寫下來，或向自己（或其他人）講述這幅畫，來對這幅畫產生「連結」。

學生畫的人像類比畫

讓我展示一下學生們畫的「人像」畫，以及他們自己的評價（圖8-2至8-7）。

我首先要指出這些畫中新鮮的、不刻板的特質——我敢說你的畫也有同樣的特質。與先前的那些類比畫一樣，一旦每個人，就算是沒有經過任何美術訓練的人，拋開製造可識別圖像的想法後，都能製造出有創造性的、富於表現力的畫作。同樣地，與先前的那些類比畫一樣，每一幅人像類比畫都很獨特，然而它們都包含著相似的結構形狀。這些結構形狀是視覺語言的一部分，它們向欣賞者傳遞著某些含義。

現在，讓我們看一看這些人像畫吧。

圖8-2
圭亞畫的《D的畫像》，亞圭的辭彙性說明是：
「我能更清楚地看到，他在感情上是多麼孤立自己。他有一些應付不了的憤怒，而且當他對某件事感到憤怒時，會以非常劇烈的形式表現出來，並且完全沒有任何徵兆。」
「他非常嚴肅，有時很孤僻，有時又很笨——很好笑——但是有時他還愛諷刺和嘲弄別人。」
「我比以前更容易應付他了，但是我想知道更多關於他的事情。我不明白爲什麼他不愛我。」

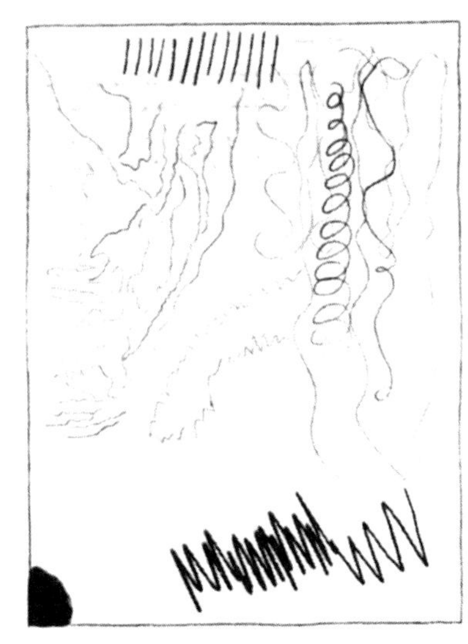

圖8-3
克里曼畫的《SK的畫像》
「憤怒，她在瞭解別人前就恨他們。」
「她一直是個眞正的朋友，然而她也是個兇猛的對手。」
「她是個好人，跟她在一起很開心。她把所有的感覺都寫在臉上；如果她不喜歡你，你會首先感覺到。」
「她是個非常複雜的人。」
「我發現我比自己認爲的還要喜歡她。我覺得自己需要把紙張填滿。」

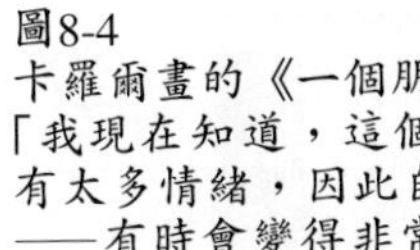
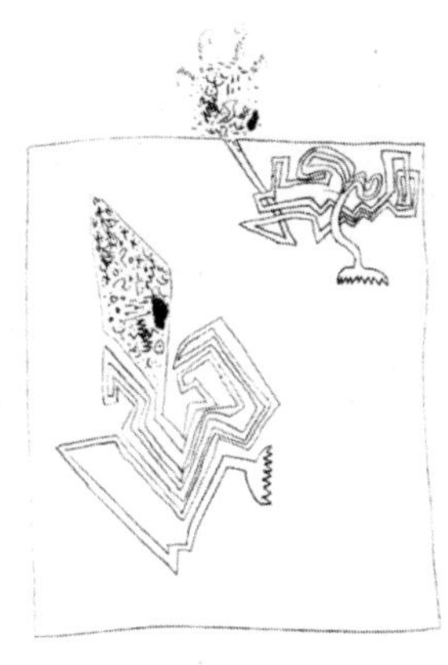

圖8-4
卡羅爾畫的《一個朋友的畫像》
「我現在知道，這個人的大腦裡有太多情緒，因此自己都糊塗了──有時會變得非常擔心，並試圖組織起自己的行動。」
「我在這幅畫裡發現新的東西：他很孤單，而且非常想家。」

圖8-5
喬勒畫的《A的畫像》
「幾乎每晚都要跳舞──一週六天。結果這項運動成了他的支柱──讓他繼續生存下去。畫中這個部分的位置完全是無意間畫出來的！」
「黑暗的部分是我無法接觸到的部分，但是現在我意識到，也許連他自己也接觸不到這個部分。然而這幅畫展現出他美好的性格，這種好性情在他生活中每一處都散發出魅力。」

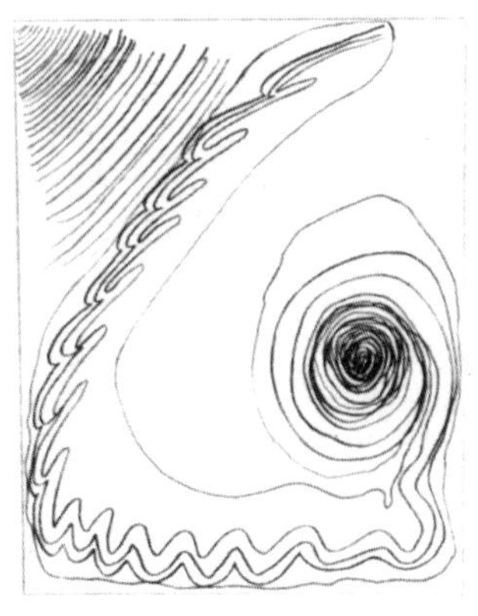

圖8-6
摩爾畫的《JS的畫像》
「他有時眞讓人困惑。他總是熱中於自己的想法，對於與他沒有直接關係的事情非常保守。他的生活基本上一成不變。他非常努力地成爲他認爲自己應該成爲的人，完全不考慮自己到底是個什麼樣的人。」
「我看的新資訊是，也許他的內在沒有表面上看起來那麼多，也有可能他有某些部分是我完全不知道的。」

圖8-7
寶蘿畫的《JMB的畫像》
「我原來是想畫一個孤僻的人（有點離群索居），但是他很容易相處。」
「結果我似乎畫了一塊花崗岩或冰。」

一起畫出新的印象

看著那一行行我的學生對自己的畫的評價，你覺得自己的「人像畫」向你揭示了什麼呢？你能「看見」自己以前看不見的事物嗎？那個人是不是沒有以前那麼神祕了？當你洞察到那個人的個性，自己覺得吃驚嗎？你對自己感到驚奇嗎──對自己如此容易地完成這幅畫，透過輕巧熟練地使用視覺語言，使你內在的思維和感知看得見？

我們還要完成人像類比畫的最後一個重要步驟：深深地注視你的這幅畫，並把它放進你的視覺記憶，儲存它，隨時能輕易提取出來──記住不是將這幅畫濃縮成簡單印象。當你再碰到這個人，或者以後想到他或她，就把類比圖像「取出來」。你會非常清楚地記住它。因此，你使用繪畫的視覺語言，創造了一幅對理解人與人之間相互關係非常有用的圖像，這幅圖像比任何你能使用的口頭辭彙都要豐富，而且它能幫助你進入「情緒思維」。所以，你終於讓思緒看得見了。

9. 用最初的靈感作畫，並找出問題

美國心理學家葛左斯（J. W. Getzels）在〈創造心理學〉（*The Psychology of Creativity*）的註腳中提到，他發現了下面這段話：

「……我多年以來一直保留了一本筆記本，它屬於一個叫史坦的人；我已經忘記裡面的句子是什麼時候寫上去的，但是我覺得它們講得太精采了。

『在整個問題中，最有趣的部分是它引伸出來的問題，而不是它的答案。假如沒有人提出問題，那麼答案會在哪裡呢？』」

——引自關於創造力主題的卡內基座談會

開始進行創造性的努力時，首先會帶著好奇心和興趣「到處查看」（隨意或專心取決於你對手頭上問題的投入程度），尋找那些缺失的、不對勁的或「突出」的部分。

在上一章中，你對人像畫中的對象有些不太瞭解，透過人像類比畫把你的思緒和感知變成可見的形式，你最終對這個人有了一些理解與認識。現在我們將使用相同的技巧，檢查你自己的個性或生活的各方面，看看有哪些缺失或不對勁的部分。尋找你自己都不太瞭解的部分。你將再一次在類比畫中讓你的思緒和感知被看見，並把問題提升到意識層面上。你將「看到」這個問題，也許畫中的某些部分會在你的腦海裡反覆閃現，並促使你提出一個問題。這會是個很美妙的問題。

美好的事物，以及美好事物所引發的感覺，與創造過程息息相關。十三世紀義大利哲學家阿奎奈（Saint Thomas Aquinas）曾說，美感有三個必要的條件：統一、和諧和魅力。阿奎奈把美感與眞理聯結，他認爲信念和理智是非常和諧的兩個境界，心中的眞理（信念）可以補充大腦（理智）的不足。所以，應該把你即將完成的畫看成是一個感官目的：即把它看成一個源自心中的作品，無論它多麼微不足道，都能展現出美好的眞相，而且是能被理智理解的眞相。

透過類比的形式把問題畫出來

請在開始之前，先閱讀完所有說明。完成這個練習以後，我將給你看一些我學生的畫例——我重申一遍，千萬不要先偷看那些畫例。你在開始畫之前不能對最後的成果有任何預想，這非常重要。

1. 在你的腦海裡瀏覽自己目前狀況的各個方面，選擇一個似乎會導致問題的方面：也許是不太對勁的部分，也許是你不理解的部分。這個方面導致的情況可以是針對你個人的，也可以針對其他人，或者與你有關係的一群人。這個問題可以與你的事業有關，也可以與你的社交生活有關。不論如何，這個問題的解決方案必須對你或其他人產生巨大的影響。實際上，它對你越重要越好。你將完成一幅關於這個問題的類比畫。

2. 在你開始畫之前，先別對自己描述這個問題，適當的時間是在你完成這幅畫以後。我們的目標是「跳出」辭彙的干擾，眞正清楚地看事物。太早描述問題會讓我們掉進辭彙的陷阱，使我們漏掉這個問題的某個部分。如果你一定要對自己說點什麼，那麼把你的話儘量簡略爲：「我對這個情況的瞭解是這樣的……」或「讓我煩惱的是……」，以及「現在我覺得這個問題是這樣的……」

3. 你要記住，與人像類比畫一樣，你無需在開始之前知道這幅畫最終的模樣。讓我重申一次，這幅畫的目的是爲了讓你發現這幅畫最終的模樣。你還要知道，這幅畫不能幫你解決問題——這不是它的目的。它的目的是從新的角度來看整個情況，讓它露出曙光，這樣我們就能「看見整個畫面」了。

4. 用鉛筆來畫，準備好隨時使用橡皮擦。

5. 第一個步驟是確定這個畫面的邊界。這麼做主要是爲了給問題提供一個框架——爲它確定一個界限。你可以選擇任何尺寸和形狀的框架，既可以潦草地勾畫，也可以小心地描畫，還可以用直尺仔細測量，然後再畫。這條邊界將用來把這個問題從那些不可估量的周圍環境中分隔開來，把它視爲一個整體，一個和諧統一的個體——也就是阿奎奈所說的完整性，美感的第一個必要條件。

6. 不要檢查你畫出來的東西。這幅畫是私人的，不需要拿

阿奎奈用簡潔準確的語言描述了自己關於美感的哲學：

「藝術是指人類為了達到美學效果，對有感覺或可理解的事物進行處理的方式。如果這些事物獲得滿意的安排，那麼美學效果自然也就有了。美感也就達到了……。我認為……美感有三個必要條件：整體、和諧與魅力。

「這些特質反映了對美學事物理解的不同階段。首先大腦在需要理解的物體周圍畫出一個邊界，把它從不可測量的時間和空間背景中分隔開來。這樣它就可以被理解成一個單獨的個體，一個整體。這就是整體感。

「接著，理解者從物體的一個點流動到下一個點，感知在物體有限的範圍內，一個部分與另一個部分之間的相互關係，從而體驗到物體構造的節奏。把所有感知合成以後，就要對理解到的事實加以分析：『你領會到這是一個複雜、多層次、可分割、可區別、由各個部分和它們的總和組成以及非常和諧的物體。這就是和諧感。』

「最後，理解者感知到這個物體就是這個原本模樣，而不是其他任何一個的模樣。這個綜合體，這個唯一具有邏輯性和符合美學原則的個體，現在能散發出魅力，或者事物本質的光彩。在這個沉思的

過程中，大腦領會到事物原本的模樣，感受到它的整體性，並驚歎於它散發的和諧感，這就是無聲無息而又光彩奪目的美感享受的堆積。」
——利夫，《對喬伊斯的新研究》

給任何人看。鼓起你的勇氣，讓整個畫面逐漸在紙上浮現。你千萬不能畫任何可識別的物體或符號，整個畫面不能有辭彙、圖像、彩虹、問號、短劍、閃電等——只能在紙上留下一些痕跡，那些視覺思維的證據。

如果你覺得一幅畫不足以表達這個問題，或者想要對畫面做一些修改，又不想擦掉畫中的大部分面積，那麼拿出另一張紙來重新開始畫——如果有必要的話，繼續在第三張紙上畫——你想畫多少張就畫多少張。有些人喜歡漸進式地定義問題。

7. 現在開始畫吧。

當你完成這幅畫以後，把它放在一隻手臂遠的地方，然後看著它。你已經進入創造性問題解決的第一個階段。你已經用比擬的視覺語言陳述了整個問題，並把它展示出來，讓你自己能夠清楚地看見。

突然冒出來的資訊

把這幅畫看成來自於你大腦中視覺、感知部分的資訊——一種R模式的感知。你的任務是理解和領會這個訊息，並解讀它。這就是阿奎奈所說的協調統一性，美感的第二個必要條件。作爲一個理解和觀察訊息的人，你必須看清楚畫面的點點滴滴，感知整個框架中各個部分的相互關係。不僅要試著看到整個畫面，還要看到其中的各個部分。你要尋找自己的思緒，它也許呈現出無法預料或令人驚奇的形狀。你可能畫了些自己都預料不到的東西。在潛意識裡，你掌握著視覺語言的辭彙——線條、形狀和結構。你知道如何解讀它們，以及這幅畫告訴了我們什麼。你知道所有的一切，因爲……你就是知道。你能看見它。讓我打個比方（第101頁，圖8-7），當我的學生寶蘿發現自己出乎意料地畫了「一塊花崗岩或冰」時，這恰恰就是她需要的資訊——她畫中的那個人並不一定就像一塊花崗岩或冰，但是她覺得那人就是這樣的，而且還不知道自己是這樣覺得的。

現在，在你的畫中尋找新的資訊吧。

資訊的含義

下一步是掌握資訊或訊息，需要用口頭辭彙來表達類比畫。請看旁注中布列頓（Andre Breton）描述的文字，我們必須用口語詞彙描述類比畫以結合視覺語言（R模式）與辭彙語言（L模式）。然而請記住，這些辭彙只能用來幫類比畫貼上「標籤」，或加上標題——很難眞正完全領會它——當然也根本無法概括其複雜性。

但我們必須領會它，否則就像穆斯爾（Robert Musil*）所說的那樣，處於「其他狀況下」的脆弱資訊將會消失。這裡的竅門是同時在大腦中保持兩種狀態，視覺的和辭彙的，讓它們展現出同一事物的不同狀態，兩種狀態具有相同的價值和有效性，而且兩者之間是互補的。

所以接下來，爲了完成這個練習中的步驟，請重新參考你的畫，看看那上面有什麼，然後用辭彙把上面的資訊表述出來，你既可以採取沉默的方式（把它寫下來），也可以大聲對自己或其他人說出來。

如果你採取寫下來的方式，那麼我建議你寫在另一張紙上，或寫在畫的背面。這能讓你的畫繼續呈現出個體的狀態，而且它所傳達出來的複雜資訊不會受到辭彙模式的干擾，這種辭彙模式總是會壓倒和限制視覺語言。如果你願意，可以寫得又長又詳細，也可以很簡略地用一個詞語表達。不過記住，這些詞語無法完全代表無限複雜的繪畫，既然你有在大腦中保持兩種狀態的能力，那麼實際上你根本就不需要一段很長的詞語描述。

現在讓我們進入下一個步驟，記憶這幅類比畫。一邊拿起這幅畫，一邊在腦海裡想著那些詞語。看著你的畫，想像你在幫它照一幅大腦快照：記住它的模樣。閉上你的眼睛，試著在

也許想像力正瀕臨恢復它所有權利的邊緣。如果在我們的大腦深處隱藏著某種特殊的力量，能夠增加或征服浮於表面的東西，那麼我們需要盡最大努力找到這種力量，而且在必要的時刻透過它來控制我們的理性。
——布列頓，《超現實主義的宣言》（*Le Manifeste du Surrealisme*）

*奧地利作家穆斯爾明確陳述了「人類體驗中的兩種狀態」，似乎可以把它應用到這裡來。下一頁簡單地回顧了穆斯爾的想法。

你的大腦想像空間中喚起這幅圖像。如果你做不到，再看一遍這幅畫，照一幅大腦快照，閉上眼睛，然後看到這幅圖像。在你的大腦想像空間裡，把你寫下來的那些詞語放在這幅畫旁邊。你可以閱讀這些詞語了嗎？你要能看到並排著的圖像和詞語。如果有任何一部分不夠清晰，再看一遍你的畫/詞語，並重複一遍以上的步驟。這應該花不了多少時間；把圖像嵌入你的腦海只需片刻，因爲它們最開始就是從你的（左和右）腦中來的。

最後，感知你的畫並告訴自己：「這就是它，只有它。」這就是阿奎奈所說的美感的第三個必要條件——事物的本質，或者實質。用這位哲學家的話說，這些「源自心中的」畫的內容是自發的、和諧的與不刻板的，而這種內容的眞實性使得整幅畫完整。現在面對你自己的畫，感知其中的完整和諧，體會片刻它帶給你的「發光的、無聲的愉悅感受」。

從生活中作畫：學生的問題類比畫

讓我給你看一些學生的問題類比畫的例子。他們選擇的問題很自然地反映出，在他們所處的特定生活時期，每個人的興

奧地利小說和散文家穆斯爾在他的書中經常談到，二十世紀的文明生活對人類經常會有相互矛盾的要求，在這種情況下，如何才能調和人類對理性和感性的同時需要呢？他有一個成熟的人類體驗結構模型，其中把現代生活中的人類體驗分為兩種狀態，一種叫做「普通的」狀態，另一種為「其他」狀態。他描述「普通的」狀態是：

「如果把這種狀態與其他狀態相比較，我們會發現，由於我們有敏銳的智力，才成為現在這樣的人：我們從前在浩大的宇宙中什麼也不是，但是現在是一個星球的主宰；我們的道德觀裡充滿著活躍、勇敢、狡猾、欺騙、不知疲倦、邪惡、狩獵的天才、對戰爭的熱愛，以及其他種種，這都是拜地位提升所賜。」

穆斯爾把「其他」狀態形容為「儘管沒有在我們的過去中留下強有力的足跡，但是依然在歷史上占有一席之地」。「其他」狀態是「充滿沉思、想像……代表著出世、自動自發、和注重內心的感受……這種狀態下，對每件事物的想像不帶任何特定的目的，而是一種無法用語言表達的體驗。」穆斯爾意識到「其他」狀態那種脫離的本質，所以從「普通」狀態的角度來看，它顯得不牢靠，沒有實質性、不切題、沒有趣味，甚至有點病態。由於它無法用語言表達，所以跟「普通」狀態格格不入。

但是穆斯爾認為，「普通」狀態也並不會比另一種狀態更真實、客觀、理性或無情。穆斯爾指出，每一種狀態都有其獨特的實質性、真實性、客觀性、理性和感性，但又彼此存在差異。

穆斯爾在文章中澄清的主要問題是，到底要怎樣才能使異常的「其他」狀態和「普通」狀態之間的相互關係變得更和諧更有效，並得到更大的改善。

在他的散文和最著名的一本小說《沒有品質的男人》(*A Man Without Qualities*)中，穆斯爾探討了這兩種感知世界的模式之間複雜而令人困惑的緊張關係。

——摘自拉夫特的傳記《穆斯爾和歐洲文化的危機》(*Robert Musil and the Crisis in European*)

趣和顧慮。這些顧慮也許與你的不同。我認爲，無論如何，這些類比畫展示了創造性思維或問題解決過程中的一個階段，這個階段每個人都適用。

我還包括了一個商業世界的例子（第135頁），一家大型廣告公司的管理團隊使用一個視覺圖形——實際上它本身就是一幅類比畫。這幅類比畫被簡單地稱之爲「網格」，儘管它只使用了視覺語言中很小一部分的辭彙，卻被證明是用來解決問題和溝通的有力工具。我相信，它是從產生的R模式認知中取得動力，而且我認爲，它展示了類比圖像在商業問題解決領域中所發揮的潛在作用。

圖9-1
弗蘭畫的問題類比畫。她在畫旁作L模式的說明：「我到底該如何選擇？一方面我想進入商業或法律領域，變成一個有權有勢的人；另一方面又想進入服裝設計領域。還有一個部分的我正在處進退兩難的境地！」

圖9-2
史塔絲畫的問題類比畫。「問題是：沒有前途的事業。沒有任何方向的生活，不知到要發展成什麼樣子。」

圖9-3
阿爾伯特畫的問題類比畫。「問題：電腦編程。」（阿爾伯特後來告訴我，他的畫幫他解決了問題，使他完成一個切實有效的程式。）

圖9-4
沒有簽名的問題類比畫。「超重——它似乎影響到了我生活中的各方面——它讓我生活中的各方面都藏到陰影底下。」

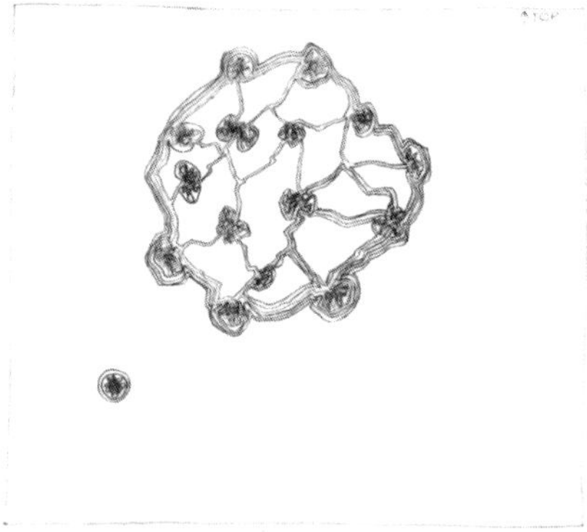

圖9-5
沒有簽名的問題類比畫。「努力變得合群，找到自己的『特色』，並與其他人溝通。」（請注意，這個學生仔細地特別標出畫面的上方。他這麼做是正確的，因爲那個又小又孤獨的形狀相對於大形狀的位置，對類比畫所表達的含義有關鍵影響。如果你把書顛倒過來，就會發現整幅畫的含義改變了。）

圖9-6
西道畫的問題類比畫。
「那就是我，在整個複雜事物的最頂端。各種各樣的事物和想法從各處來到我面前。主要的問題是，我在事業上——實際也是生活方式——無法作出決定。」
「一邊是理科學位；另一邊是我對藝術、語言、創造性和快樂的生活方式的嚮往。通往幸福的答案就在兩者之間，但是現在作出任何決定都變得越來越難——以及越來越複雜。我不知道該怎麼辦。」

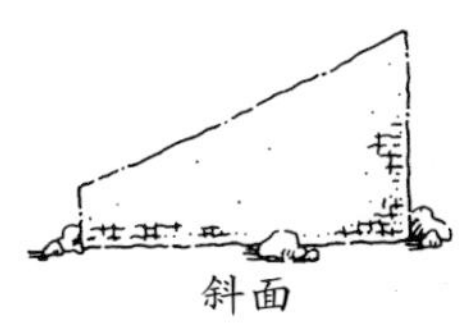

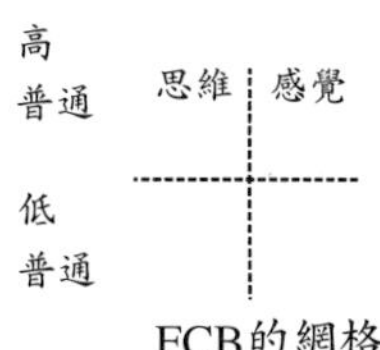

圖9-7　最有用的工具往往是最簡單的

在商業中使用R模式視覺語言的一個例子是所謂的「網格」(Grid)，它是由跨國廣告公司FCB的研究主管沃恩(Richard Vaughn)在一九七八年發明的。如圖9-7所示，網格是一幅簡單、但是非常有用的圖像，能夠濃縮大量複雜的資料。引用FCB的員工福克斯(Dan Fox)的一句話來說：「網格能爲我們做的是，給思維一個界線。」公司研究小組主管伯格(David Berger)說：「網格能讓我們洞察——並提供一種溝通的方法……它是一個概念性工具。它不是一個公式，也不是一件緊身衣。它是一個思維和溝通的工具。」

網格是透過事物在框架中的位置來發揮作用，視覺語言中的這個重要組成成分在第六章的第一個類比畫練習中就提到過（例如在「喜悅」和「沮喪」中，相對比較高和比較低的位置，以及在分析主題爲「憤怒」的類比畫時，談到左和右的相對位置的含義)。

在網格中，「高」的位置代表對重要或貴重產品的感知，如轎車，「低」代表比較便宜或比較不重要的產品，如家居用品。

「左邊」的位置（與平常處於主導位置，主要被左腦控制的右眼相連）代表辭彙性、數字性、分析性的「認知」類型產品，這些產品主要針對傾向於資訊和資料的買家——例如，汽車和照相機。與之相反，「右邊」的位置代表滿足情感需求和願望的產品，例如旅遊或化妝品（請參照下一頁的圖9-8)。

某個特定產品在網格中的位置是透過對產品和潛在客户的調查研究而確定的，調查的一般方式包括民意調查、問卷、以往的銷售紀錄等等。透過某些特定的公式把這些資料計算出來，然後再根據計算結果把產品放在網格中相應的位置上——或高或低、或左或右，有無限的可能性。正如伯格說的那樣，網格不是一件緊身衣。

一旦把產品放進網格，一個簡單而又有力的圖像就會呈現在我們眼前，爲我們提供了一個如何進行廣告策略的基礎，而且更重要的是，爲公司提供一個

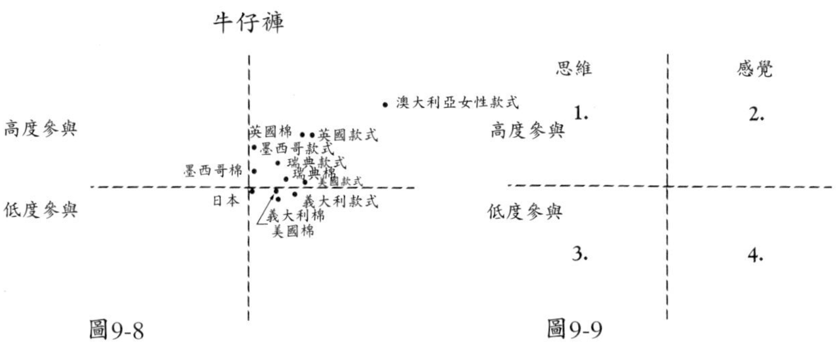

圖9-8

圖9-9

與客户更有效地交流這個策略手段：客户可以馬上解讀和理解網格的含義，因爲視覺語言的成分，在框架中的相對位置是透過直覺來理解的。

有趣的是，對於某個特定的產品到底應該擺在網格中的什麼位置，所有人意見的相似性非常高，估計高於80%。牛仔褲最後都被擺放在網格中的相同區域——右邊中間比較靠上的位置（圖9-9）；殺蟲劑在左邊靠下的位置；人壽保險在左邊靠上的位置。這些位置是不同國家的意見，包括英國、義大利、日本、美國和波多黎各。

FCB成功且純粹直覺地應用強而有力的視覺語言成分中的一個，有效地證明，如果完整地使用整個視覺語言，將會幫助有效解決商業問題。

「我們使用網格的過程當然也是一個有創意的過程，而且你會發現任何創造過程都呈現出簡單的特質。沃恩第一個版本中的某些想法沒有得到經驗的證實。這些想法被取代了。最重要的是，這個工具只有在人們投入他們的思考時，才能發揮最大的作用。所以最後我們使用一個簡單的圖形。」

——伯格對FCB的管理團隊説

學生們對類比畫的反應

「就像探險家進入一片未知的大陸一樣，每個人都能從日常生活中發現新鮮的東西，以前沉寂的四周開始用一種變得越來越清晰的語言述說著什麼。」——康丁斯基，《從點、線到平面》

有一定數量的學生向我描述了他們對這個練習的反應。最常見的評價是：「把問題畫下來後，這個問題就改變了，變得更客觀，仿佛它以前一直藏在裡面，而現在跑到外面來了。」另一個經常會有的反應是，學生對這個問題呈現出來的「模樣」感到驚訝，或者對問題中沒有預料到的、在意識之外的部分感到驚訝。

因此，透過繪畫，我們能打開意識中曾經緊閉的大門。還記得我引用過的發明創造者的筆記嗎，他們指出，創造力中的某些元素一直以來就很神祕，而且存在於意識之外。一九一〇年偉大的俄國藝術家康丁斯基寫道：「我們必須神祕地談及神祕事物。」在我們尋找創造過程中的第一階段，初步靈感時，類比畫的作用就是把神祕的主觀世界客觀化。正如哲學家朗格在第117頁中說的那樣，這本身就是藝術的作用。

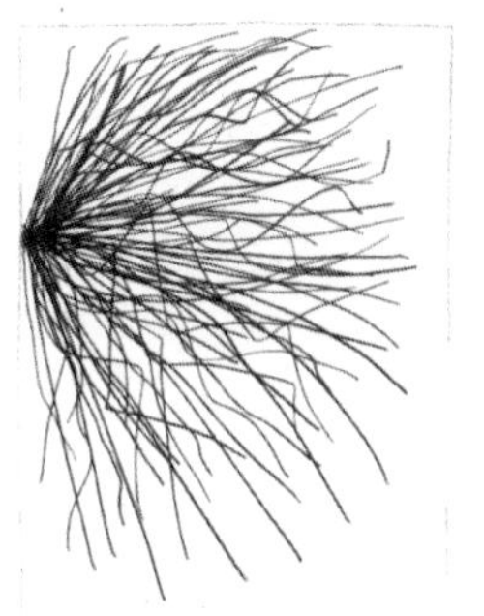

迪莫斯畫的問題類比畫「關於我父親的問題」。
「我在這幅畫中看到了劇烈的疼痛。我在畫這幅畫之前，從來沒有意識到我的父親多麼嚴重地傷害了我——不僅讓我生氣，或者冒犯了我，而是真正地傷害了我。」

10. 畫出事物的內涵

許多年前，在一次輔導成年大學生矯正閱讀時，我獲得一項受益終生的經驗。我看著一個男人平生第一次，從印刷的辭彙中了解其含義。他大概三十歲左右，從來就沒有學過閱讀。我們使用小學的初級課本，一起學這句話：「一個男孩爬上了山頂。」那個男人非常艱難地用手指著那行字，一字一字地大聲朗誦，每個字之間還有長長的停頓。當他讀完這個句子時，我問他這句話是什麼意思。他回答：「我不知道。」我要求他再讀一遍這個句子，然而他還是不知道自己讀的是什麼。我讓他閉上眼睛，想像自己正看著一個男孩沿著上山的小路往上爬，最後這個男孩爬上了山頂。我問他現在能不能在腦海中看到整幅畫面。「能，」他說，「我能看見。」片刻之後，他睜開眼睛，疑問地看著我並說：「然後呢？」我說：「那就是你剛才讀的句子：一個男孩爬上了山頂。」當時他臉上的表情我永遠也忘不了。他突然意識到這些印刷的文字有實際含義，他能瞭解這些字，而能與實際經驗產生關聯，也能與精神畫面相連結。很明顯，在那一刻之前，他一直把詞語只當成詞語——一些印刷出來的字母，組合在一起，等待被識別和講出來——根本沒意識到它們還有含義。

每當我上美術課當中，學生突然看到整幅畫（以及其他藝術作品）還有含義時，我就會想起那一次經歷。當然，我所指的不只是物體的素描——人像、風景以及靜物。繪畫所包含的含義可以透過幾個簡短的字句總結出來。但一幅畫同樣也用可比擬的視覺語言來表達這些含義，無論它所表現的是可識別的物體，還是抽象事物。這種用不同方式表達出來的含義要求用不同的方式來理解，就像那個有閱讀障礙的學生需要使用完全不同的大腦裝置——一種由大腦中的圖像觸發的裝置——來理解一組詞語的含義。同樣地，要理解一幅畫中的含義，必須要透過藝術家使用的語言來解讀它，一旦我們理解了其中的含義，也許根本就無法用詞語表達出來。然而，無論是它的各個部分，還是它的整體，都能被解讀。

在你的類比畫中，已經使用了藝術家的語言創造這些圖畫，而且你可能已經發現，自己能夠透過直覺解讀它們。這可能是你第一次經歷這種完全不同的理解方式。一旦你經歷了不同的大腦裝置，這種理解能力就變成一項技巧，它不僅可以比得上理解詞語含義的技巧，而且能透過訓練加以提升。

爲了證明這一點，我想指導你「解讀」幾幅類比畫——主要爲了幫助你提高解讀自己類比畫的能力，以及增加你的自信，讓你知道自己對這些畫的觀察是正確的。

我承認這是件非常危險的事，類比畫本來就是非常私人的東西。但是藝術中一些基本的組成元素是永遠不會變的，無論是在藝術大師的畫作中（如第110頁，戈德斯丁對林布蘭的畫《伶人》的分析），還是在你那些尋找個人眞相的類比畫中。含義留藏在每幅畫的視覺語言裡，留藏在線條、形狀、空間和結構的辭彙中。那些含義可能源於欣賞者大腦的潛意識裡。但是，讓我們再一次嘗試著把它轉化成口頭辭彙——把主觀事物客觀化。

1916年出版、由小學教師沙根（Walter Sargeant）和米勒（Elizabeth E. Miller）寫的一本薄小的教科書裡，談到一個非常現代的繪畫教學觀念：
「我們強調繪畫的兩個作用：首先，它是一種表達內心的方式，與辭彙性語言有本質的區別，因此，它提供了一個分析和處理事物的獨特方式，讓它們展現在新的曙光下；其次，它是一種美學表達的形式，一種培養藝術家欣賞能力的工具，和一條通往美學享受的陽光大道。」
——摘自《孩子們應該如何學會繪畫》（*How Children Learn to Draw*）

圖10-1
A. G畫的問題類比畫。標題是「破碎的關係」。

「解讀」問題類比畫

我選擇三幅問題類比畫來做分析。其中兩幅被畫這些畫的學生貼上簡短的詞語「連結」，所以至少我們知道它們的主題。第三幅沒有任何「連結」，我將在沒有標題幫忙的情況下嘗試「解讀」這幅畫。

學生A.G畫的第一幅畫的標題是《破碎的關係》。我對這幅畫的「解讀」如下：

某種沉重的阻擋形狀（右邊的黑暗區域）代表約束的障礙，並牽制著這裡所指的關係（關於右手邊這個形狀所在位置的「口頭辭彙性含義」，我們在第97頁討論過）。兩群人牽涉在這種關係中，也許是家庭或朋友（處於中間位置的等邊三角形和與其相對的正方形），這些群體彼此之間有很大的差異。不過，兩群人都呈現出一致的重複和僵硬程度。一些狀況發生了（那些漂浮在「家庭」群體和黑色障礙物之間的的形狀），這些狀況是獨立和分開的，但同時又是很一般和重複的——它們全

圖10-2
J.D.M畫的問題類比畫，無標題。

部都被包含在一個整齊勻稱的結構之中（那些剛好在「家庭」群體之上，經過深思熟慮、平均間隔的對角線；這些線條形成一種新的障礙，非常密集，且有一定層次）。但是「這個人」（正中那個像花蕾一樣的形狀）逃出去了，並在逃跑的過程中感受到重建的能量和個人力量（那個爆炸的形狀：請回顧標題爲「人類能量」或「力量」的類比畫）。「他」逃到了自由的地方（左上角空白的空間，它差不多與右下角問題產生的「區域」一樣大）。

《破碎的關係》是一幅高興和自信的畫（所有的線條都很清晰明確，也很堅固有力），向上漂浮的花朵形狀是我們前面提到過的，對「喜悅」的一種類比。

第二幅畫要表達的含義與第一幅完全不同。還記得嗎，在畫面中相對位置很低的形狀在繪畫語言中表示「情緒低落」或「沮喪」。在學生J.D.M畫的這幅畫（圖10-2）中，「這個人」被放在畫面中盡可能低的位置，而且占據最小的空間。「他」

圖10-3
S.K畫的問題類比畫，無標題。

是水平的——也就是說，很不活躍（請回想一下「寧靜」的視覺語言形狀）。其餘「所有人」（那些垂直的線條）都很活躍，而且不斷地在運動，但是他們與水平的那個人沒有交集。那個人保持孤獨、被排斥，而且有點卑屈的狀態，就像一條蚯蚓。然而整幅畫充滿著一種奇怪的自信和清澈，就像這個人在說：「是的，整個情況就是這樣。是不是很可怕？但我覺得這很有趣，甚至非常愜意！」

J.D.M這幅畫的背面寫道：「我遇到的問題是我覺得自己很孤獨，而且被人疏遠。我覺得自己不合群。」這些對這幅畫的「解讀」與整幅圖像所表現的完全一致。但不知為何我無法忽視留藏在這些痕跡中的其他資訊：這幅圖像畫得非常仔細。整個畫面的構圖很漂亮，而且所有代表「其他人」的垂直線條畫得很精細，還頗具藝術精確性。那個如同蚯蚓的形狀也很漂亮，還帶著像枝條一樣向外伸展的痕跡。這種精確性、享受程度和藝術自信與所有形狀傳達出的資訊相矛盾——但毫無疑問兩種資訊都是正確的。

學生S.K畫的第三幅畫（圖10-3）非常神祕，但也很漂亮。如果有人懷疑「非藝術專業的學生」是否能創造出一定藝術水準的作品，這幅畫將消除這種懷疑。但它到底有什麼含義呢？它想溝通的是什麼問題？它到底能給我們什麼靈感呢？正中的旋渦非常引人注目，它的劇烈程度甚至能把我們催眠。中間的這個形狀是包容的、閉合的、沒有任何開口，並被殘酷地壓縮成一團。但它到底包含著什麼東西呢？一個像眼睛一樣的形狀，它是躁動的、向內的，看得見，卻不帶一絲感情。很多層次圍繞著眼睛（螺旋形的線條，時明時暗）。但眼睛保持不動，也不參與。這個圖像很可怕，就像某些可怕的困擾或恐懼。你一定能感覺到，我也感覺到了。你眼前是另一個人的現實情況。我想你現在明白我爲什麼說面對這幅畫需要一定的勇氣了。

把我從中間催眠性的旋渦拉開非常困難——那些有層次的螺旋形畫得多漂亮啊！但是畫面中的任何一部分都很重要。那些魚鰭一般的形狀似乎是用來自衛的，像一個巨大的保護裝置

圖10-4
雷頓，《像奇異熱氣球的眼球，朝向無限前進》
雷頓評價自己的作品：「神祕事物的本質是保持正反感情並存的狀態，有兩個甚至三個可能的解釋，這些解釋（圖中圖）又帶來各種暗示，還有能夠物化的形狀，但是所有這一切都只能在觀察者的意識裡完成。」

守衛著中間的形狀，而那些重複的8字形圖案加強了自衛的資訊，外觀就像古代武士的盔甲。由於這些形狀被放在左手邊，似乎代表著向前進的「願望」。但是這種動作被保護中間旋渦的相同形狀阻礙了。

這幅畫馬上讓我想起法國藝術家雷頓（Odilon Redon）的作品《像奇異熱氣球一般的眼球，向無限進發》（The Eye, like a Bizarre Ballon, Drifts toward Infinity），如圖10-4所示。就像雷頓在旁注中指出的那樣，在視覺語言的辭彙裡，這種夢幻般的眼球所代表的含義可能太複雜了，根本就無法用口頭辭彙來表達。其中一個解釋是，它也許與內在的自我有關係，但是正反感情都並存著。在雷頓的畫中，眼球是夢幻中的焦點。我學生的畫作也有相同的夢幻本質，但是充滿了恐懼、自我保護和疏離。

我對這些問題類比畫所作出的解釋，只能當成是看待這些畫的其中一種方式作爲參考。實際上，你可能對相同的畫有完全不同的解釋。只有這幅畫的創造者才能眞正正確地解讀它，是這個人自己的解讀，是大腦的自言自語。但我希望我的解釋能幫你解讀包含在你自己的問題類比畫中的資訊。要做到並不困難，只要你能掌握一個概念，那就是所有線條、形狀和結構都能傳達某種含義。

倒過來思考

不用說你也知道，當把一個單詞中各個字母的順序改變時，結果會是一個全新的單詞，而且意思也不一樣了。對於每個句子中的單詞，或每段話中的句子來說，情況是一樣的：只要改變口頭語言的結構，它所表達的意思就改變了。讓人不意外的，繪畫的視覺語言也是這樣。改變其中的任何一條線、一個形狀或結構，它的含義也隨之改變。而最戲劇化、最有說服力的證據，就是把你的問題類比畫上下顛倒過來。

記住，我們在尋找初始靈感。這是種下意識的R模式思考，它可以找出個人問題或某種狀況中的疑點，例如某些缺失或不對勁的部分。這種靈感還能驅使思考者尋找一個有創意的問題解決方案。你的問題類比畫已經把這種靈感表現出來了。那麼我們爲什麼還把畫顛倒過來放呢？這樣的話，這些畫豈不是會傳達出完全不同的視覺資訊嗎？當然，它們一定會。但我相信，解讀這些資訊能夠暴露出一些非常有意義、而你又不小心漏掉的繪畫元素。其實你是在從不同的角度看同一個問題。但這種觀點在畫放正以後會很有價值。

如你在第二章所學到的那樣，顛倒的擺放方向是喚起R模式思維一種很有效的方法。它不僅能幫你看清楚眼前事物，還能幫你把它們畫出來。但我們如何知道，這種倒轉乾坤的「小把戲」對創造性問題解決到底有多大用處呢？很明顯，就算我們能把一幅畫顛倒過來，也很難把整個世界顛倒過來，讓我們從一個全新的角度看問題。也許你會問：「我們爲什麼不直接想像事物顛倒以後的形象，然後根據腦海中的畫面把它畫下來（或把問題解決）呢？」我會回答：「這麼做太難了。」準確地想像出顛倒的圖像，並把它畫下來，是一件異常困難的工作，即使是訓練有素的藝術家也不例外。我自己一定做不來，但我知道有幾位藝術家完成了如此壯舉。這麼做一定很好玩，但我對最後得出的結果一點信心都沒有。我寧願嘗試著觀察「外部」事物實際的模樣——也就是它們平常的樣子！如果我們能讓模特兒用頭頂地，或把整個風景上下顛倒過來，那該有多好啊。

但我們做不到。如此困難複雜的想像也許可能給某個問題帶來靈感，而這類型問題正好是困擾著許許多多發明創造者的問題。例如，著名的發明家奧斯伯恩（A. F. Osborn）提出一張長長的「原創性思維的清單」，其中他提議按下列條件操縱物體對象：「它能不能變大一點，變小一點，或分成兩半？能不能把它前後調轉過來，上下顛倒過來，或裡外調轉過來？」這些提議也許聽起來很簡單，但是像「變得更有想像力一點！」

心理學家指出，我們大多數人的大腦都有固定的裝置。也就是說，我們容易遵守常規，限制自己的思考。
把問題顛倒過來可能可以提供一個新奇的解決方案。據說福特在發明流水線時，使用的就是這種反向思維，而不是我們的常規思維。
「我們如何讓工人對原料進行加工？」福特問，「我們如何讓工作來找員工？」透過這種新鮮的方式，流水線的想法產生了。
——尤利斯（Auren Uris）和班莎爾（Jane Bensahel），《論工作：工作問題的快速答案》（*On the Job: Quick Solutions to Job*）

這類的建議也同樣是說起來簡單做起來難。完成這些操作一點都不簡單，不過也許你能想像一幅模糊的圖像，而這幅模糊的圖像已經足夠讓你採取新的方式解決問題了。

然而，一般來說，我認爲R模式最適合具體的資訊。某些創造力練習就非常適合R模式，因爲它們的對象是現實世界中的眞實事物。其中一個例子是一種叫做「自由字句爭論」的技巧，它讓被問題困擾的人根據某個選定的詞語，想像出其引伸的含義。另一種技巧叫做「生物的啓發」，就是把思維集中在與當下問題的動物和自然物體相關——如哺乳動物、鳥類、微生物、植物、貝類、石頭等——的圖片上。還有一個例子是古老的《易經》，這本有四千年歷史、關於直覺的中國古籍主要基於六十四個六角星形，其中每個六角星形中包括六條直線的各種不同組合方式。

在我獲取創造力的方法中，幫助思維的具體對象當然是繪畫。在我看來，繪畫與以上的其他技能相比有一個優點，那就是繪畫來自於問題解決者本身，並能讓這個人的思維看得見。而且我們可以把一幅畫上下顚倒過來。如果把一幅畫拿在手中，用不同的方式去看它，往往能發現以前沒看到的資訊。

讓我們試一試吧。請回到本書中介紹第一幅類比畫的那幾頁（第93-95頁），拿出你自己的那幾幅類比畫：情緒狀態的類比畫、人像類比畫和現在你正急於解決的問題類比畫。把這些畫上下顚倒過來，然後從新的角度評價它們。

你會發現，如果把本書中那些情緒類比畫上下顚倒過來看，它們就會傳達出不同的非辭彙性資訊。「憤怒」似乎「轉移」到一個不同的方位。「沮喪」變成狂躁——狂怒的一種。「平和」變得不那麼平靜，而是更傾向於「高興」或「喜悅」。「喜悅」本身則變得有點憂鬱。現在評價一下你自己的幾幅畫，解讀其中新的資訊。你所看到的是正好是原來情緒狀態的對立面——它的反面，或它的反面可能發生的事物。正如你能「解讀」自己正放著的類比畫那樣，你也能「解讀」顚倒過來的類比畫，而且接收到的資訊可以幫助你更深入地理解它們原來的模樣。

解讀顛倒過來的類比畫

我想對顛倒過來的學生作品所表達的視覺語言發表幾句評論，告訴大家我自己對這些畫的「解讀」。請再一次注意：我的解讀只是我自己對這些畫的解釋——由於這些畫作者的個性不同，所以我的解釋不一定準確。

讓我們從第124頁的人像類比畫開始，把這本書上下顛倒過來。你會發現如果從這個角度看，整幅人像畫提出了一個「如果……會怎麼樣？」的問題。如果藝術家眼中的物體特徵倒轉過來，會怎麼樣？如果把這些處於人像底端的特徵放到頂端，那又會怎麼樣？

顛倒的圖像向人們展現了一個全新的角度。你的感知實際上不會改變——無論如何所有的線條與先前還是一樣的——但你可能會發現一些先前不那麼明顯的東西：例如憤怒所占據的空間到底有多大，或者大多數時間裡，這個人的心情到底有多愉快。與《JS的人像畫》相比（第125頁），顛倒過來的畫更能清楚地顯現出摩爾所指的「JS的自我陶醉」。

現在從一個新的角度解讀你自己的人像類比畫，並從中發現新的資訊，不斷地問自己：「如果……會怎麼樣？」為了更能「連結」這種新的感知，我建議你在另一張紙上或畫的背面寫上新的角度帶給你的靈感。

接下來讓我們從第133頁開始看問題類比畫，同樣再把本書顛倒過來。你會發現當整幅圖像倒轉過來後，這些畫似乎也能讓你產生新的靈感。即使是表面上完全對稱的圖像（第133頁，史塔絲的《沒有前途的事業》），顛倒過來後也變得有一點向前移動的趨勢——畫面的右下角有一點向上提升，因此顯得稍微有點向右靠。只有在把整幅畫顛倒過來後，我才能看到這幅畫放正時，無法呈現出來的那種由好變壞、弄巧成拙的特質。也就是說，只有在我從顚倒的畫中看到輕微向前的移動時，才能理解它反過來代表的含義。

另一幅沒有署名，標題爲《超重》的對稱畫（第134頁）顚倒過來後，也能呈現出新的資訊：中間的十字架（當畫放正時，代表一個人的內在、願望、思維或其他）稍微向前移動——這是一個積極的徵兆。同樣地，只有在把這幅畫顚倒以後，我才能看到這個徵兆。

在第九章中（第134頁）我曾提到，把標題爲《努力變得合群》的畫顚倒過來以後，整幅畫顯得多麼不同。當我們把這幅畫顚倒過來以後，「如果……會怎麼樣？」的問題就變得很明顯：如果這幅畫的作者依然被群體排除在外，而他卻有一種不同的、輕鬆的感覺（態度、立場、觀點、意見、見解、傾向、面貌等），那將會怎麼樣呢？畫面顚倒以後，那個細小的形狀似乎把大一點的形狀都吸引了過來。從這個角度觀察以後，我就更能對畫面放正時所表現出的被拒絕的、悲傷的感覺一目了然。

最後，讓我們看看本章開始時分析過的問題類比畫：

當把第一幅畫《破裂的關係》顚倒過來以後（圖10-5），它呈現出問題的另一面：其尖銳、刺骨的特質。畫面放正時所呈現出來的喜悅和自信變成了侵略性和好鬥——從而再一次顯現了A.G在衝破這層關係時所做的努力。

關於第二幅畫，J.D.M自己寫道：「當我把自己的畫顚倒過來時（圖10-6），看起來似乎每個人都被我吸引了過來，而我自己才是把自己隔絕於世的罪魁禍首。我懷疑自己是不是眞的就是這麼做的呢？」問得簡直太精采了！

第三幅S ·K的畫顚倒過來後（圖10-7），對我來說簡直是變了樣。它變得生動、活潑，像在紙上跳舞。那個閉合的、螺旋形的形狀似乎顯得輕快許多，並被周圍那些可愛的結構小心翼翼地支撐起來，這些結構既保護了中間的形狀，又沒有壓制它。沒錯，那個眼睛形狀依然保持向內，而且遙遠生僻，但是它被如此溫柔地呵護著，完全喪失了那種不祥的特質。如果畫這幅畫的人能把自己的感覺扭轉過來，把問題顛倒過來看，那會是怎樣呢？

類比畫是一面鏡子，但不是魔鏡

當然，類比畫中的資訊僅僅是資訊，它們沒有魔力。所謂江山易改，本性難移，就算透過這些資訊能明白一些事，但是要改變一個人的態度或思維的習慣，卻不是件容易的事情。不過這些畫還是提供了從潛意識裡挖掘出的一些具體圖像，這些圖像上帶著有意識的思維和行動——是一些把隨意性的思維和行動組織起來，用以象徵可能的解決方案的隱喻和類比。

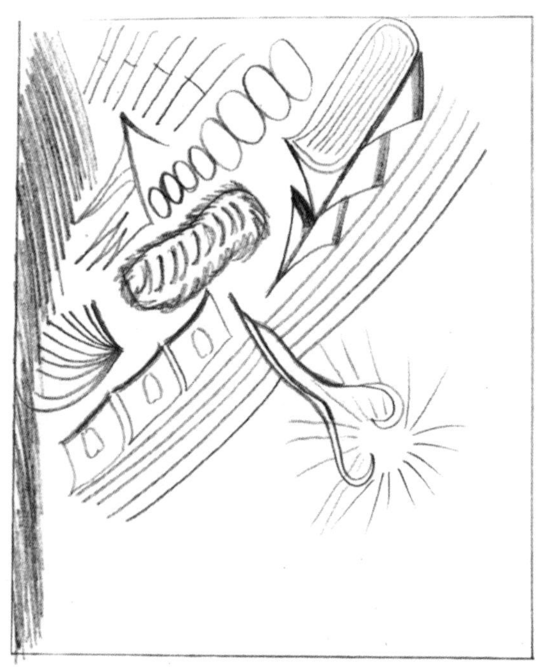

圖10-5
A. G畫的問題類比畫《破裂的關係》，上下顛倒過來。

圖10-6
J.D.M畫的問題類比畫，無標題，顛倒過來後。

圖10-7
S.K畫的問題類比畫，無標題，顛倒過來後。

顚倒著的畫和顚倒著解決問題還有另一個作用。我認爲它們最大的貢獻就是紓緩作畫者的焦慮。L模式似乎斷定，任何顚倒的東西都不重要，所以它退出這項任務，讓感知性的、直覺性的、充滿創意的R模式接手。

在感知完顚倒著的問題類比畫後，你可能會想要再畫一幅新的類比畫，加入剛才的那些感知，把第一幅問題類比畫帶入更深的境地。你也可能想要畫一幅全新問題的類比畫。許多發明創造者同時研究好幾個問題。記住，這些問題可大可小，可以非常重要，也可以微不足道，可以是關乎整個社會的問題，也可以是私人問題。類比畫將把那些你沒有意識到、但卻一直在腦海中的東西呈現出來。

注意最棒的問題

在透過「問題」繪畫這種形式來看（你的）現實世界時，一定要留意令你困惑、不對勁或缺失的部分，以及在你變換觀察角度（如把畫上下顚倒過來）以後，特別「跳出」的部分。警惕這些問題：「我想知道爲什麼……」「如果……會怎麼樣」「爲什麼……」「……在哪裡」「那是什麼？」或者「那是什麼意思？」在這些問題中，有一個會「格外突出」，成爲最棒的問題。

如果這個問題的答案不是那麼容易獲得，但是查明其眞相對你非常重要，那麼你就已經進入了創造過程的第一個階段：初始靈感。R模式透過某種神祕的方法促使L模式問了一個其無法拒絕的問題，結果突然之間，對問題答案的搜尋開始了。爲了找到答案，L模式必須瞭解更多事實，學習更多知識，最好讓大腦裝滿資訊，從現在開始探索這個問題的每一個面向，以找到答案。

林布蘭
《林布蘭自畫像》，局部

第 III 部
思考的新策略

如果你和我現在面對面，你問我：「我能學會畫畫嗎？」我會毫不猶豫地回答：「能。」任何具備普通智商的人都能學會，這是毫無疑問的。

——玖普提爾（Arthur L. Guptill），《自學徒手畫》（*Freehand Drawing Self-Taught*）

11. 繪畫的遊戲規則

看起來，創造力的其中一個矛盾是，為了進行原創性思考，我們必須讓自己熟悉他人的想法。
——科尼勒，《創造力的藝術和科學》

發明創造者的自傳非常清楚地指出，只有在大腦具備充分知識的情況下，創造性解決方案才會到來。如果研究者已經是這方面的專家，那當然最好，因爲創造過程第二階段——累積的目的就是學習關於這個問題的所有可能。當然，大多數問題不要求如此嚴格地按照這個途徑來解決，但是就算是最微不足道的問題，也需要收集足夠的知識才能解決。

我認爲，累積的過程主要是L模式運作的過程。「主要」是個非常重要的限定詞。只收集資訊恐怕還不足以獲得當下問題的創造性解決方案。我們必須採取更關鍵的步驟：從現有的大量資訊中選擇最適用於你獲得初始靈感的資訊，也就是最有希望解決這個問題的資訊。

向內看，向外看

我認爲，「尋找」對這種搜索有關鍵性意義的資訊，必須具備「怎樣去看」的知識——不是按照字面上的意思去看，而是按照藝術家的方式去看。這種看事物方式的規則非常簡單。它們無疑與物體或人物寫實畫的基本要求是相符的，因爲在創造過程的這個階段，我們必須向外看，而不是像第一個階段那樣向內看。

在上一章中你已經知道，初始靈感是以一個感性問題的形式出現。相反的，累積階段在嘗試找到答案的過程中，往往用以下的形式表明：「某某人說過……」「歷史說明……」或「在一九七二年，某件事發生了……」因此，初始靈感能夠爲第二階段對現有資訊的探索指定一個目的和方向，爲這個搜尋提供某種指導。儘管初始靈感在搜尋過程中有可能會改變，但它是創造過程中五個階段的組織性原則——一種啓發，並爲解決方案的追尋帶來「一點生機」。

累積的基本策略

爲了在你的大腦裡裝滿關於這個問題的資訊，我提議按照以下步驟，它們能幫你看清楚某個資訊是否在這個問題的範圍內，它爲什麼符合這個範圍，它符合問題的哪個方面，它爲什麼重要（或不重要）。爲了達到以上的要求，你必須能夠：

1.**感知到問題的邊界**。哪裡是一件事物的結束和另一件事物的開始？問題的界線（把問題從周圍事物中區別開的邊界）在哪裡？

2.**感知到問題的陰形**。問題的主體周圍或背面的空間是什麼樣子？由於這些空間與物體本身分享相同的邊界，這些空間能幫忙詳細說明這些物體嗎？

3.**感知問題各部分的比例和相互關係**。依照你的觀點，問題本身與問題中的各個固定條件——也就是無法（或不可）更改的事實——之間的關係是什麼？問題中各個部分之間，以及部分與整體之間的關係是什麼？

4.**感知問題的光與影**。在光線下，可見的部分是哪些，陰影中的部分是哪些？現階段哪些部分能洞察得到？

5.**最後，感知問題的完形**。什麼是能夠把這個問題從其他事物中區分開的特殊本質，事物的客觀事實——也就是阿奎奈所說的事物實質？

荒謬的是，這些辭彙性問題的答案無法用語言來表達，而是透過熟練的觀察獲得的。

這些問題演變成一個策略，或者更準確地說，一組五個策略，讓我們用「不同的」方式看現有的資訊。如果想要運用這些策略——也就是看事物的規則，你就必須眞正瞭解以上那些

我們不應該忽視矛盾的事物：因為矛盾是思想家熱情的來源，一個沒有矛盾想法的思想家就像一個沒有感覺的情人：一個低層次的平凡人……。所有思維最大的矛盾在於，試圖要發現某些思維也無法思考的東西。
——科根葛德（Soren Kierkegaard），《哲學碎片》（*Philosophical Fragments*）

如果大腦透過表現來運作，就像我們相信，感知也是一個表現過程一樣，那麼我們需要知道密碼——亦即表現的規律。由於這個原因，物理幾乎根本就不重要，就像國際象棋的原理一樣不重要。
——格理高利，《大腦的科學用途》

由於藝術是以感知為基礎的，所以被人忽視，而感知也被人蔑視，因為人們認為它與思維無關。實際上，教育家和管理者們不會讓藝術成為學業中一項重要的課程，除非他們能瞭解藝術其實是鞏固感知成分最強而有力的方式，如果沒有這種成分，學生就無法在任何學習領域裡進行有效的思維。我們最需要的不是更多的美學理論或難懂的藝術教育手冊，而是一個視覺思維普遍、有說服力的例子。一旦我們瞭解了理論，就可以透過練習來鍛煉只偏向於理性能力的不完整的大腦。
——阿荷恩，《視覺思維》

術語的意思：例如，「陰形」（negative space）這個詞。我相信，理解這個概念最有效的方法就是透過學習繪畫來學會看事物，這跟學習在圖書館調查研究最有效的方法是學會閱讀，道理相同。

看事物，一個可教授、可學習的技巧

藝術界有一句古老的諺語：「如果你能教會一個人如何去看，那麼這個人就能學會如何繪畫。」所以你需要學習的不是繪畫，而是如何看事物。

看事物本身就是一件很矛盾的事。儘管有大量證據證明，人類的感知充滿各種各樣的誤差，但是一般人的觀念還是認爲看是一件「自然的」事，而且就像呼吸一樣，不需要額外的教授或學習。這種觀念所帶來的後果是，如果我們不把從運動或縫紉、繪圖或木工手藝等課程中附帶學習到的感知技巧計算在內的話，感知技巧基本上不被納入學校的課程之中。就算是在美術課程中，老師們也極少直接教授孩子們感知技巧。

也許一個更安全的說法是，學校裡的孩子在學習如何看事物時，不曾接受比學習閱讀更嚴格、更系統化的訓練。對於大多數小孩來說，學習讀和寫占據了他們多年的時間和努力，而看事物的技巧則被認爲是理所當然的。儘管孩子們的課本上通常都有圖畫，但它們是爲支援閱讀教學而設置的。人們一般假定，孩子們不用教也能理解那些圖畫。

對於普通的看事物方式，這種假設很明顯是正確的。兒童和成人能夠在沒有接受過任何教育的情況下，感知到大量複雜而又困難的視覺資訊。例如，出生沒多久的嬰兒就能分辨出不同人的臉——這種高難度的感知任務需要細微而又準確的識別系統。沒有孩子需要透過上課來學習如何看電視，這與閱讀完全不同。我這個年紀的成年人，在看西點軍校某個班級的集體照時，能夠很輕易地找出年輕的艾森豪（Dwight D. Eisenhower）的身影。

有趣的是，電腦的出現提升了我們對向來被認爲是理所當然的人類視覺技巧的尊敬和欽佩。對於電腦來說，即使是最基本的識別或區分也需要極複雜的電腦程式來完成。人類瞬間就能完成的感知，似乎不費吹灰之力，然而機器到現在也完全沒有能力完成。人類的視覺感知實在是太複雜了。

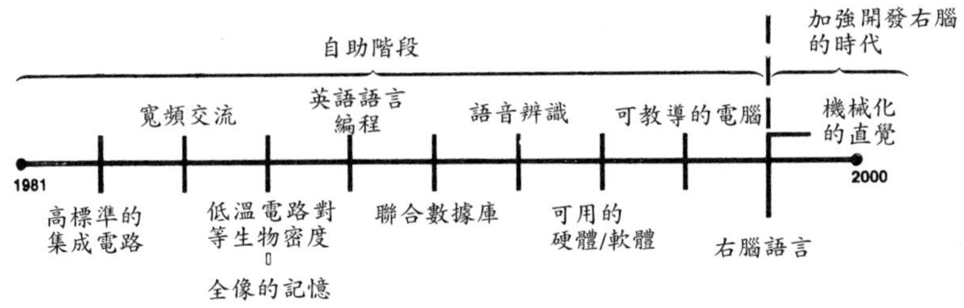

圖11-1
勞茲諾（Vincent Rauzino），《數字化：在智力混亂情況下的對話》

姑且不說視覺感知是人類先天能力的一個奇蹟，人們到底能從學習用「不同的」方法看事物中，獲得什麼好處呢？——這種方法是一種藝術家的方法，一種需要透過訓練才能獲得的方法。

其中一個重大的好處是訓練沉默的腦半球熟練地運行自己獨特的功能——對視覺、感知資訊的處理（除此之外，我還深信感知技巧能提高創造性思考的能力）。幸運的是，如此的訓練在遵循適當的教育方法後，就不會很難。需要學習的技巧不多，只要你能夠掌握其他複雜的技能，如閱讀，就能輕易地學會這些技巧。

勞茲諾在1982年提出：「如果要製造出真正能類比右腦的電腦，那麼我們目標就應該把右腦複雜的機能，包括聯合裝置、圖案合成和整體處理，變成一致和可預測的等式。」勞茲諾指出，今天的電腦還不具備聯合、推論、推斷等功能，因為這些功能被認為是比計算和相關分析，亦即電腦現在能夠掌握的領域——更高級的智力特徵。
——摘自〈在智力混亂情況下對話〉（*Conversations With an Intelligent Chaos*）

我在一個偶然的機會發現繪畫的基本視覺技巧的本質。大約在《像藝術家一樣思考》出版六個月之後的某一天，我發現那本書的主題和內容與我最初想像的完全不同。你可能會覺得這有點莫名其妙，但作家們對這種情況並不陌生，從那以後，我經常聽見其他作家們提到類似的經歷，在書出版了很久以後，才眞正瞭解書的內容。

我以爲自己在寫一本探索腦半球兩種資訊處理模式之間的關係，以及如何學會繪畫的書，然而我並沒意識到那本書裡還包括其他內容。

看事物的五個基本技巧

那些隱藏的內容決定了繪畫的基本技巧。那本書裡提供了專爲訓練大腦認知模式轉換而設計的練習，以幫助初學者學習如何畫畫。我無意中在林林總總的繪畫裡，精選出幾項適用於所有繪畫類型的基本感知技巧。在自己還沒開始意識到它們到底是什麼的時候，就已經把這五項基本技巧寫下來了。

現在我才意識到，如果想要把感知到的物體畫下來，在對這個物體進行基本觀察時，需要使用這五項特定的技巧（第155頁）。請先不要反駁，其實我在這裡就是指，把物體或人物按照實際的模樣畫下來的能力。我所指的不是「廣泛意義上的藝術」。與之類似的語言能力，就是高中程度的基礎閱讀和書寫，當然還有音樂，讀樂譜和在鋼琴上彈奏一支樂曲的能力。

這個發現讓我興高采烈。在接下來的幾週和幾個月裡，我詳細地與同事們討論這個發現，並尋遍所有可以查到的關於繪畫的文字。我和我的同事發現，對於基本的寫實畫來說，再也不需要其他的基本感知技巧來處理視覺資訊了。

毫無疑問，除了基本感知技巧以外，完成一件偉大的藝術品還需要許多其他技巧，就像完成經典的文學作品除了需要基本的讀寫技巧外，還需要其他語言技巧一樣。同樣地，就算具備寫實畫的能力，不一定能保證具備藝術性創造的能力，就像具備閱讀的能力不一定能保證具備非比尋常的文采。

但對於那些希望能夠使用「另一半」大腦協助語言和分析性工作過程的人，那些希望透過學習如何看事物和繪畫，把視覺感知技巧運用在問題解決中的人，掌握這五項感知技巧就足夠了。同時這也說明，大多數人可以在一個較短的時間內學會如何畫畫，並把他們掌握的看事物和繪畫技巧運用到創造過程中的每一個階段中。

與閱讀能力相等的繪畫能力

我認為，我們獲得的最關鍵啓發，就是繪畫與閱讀差不多。對於閱讀來說，最好在兒童早期就讓他們有一個最基礎的概念——紙上的每個詞都有含義。在這個概念的影響下，他們就有動力去一個接一個地學習閱讀的基本技巧（音節、辭彙識別、拼寫、語法等等）。這些組成元素逐漸融合成一組幾乎是自動自發的策略，運用在有意義的、邏輯性的、辭彙性的、連續性的和分析性的思考中。一旦這部分工作完成了，大腦就具備了閱讀的整體技能，而且這個人在以後的生命中可以隨時使用它。

當我看清閱讀和繪畫之間的相似性以後，我對教授繪畫和進行一般思考的概念都改變了。我開始從一個全新的角度來看繪畫這件事：首先，我們必須瞭解，繪畫是有含義的，然後在這個概念驅使下，找到獲得繪畫基本技巧——一組有限的視覺感知整合策略——的動力。學習這些技巧最好從兒童時期開始，才能給他們的思維能力打下很好的基礎——簡而言之，**繪畫是一個認知能力的訓練，而不是（或不只是）藝術能力的訓練**。

這個觀點以前一定躲起來了，因為任何整體技能的組成部分，一旦學會以後，就很快融合或整合到整體技能當中，仿佛它根本就沒出現過。每種個人技能的區別，在學習的過程中如此的明顯，因此大腦根本就沒有心思去注意它們，結果人們就再也意識不到它們的存在。

常規的美術課程會使繪畫的整體特性變得更加模糊。學生們總是去上一些名為「生活畫」、「風景畫」、「人像畫」的課程。把課程進行這樣的區分往往導致學生認為，一旦畫中的主題改變，繪畫本身也就隨之改變。比方說，如果問一些學藝術的學生，他們的繪畫技巧如何，他們通常會回答：「我很會畫

設計家莫賴（Joe Molloy）把設計和寫作看成平行又可比擬的工作。在教授學習圖像設計的學生時，莫賴建議他們使用史屈克（Theodore Strunk）和懷特（E. B. White）在《寫作風格的元素》（*The Elements of Style*）中提到的想法，這本著名的小冊子從1935年出版以來，指導了無數作家的寫作。

在史屈克和懷特提到的寫作規則中，莫賴把以下一些規則應用到設計上：

* 省略不必要的辭彙
* 把你自己放在背景裡
* 修改和重寫
* 不要寫得太過
* 不要有誇大的敘述
* 不要假裝活潑的風格
* 要有條理
* 用自然的方式寫作
* 有一個適當的設計，再開始寫
* 確定讀者知道誰在說話

靜物，風景畫也畫得不錯。但是人體畫得不太好，我根本就畫不了人像畫。」

由於所有繪畫要求完成的工作是相同的，必須要同時具備所有的基本技巧，所以這樣的回答告訴我們，這個人的某項或好幾項基本繪畫技巧都很弱（不過，畫者可以在畫中強調不同的使用技巧，如第163頁所示第一幅畫強調的是陰形，第二幅畫強調的是光和影，第三幅畫強調的是邊線）。

如果你考慮的是其他整體技能，就會很清楚必須要掌握所有的組成技巧才行。爲了對這一點加以說明，假設你問某人，他的駕駛技巧如何，而他的回答是：「我在好的路面上開得很好，高速公路也沒問題。但是在泥土路上開得不好，而且上坡路根本就不會開。」那麼你一定會懷疑他不具備一些基本的駕駛技巧。

或者，你問某人，他的閱讀能力如何，而回答是：「我很會讀書，閱讀雜誌也還行。但是閱讀報紙很困難，而且我根本就無法閱讀百科全書。」你一定會認爲他還需要加強一些基本的閱讀技巧。

重點是，畫人像所需要具備的感知技巧與畫人體、風景、靜物——甚至大象，或蘋果所需要的是一模一樣的。它們全都沒有任何差別。每一項組成技巧都必須隨時備用，就像駕駛時必須要會踩剎車，閱讀時必須認得那些單詞。

從基本技巧到整體技能：一種自動自發的行為

讓我們參考一下其他整體技能，這樣也可以證明前面提到的那一點，即如何把組成技巧順利整合成爲一項整體技能。駕駛一輛車就是個很好的例子。駕駛是由眾多基本技巧構成的一項整體技能：你必須學習如何掌握方向盤，如何使用剎車，如何打燈，如何使用後視鏡等等。開始時，一位駕駛新手會有意識地想著這些組成部分，經常還會不斷地提醒自己：「現在我必須轉動方向盤（千萬別忘了打燈）；現在我最好加速；快，踩剎車」等等，諸如此類。

然而，一旦學會以後，駕駛變成了一項整體技能，各種不同的動作、思考、行動和調節融合成一個平穩而又不費力氣的整體。一個有經驗的駕駛者不再需要有意識地想著駕駛的各個組成部分，實際上，他們可以一邊駕駛一邊想其他的事。而且很明顯，無論駕駛者的目的地在哪，無論駕駛的車輛是什麼廠牌，他都將使用由相同技巧組成的相同技能。

另一個例子是跳舞——也是首先學它的各個組成技巧，然後再把它們整合成整體技能。心理學家加林（David Galin）對整體技能的一個著名而又有趣的評價是：「我永遠也學不會跳舞的原因是，我的耐心只到『一、二、三；二、二、三』那裡就打住。」

繪畫/看事物/R模式思維也是一樣的。當你一個接一個地學會繪畫的五項基本技巧後，這些技巧很快就整合成一項單獨的技能。這時，你就能畫出任何東西——也就是說，任何眼睛看得到的事物（我認爲，要想畫出想像中的東西，除了我們現在教的五項基本技巧以外，還需要具備想像能力）。一旦你學會遊戲規則，那麼它就變成一種自發的行動，操作起來毫無阻礙，而且幾乎游離於意識之外。

當然，每個人掌握基本技巧的程度有所不同，無論是閱讀、跳舞、繪畫、打網球、騎自行車、玩樂器，還是其他整體技能。但是組成部分整合和同化到一定程度以後，這個人就會說「太好了，我知道怎麼閱讀了」或者「太好了，我知道怎麼畫畫了」。

累積及之後的策略

在創造過程的累積階段，看到「外部」事物與透過其他方式使資訊呈現在腦海中同樣重要。透過學習繪畫的基本技巧，你將使用一種新的方法把資訊呈現到腦海中：透過視覺策略來安排和操縱這些資訊，並保持清楚地看到大的組織原則，這就是搜尋的整個目的。這是一種不同的研究調查方式，而且我認爲，它與其他更爲普通的方式一樣有價値。

學習了看事物/繪畫的基本技巧後，你將能夠從類比畫中得到啓發——這些畫也有含義。而且你會很愉快地發現，在類比畫中直覺地欣然使用的線條、形狀和結構，早就存在於你的潛意識裡，而現在你能在意識中使用和發揮這些成分。因此，你可以最爲有效地使用一組視覺辭彙和有意識的視覺策略。把你感知的威力畫下來吧，是時候了。

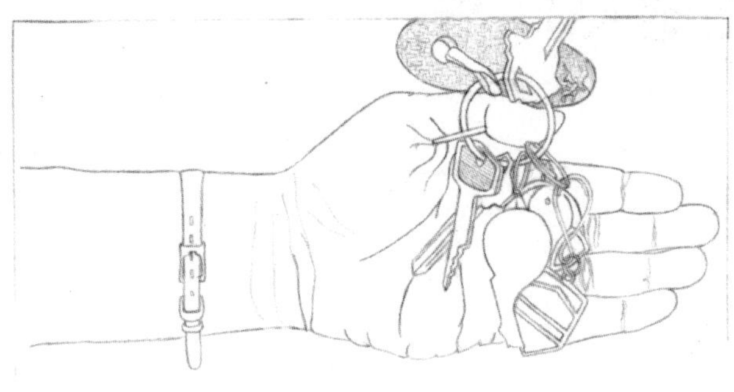

圖11-2
學生Kuroyama畫的一幅畫，強調陰形。

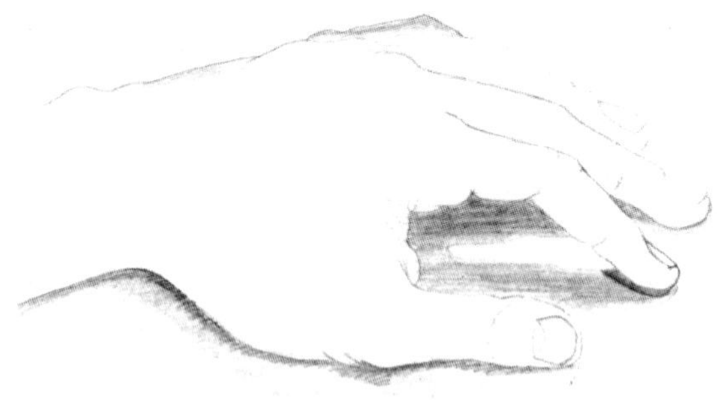

圖11-3
學生沙伯理畫的一幅畫，強調光和影。

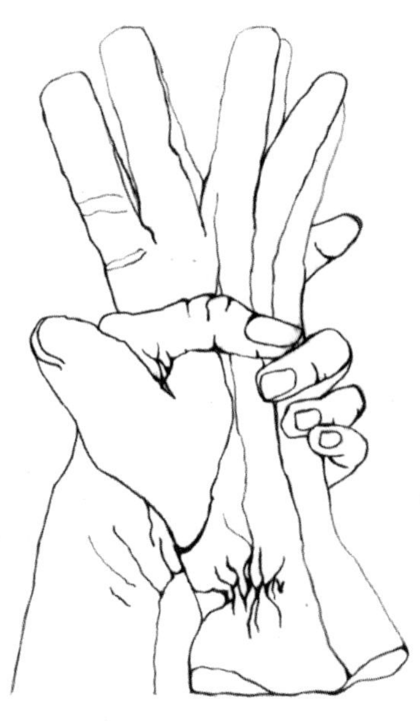

圖11-4
學生哈恩畫的《拿著手套的一隻手》，強調邊線。

12. 用新的觀點作畫

亞當斯曾說：「我認為，解決問題的最好辦法就是用乾淨的大腦面對問題，儘管你的大腦已經被各種各樣的資訊填得滿滿的。……如果我知道的資訊越多，而且花費更多精力去解決問題，那麼我就能更好地完成這個任務……。然而，這些充裕的資訊有時也會阻礙你看到最好的答案。」

亞當斯繼續在他的探討中引用喬丹的話：「學到的習俗有時會變成沒有窗户的堡壘，使我們無法用新的方式看世界。」

保持開放的大腦的好處是，這樣就不會因為已經得出的結論而遺漏、拒絕或改變眼睛接受到的資訊。

——《概念的噴發》（*Conceptual Blockbusting*）

繪畫是充滿矛盾的事，創造力也是這樣。一個人在應付這些矛盾時，必須能夠控制大腦中同時出現的兩個完全對立的看法。正如小說家費茲傑羅（F. Scott Fitzgerald）說的那樣：「千萬別被逼瘋了。」

我們必須面對以下這個矛盾：創造過程的第二階段，累積階段，要求盡可能地找出關於這個問題的各個面向——最好是對選定主題透徹地調查研究。同時，你必須保持一種，用亞當斯（James Adams）的話說，「對這個問題完全清淨的大腦狀態」，或者說，一種空白的大腦狀態。你必須在不得出任何結論的情況下，審查、吸收、排列和重新整理現有的「舊」資訊和不斷接受的新資訊。你必須警惕誤傳和誤解，但是同時又要甘願冒風險。你必須尋找任何自身之外與初始靈感有關的資訊，透過不斷地查看這些資訊是否合適，來檢驗最初的問題或靈感是否正確。但在同時，你又必須勉強同意自己完全不確定下一步、或整個過程該如何進行。這是多麼矛盾啊。

看出事物的真實面貌

繪畫就只需要用這種方式來進行。藝術家必須不惜一切代價避免關於繪畫主題的辭彙性定義，不論主題是一個人、一個物體，還是風景。例如，在畫人像時，最理想的狀態就是不知道關於畫中人物的任何資訊，就算藝術家和模特兒碰巧是朋友也是如此，幾乎達到一種坐禪的狀態。仔細觀察畫的主體，就像以前從來沒有看過一樣。一旦這位藝術家——或思考者——加入任何概念、連結、想法或結論，問題就來了，畫中的主題

圖12-1
查丁（Jean-Simeon Chardin），《野兔、狩獵袋和火藥筒》（Hare with Game Bag and Powder Flask）

18世紀法國藝術家查丁對自己說：「這裡，是一個需要還原的物體。為了能夠畫出它原本的模樣，我必須忘記所有曾經看到過的類似物體，甚至要忘記眼前的物體，因為它們曾經被其他人畫過。」
——克林（Ch. N. Cochin）寫的一段手稿〈關於查丁的一生〉

或問題的答案將永遠也無法眞實呈現。

看出事物的非真實面貌

讓我舉一個例子：有一次，一個女學生在畫一個男模特兒的頭部，這個男模特兒的頭部很瘦，既與眾不同卻又很有趣。當我走過這位學生的畫前，發現她把模特兒頭部的比例畫錯了。所以我停下來，建議她重新檢查一下畫中的比例。她照做了，然後把畫中的一部分用橡皮擦擦掉，並重新開始畫這個部分。

你應該如何開始（繪畫）呢？盯著你要畫的物體，就像你從來沒見過它一樣。
——高爾惠澤（Gerhard Gollwitzer），《繪畫的樂趣》（*The Joy of Drawing*）

我走開時，心想所有的錯誤應該都被糾正過來了，但當我回來時卻驚奇地發現，重畫的頭像還是犯了同樣的錯誤。我再次建議她檢查畫中的比例，她又照做了，但跟上次一樣，犯得還是同樣的錯誤。

這時，我問這個學生：「你是不是告訴自己關於這個模特兒的某些東西？關於他的頭部？」「好吧，」她說，「他的確有張很長的臉。」我們都笑了；她馬上意識到發生了什麼事。她的偏見蒙住了她的雙眼，讓她看不見眼前的事物，結果導致畫中的誤差；她眞的在畫「一張很長的臉」，不過扭曲了模特兒頭部的比例。後來，滑稽的是，當她按照自己看到的把模特兒的頭部畫出來時，畫裡就出現「一張很長的臉」，不過這是一張經過精心描繪的臉。

有些藝術家會爲了情緒化和表達的效果，故意修改和扭曲從「外部」獲取的資訊，而如此的改變使畫面看起來非常有趣——例如，第86頁沙恩的畫，請你再看一遍。但是對於初級繪畫課的學生來說，繪畫的目的主要是訓練眼睛看見「外部」事物，因此那些所謂「有趣的錯誤」是不可取的。

對於正處於創造的第二階段的人來說，收集相關資訊，試著去看問題延伸出的上下文，過早地「得出結論」，更能縮小搜尋範圍和快速地結束搜索。這個人會下意識地拒絕接受與先前假設相抵觸的新資訊，就像那個在作畫的學生下意識地拒絕自己眼睛看到的事物一樣。然而，在創造過程的下一個階段，孵化階段，也許就是需要那一點被拒絕的資訊，問題才能圓滿解決。

另一方面，一位藝術家或發明創造者不應該懼怕錯誤。如果你能謹記搜尋的目的，總是去檢驗新的資訊是否能爲手頭上的問題所用，那麼錯誤也會有它的用處。錯誤能夠告訴你什麼沒有用（愛迪生嘗試了一千八百種不同的物質，才找到適合做電燈燈絲的物質），並幫助指引搜尋的方向。

兩種模式之間不穩定的平衡

一個人不能強迫潛意識，除非它已經堆滿了經過艱辛採集的事實、印象和概念，而且意識層經歷了一系列的沉思並試圖總結答案，否則它無法產生新想法。這是我們從無數發明創造者那裡得來的經驗。
——韓特，《心中的小宇宙》

那麼，我們該如何保持一個開放的大腦，同時又專注於某個特定的問題呢？我們該如何尋找正確的答案，同時又故意讓錯誤產生呢？如果想要完成以上的任務，我建議，讓大腦的兩個模式齊頭並進：L模式把資訊收集起來並整理成不同的類別，把感知翻譯成語言，與此同時，R模式用天眞的（也就是不帶任何偏見的）眼睛觀察搜尋的主題和「外部」的資訊。R模式在一個視覺空間裡操縱這些資訊，總是尋找手頭問題能利用的資訊——看看新的資訊應該放在整個畫面中的哪個位置——並更努力地去看「外部」到底有什麼。這時，L模式則試著把想法與詞語和以往概念的記憶產生關聯。

我必須重申，其中任何一個模式都不會比另一個模式好多少。它們的功能根本就完全不同。由於R模式不能把感知轉換成辭彙性的陳述和判斷，所以它必須遵從自己看到的事物。它要消化大量視覺資料，並尋找這些資料的組合模式，看看零碎的資料是如何拼湊成一個和諧的整體。

另一方面，L模式必須埋頭做自己的事，也就是簡化所有細節，並且對它們命名、分析和分類，並最終找出一個解決方案。如果新的細節冒出來，並與原來的決定和判斷相矛盾，L模式會說：「別讓更多的細節來煩我。我已經作出決定了。」同時R模式會抗議說：「我不管你決定什麼。我要告訴你那些細節就在那裡。讓我告訴你這些新資訊可以放在哪裡。」

半斤和八兩同意平息戰爭

不知爲什麼，爲了讓創造性思維平穩地過渡到接下來的階段，我們必須讓這二位，半斤和八兩，別再打了。我們既不希望左邊的概念占主導位置，也不希望右邊的感知占主導位置，而是希望它們互相禮讓，互助互愛。

但是L模式和R模式不是孿生兄弟，如果它們發生戰爭，L模式通常會取勝。那麼，我們該如何讓R模式有機會做自己的工作呢？

爲了進入處於次要地位的視覺感知模式，我們必須給大腦一項處於主導地位的辭彙分析模式會拒絕的任務。

換一個說法：如果跟強大而又處於主導地位的大腦語言模式對抗，並對它說：「現在你必須走開一會兒，因爲我需要從一個不同的角度，用一種全新的方式來看事物。」這麼做沒什麼用。L模式會回答說：「哦，這個任務我也能完成。現在讓我看看我剛才做到哪了？」它會繼續保持自己線性的、辭彙性的、分析性的主導地位。因此，爲了能轉換到R模式，我們必須找到一種方式，說服L模式退出這項任務。

圖12-2
半斤和八兩準備開戰

圖12-3
半斤和八兩不打架時的模樣

商業管理專家巴瑞特（F. D. Barret）談到一些人們熟悉的小把戲：
「管理人員告訴我們，許多重要的想法都是在他們開車上班的路上出現的。另一些管理人員告訴我們，刮鬍子的時間也是靈感湧現的時間。還有人發現在洗澡的時候，最好的想法湧進他們的大腦。一些人發現，上高爾夫球課的時候，靜靜地坐在湖中小船裡的時候，以及在花園裡散步的時候，都是產生想法的好時機。」
巴瑞特推測說：「當身體在進行簡單而又重複的勞動時，大腦就能自由地思考了。」
——〈如何成為一個唯心的管理者〉(*How to Be a Subjective Manager*)

哄騙L模式退出這項任務

無論L模式怎麼反對，還是有辦法讓它退出這項任務的。而且它似乎從來不知道該如何防止這種欺騙（我總覺得自己應該悄悄地告訴你這件事）。這種欺騙有很多小竅門——當然，上下顚倒的畫就是其中一個。

藝術家通常對這類小竅門非常熟悉，因爲如果想從事藝術事業，一個藝術家就必須進入美國藝術家/教師亨利（Robert Henri）所說的「更高的狀態」。一些藝術家使用的小竅門包括：重複而又沉悶的動作（一遍又一遍畫相同的線條或形狀）；小速寫（又小又快的草圖）；長時間的孤獨；僅僅用手拿著畫筆（亨利的建議）；或者手持鋼筆（英國作家撒克理〔Thackeray〕和索西〔Southey〕的方法）。一個沒有竅門的藝術家或作家可能會經歷所謂的「創作障礙」，這可能是L模式拒絕放棄主導地位的結果。

在創造過程的累積階段，當L模式拒絕去「看」眞實的事物時，可能會出現相同的障礙。那麼，幫助藝術家看事物的小竅門是否能在創造性思維中發揮相同的作用呢？看事物的基本技巧，那些學習繪畫時的無價之寶，在進行創造性思維時是否也是無價之寶呢？我已經說了，我認爲它們是。現在讓我證明給你們看。

一位著名的英國物理學家曾經對美國心理學家科勒（Wolfgang Kohler）說：「我們經常會談到三個B：汽車（Bus）、洗澡（Bath）和床（Bed）。因為在我們科學領域裡，它們是出現偉大發明的地方和時候。」
——傑恩斯（Julian Jaynes），《意識在雙重性大腦中的來源》（*The Origin of Consciousness in the Breakdown of the Bicameral Mind*）

13. 畫出優美的姿態

詩人和藝術家布雷克告訴他的藝術家朋友：「你與我具有相同的官能[視覺想像力]，只是你不去相信和培養它罷了。如果你願意，可以看看我是怎麼做的。」

有一次他對一個年輕的畫家說：「只要把想像變成視覺畫面，你的工作就完成了。」

——吉爾克里斯特（A. Gilchrist），《布雷克的一生》（*Life of William Blake*）

我們的目的是尋找一些方法，讓思維的部分過程避免落入辭彙的陷阱，讓你採取詩人布雷克（William Blake）的建議，「讓想像力逐漸變成一種視覺狀態。」哈定（Rosamond Harding）在她的書《解剖靈感》（*An Anatomy of Inspiration*）中引用了布雷克的文字：「這個建議很好，毫無疑問，發明創造者一定會練習讓想像力逐漸變成一種狀態，一種幾乎是視覺的狀態。」

當L模式被說服並退出任務，視覺景象（或者用我的話說，R模式感知）就產生了。但是對於累積階段來說，這種視覺景象必須用詞語來表達，因此我們需要兩種模式一起工作：用視覺思維的規則來指導辭彙性思維。

然而，這並不是一個穩定的聯盟。由於面對的資訊相互矛盾，而且顯得極其複雜，你會更願意堅持「已知」或你「認爲」自己知道的資訊。在繪畫時相同的情況也會發生，最大的誘惑就是把你「認爲」自己看見的東西，而不是把事物眞實的模樣畫下來。同樣地，L模式就是引誘你犯罪的人，我們必須欺騙它退出這項任務。

在布雷克所說的「視覺狀態」中，人們瞬間揭開了那個把複雜的、巨大的、多層次的眞實世界隔離到人類意識之外的面紗。有趣的是，讓藝術家爲之沉醉的視覺想像，就像作家科斯特勒（Arthur Koestler）說的，往往來源於用新的方式感知眞實世界。許多藝術家都提到過「用不同的方式看事物」，或者簡短地說，揭開面紗。正如布雷克所說，藝術視覺想像的能力隨時等待你選中它，把它拿走，只要你相信並培養它。讓我們試著畫一幅「姿態」畫，這個練習不僅能讓L模式投降，還能教會你繪畫的第一個基本技巧。

像暴風一樣畫畫

「姿態」畫是一種快速完成的速寫，一幅接著一幅，也許在十五分鐘或更少的時間裡完成十五幅草圖。我認爲，透過以下的方法，它能夠把左腦強大的辭彙性模式「放在一旁」。L模式（相對來說）更喜歡緩慢的、逐步的、線性的、連續的、分析性的繪畫程式，最好是使用熟悉到可以說出名字的形狀，它會說：「首先，我們會畫頭部（讓我看一看，大概是橢圓形的）；然後畫頸部（兩條直線）；接著畫肩膀（從頸部向下的兩條斜線）……」但在姿態畫中，L模式會發現你的畫顯得很慌張，整張紙上到處都是，仿佛在對自己說：「快點把它完成就行了！快點！再快點！」而L模式會抗議：「如果你打算用這麼愚蠢的方式來畫的話，別算上我！我喜歡用明智的方式——也就是我的方式——來辦事情！按照我們平常辦事情的方式，一次做一……件……事……」接著L模式退出了。太好了！這正是我們想要的！

懷利（Laurence Wylie）在他1977年出版的《優美的姿態》（*Beaux Gestes*）中說：「就像想法和辭彙一樣，姿勢也有它自己的生命。」
懷利把姿勢形容成「一種溝通的渠道，正如語言學家沙皮爾（Edward Sapir）說的那樣，它是由『無法寫出來、沒有人知道，但能被所有人理解的，精細又神祕的代碼』組成的。」
——《優美的姿態》

你將在姿態畫中學到的技巧是對邊線的感知。在繪畫中，邊線的定義是兩個事物相交的地方：空間與物體相交的地方；空間或物體與畫面邊界相交的地方；以及一件事物結束、而另一件事物開始的地方。

請在開始之前，閱讀完所有說明。

1. 拿出十五張影印紙，把它們疊成一疊。你可以使用鉛筆，也可以使用原子筆；簽字筆最適合姿態畫。你不需要橡皮擦，因爲你沒有時間停下來使用橡皮擦。

2. 如果有可能的話，使用計時器；廚房用的計時器就可以了。也可以請人幫你注意時間，不過最好還是一個人單獨工作。

「從狹義上來說，形狀就是一個表面和另一個表面之間的界線：這是它表面的含義。但是它還有內在的意義，代表變化的強度；使用恰當的形狀是內在意義的外在表現。」
——康丁斯基，《關於藝術的精神》

3. 把一本雜誌、書籍或任何幾乎每一頁都有照片的出版物放在那疊影印紙旁邊。隨便翻開一頁——只要有照片就可以。

4. 每一幅畫都將按照以下的順序：

a. 把計時器設置在一分鐘。

b. 翻看雜誌。你的眼睛停在某一張照片時，那就是你的主題。

c. 迅速畫出一個框架（把你的畫與世界的其他部分分隔開的界線），盡量保證框架的形狀與照片的形狀一樣。

d. 把你看到的畫下來，把邊線當成資訊的主要來源。快速地畫，就像畫草圖一樣，不要讓你的鉛筆停下來，試著畫出相同的邊線和形狀、線條的方向以及弧度。別為細節煩惱——例如，人的五官；你沒有時間畫那些東西。只要把它完成就行了！快點！再快點！一分鐘的時間一到，就停下來！

偉大的西班牙畫家戈雅曾說，如果一位藝術家看到一個人從三層高的窗戶掉下來，這位藝術家能在這個人掉到地面之前把他畫出來。
這樣一幅畫是無法透過分析、用大拇指測量和應用透視原理來完成的……對畫面的理解在畫線條的時候就產生了，不是在那之前或之後。
——加州藝術家和老師沃沙（Howard Warshaw），《繪畫中的素描》(*Drawing on Drawing*)

5. 重新設置計時器。找一張新的照片，在一張新的紙上畫新的框架，然後把你看到的畫下來——只有一分鐘時間。停。然後下一幅，再下一幅……在十五分鐘的時間裡完成十五幅畫。

我想你會發現在畫最初幾幅時，一點也不覺得有趣。L模式向平常那樣抗議：「這麼做太愚蠢了。忘了這些！翻到下一頁！也許這個作者會提出比這些白癡東西更有意義的觀點來！讓我們跳過去！」等等。

別去管它。繼續畫。L模式很快就會安靜下來——再一次被欺騙了！實際上，眞相是你工作得太快了，因此L模式根本就跟不上你的節奏。而姿態畫像顛倒的畫一樣，很快就會變得妙趣橫生。它們甚至會變得使人愉快、強大、具有表現力並讓人信服。請看圖13-1至13-4藝術大師們的作品；它們在一瞬間完成，一個姿態一筆揮就——記錄下來的是你的直覺洞察到的事物。

圖13-1
迪卡斯（Edgar Degas），《職業賽馬手》，黑色蠟筆畫。

圖13-2
德拉克洛瓦，《老虎和鱷魚》，鋼筆畫。

圖13-3
馬諦斯，《裸體，半抽象》，鋼筆畫。

最後，在繪畫時請盡量不要思考。R模式可以在沒有你提醒的情況下完成這項工作，實際上，如果你能放手，它將做得更好。現在請開始畫吧。

在你完成以後，收起那本雜誌，把你剛才畫的畫看一遍。如果有可能的話，盡量不要作出任何評價，而是一張一張地回顧它們。在你的腦海裡浮現出雜誌裡每張照片的原貌。你會發現自己對那些照片的印象異常清晰，因爲你剛才曾用藝術家的模式看它們。

挑出幾幅你最喜歡的畫，把它們掛在牆上。相信自己的判斷！你會非常喜歡自己挑出來的那幾幅畫。你比你認爲自己知道的，還要知道得多！把剩餘的幾幅畫放在一旁，一天過後，再把它們瀏覽一遍。在第二次回顧時，如果看到任何你不喜歡的畫，就扔掉它。（大多數藝術家會從二十張中挑出一幅保留，有時比率會更小——我想大家可能並不熟悉這個比率。但是那幅二十裡挑一的畫代表某種意義：它是一種紀錄。也許只是因爲某個條線的感覺很好；它是對眞正看到或感覺到的事物的眞實反應。）

一些好的建議：
「我在倫敦認識的一位館長總喜歡把他的審美觀藏在某種臨時的、俚語的讚美或嘲笑中。他建議每個站在一幅不熟悉的畫作前面的人……鼓起勇氣正視自己的感知。我永遠都要感謝他給予我這麼好的建議。我發現，在相對不熟悉的藝術世界裡，真正好的作品能與只是聰明或華而不實的作品區分開來，因為好的作品飽含著情感的力量。」
——查普林（Charles Champlin），《洛杉磯時報》

畢卡索在最開始進行他那幅偉大的作品《格尼卡》的創作時，先畫了一些小速寫。就像你看到的那樣，這些小速寫裡包含著這幅畫最主要的概念，並且在後來有了詳細描繪和提煉。

圖13-4
畢卡索，《對格尼卡的研究》，鉛筆和藍紙。

圖13-5
畢卡索《對格尼卡的構圖研究》，鉛筆和白紙。

圖13-6
畢卡索《格尼卡》，油畫。

腦力激盪打開思緒的大門

姿態畫與「腦力激盪」的解決問題技巧非常相似。進行腦力激盪時，一組專家，最多十二位，在規定的時間裡解決某個特定的問題，他們把任何出現在腦海中的想法，無論有多奇怪或多荒謬，都立即說出來。在這段規定的時間裡，不要對這些想法進行任何判斷或評價。會議最理想的氣氛應該是無拘無束、沒有任何限制的。所有的建議都會被寫下來，通常寫在黑板上，然後再進行評估。腦力激盪——以及創造性思維的第二階段，累積階段——的主要目的如下：

對於一個既浪費金錢，又浪費時間，還浪費資源的專案來說，最好是把所有可收集到的資訊和對問題的普遍看法集合起來，然後再仔細地評估它們。

腦力激盪一直都是一種行之有效的思維技巧，並爲眾多不同職業的人服務，他們包括教育家、作曲家、公司總裁和科學小組。不過，最近的調查顯示，如果一個人單獨使用這個技巧，會更有用。其實其中的原因很明顯。首先，我們大多數人都沒有勇氣在一個競爭激烈的商業會議上大聲說出自己奇怪或荒謬的想法，特別是老闆在場的時候。其次，腦力激盪非常倚賴大腦的語言模式，因此排擠了另一個也同樣需要的大腦模式，那個難以捉摸的、頑皮的、充滿幻想的、以圖案爲基礎的R模式。

我建議你使用另一種技巧：透過姿態畫來進行視覺的腦力激盪。讓我們試一試吧。

1. 在你的畫夾中拿出你畫的問題類比畫。再把它看一遍，並牢牢地記住它。想一想你能從這幅畫中得到什麼靈感。然後閉上眼睛，在腦海裡想像你的類比畫。這樣多做幾遍，直到你能在腦海裡清楚地「看到」這幅畫。然後把問題類比畫放回你

如果自我批評限制了你在繪畫中的表達能力，那麼以下這些簡短的視覺想像練習會對你很有幫助（只要你不被下面說明中的他/她弄糊塗了），這些練習是由藝術臨床醫學家科林斯基提出的：

「我發現，與你心中的評論家進行溝通的方法是，進行幻想練習。藝術家被要求自行幻想一個理想空間，在這個空間裡，他/她要完成一項藝術任務……那裡的門上有個把手；那就是他/她心中的評論家。當他/她打開幻想中的那扇門時，他/她會發現評論家就站在面前。他或她與之交談；然後他/她竭盡所能地回答所有的批評。」

「這個練習讓內心評論的特徵更明顯。這些特徵是良性的、有建設意義的，甚至是值得鼓舞的？還是負面的、殘酷的、毫無建設意義的呢？門裡的人是誰？是你的家庭成員、一位老師、還是你現在生活中的某個人？個性中健康的因素能讓你找到直接面對這位評論家的方法，並讓你把所有的精力都放到工作當中。」

——《釋放創造力過程》（*Freeing the Creative Process*）

圖13-7
波倫（Roger Bollen），《可笑的工作》（*Funny Business*）

美國發明家奧斯伯恩提出一個進行「原創性思考的工作清單」。他的其中一些想法包括：

* 有沒有其他的作用？可以進行修改嗎？
* 可以改變顏色、動作、香味、形狀和結構嗎？
* 有哪些部分能放大？哪些部分能更牢固？哪些部分能成倍增加？那麼變小、變低、變短、變厚、複製、分割和誇大呢？
* 能不能改變安排、佈局、順序、節奏、成分、材料、能量、位置、方式甚至語調呢？
* 哪些部分能反過來，顛倒順序，組合起來，以及變成流線型？
* 這個東西的瓶頸、交叉、驚喜、目的、無效的地方以及重大需要是什麼？

——《想像力應用學》(*Applied Imagination*)

的畫夾中。

2.接著想一下你在研究畫中問題時的情形，讓畫面重現在意識裡，在腦海裡回顧一下當時出現的任何問題、新的資訊、問題各個部分的相互關係或圖案，以及你對相關資訊的瞭解有沒有任何缺口。在你開始畫之前，回顧一下旁注裡的清單，它們能幫助你記起問題的任何相關資訊。

記住，我們面對的是對邊線的感知，以及使用線條表達邊界：即一件事物的結束和另一件事物的開始。想著你的問題類比畫，把所有的線條都當成邊線。哪條邊線比較清楚，哪條邊線不那麼清楚？哪裡是最大塊，沒有任何線條的空白區域呢？你最近調查得出的資訊能不能放在那片空白區域？既然現在你已經對手上的問題更瞭解了，那麼畫中的某些形狀是不是應該有點變化呢？應該變大、變小、變複雜、變形狀，還是應該發生其他變化？

3.準備好，開始畫；使用鉛筆或簽字筆，拿出十五張或更多普通紙。在每張紙的右上角編號，從1到15。如果可能的話，使用計時器，在每張紙上畫一分鐘。

4.用盡可能快的速度畫類比畫，一張接著一張，都是關於相同的問題，一遍又一遍地爲新資訊尋找合適的位置。避免使用任何可識別的圖像、詞語、符號、流星或閃電，除非某個符號非常適合類比資訊——比如箭頭、問號等等。記住，線條的語言具有無限大的表現力，而與L模式的辭彙和概念緊密相關的符號卻有可能把你的視野變窄。

請注意，這不是未經大腦的亂寫亂畫，而是用視覺形狀來表達思維的一種嘗試。你能理解自己畫出來的痕跡；線條的語言是可以解讀的。由於你的大腦只與自己溝通，你完全不必擔心其他人能看懂你畫出來的痕跡。

5. 在畫每一張畫時，請先徒手快速地畫出畫面的框架，也就是類比畫的邊界。框架的線條不一定是筆直的，它們組成的邊角也不一定是直角。這些框架可以是你喜歡的任何形狀，而且每幅畫的框架不一樣也可以。這些邊界把問題本身從周圍的環境、沒有邊界的世界或問題的一個部分與另一個部分之間區分開來。

6.讓你的大腦專注於這個問題，開始畫第一筆，讓鉛筆快速地移動，與飛逝的思緒保持相同的速度。不要檢查任何東西。不要停下來使用橡皮擦。忽視L模式的抗議（「這麼做太愚蠢了」等等）。繼續畫。只要你的手不停，各種想法自然會從不知道什麼地方冒出來找你。現在請開始畫吧。

當你完成後，回過頭來把所有的畫看一遍，就像你回顧那些姿態畫一樣。不過這一次，你要尋找那些可以幫助你組織調查和闡明問題的視覺思維。這些思維有很多種形式：問題的新處理手法；認識到有些資訊不屬於問題的範疇之內；或正好相反，某個被認為是範疇之外的部分又重新帶來了靈感。

按照順序一張一張地回顧這些畫，回想在畫每一幅畫時，腦子裡正在想著什麼。就像剛才做的雜誌照片練習一樣，你會發現自己清楚地記得畫每幅畫時自己在想什麼，而這個記憶會一直保留在你腦海裡，可以隨時用來組成視覺圖像。

接下來的一個重要步驟是：在每一幅畫的背面寫上自己的主要想法。這些說明可以簡短到只有一個詞，也可以更加詳細。在這一刻，不要拋棄任何思緒，不要拒絕任何想法。再把這些想法與問題結合起來，會很有用。

給這些畫再分類，把選出來的掛起來。不過，別把剩餘的畫丟掉，等第二天重新審視一遍再說。

在累積階段，必須讓大腦根據視覺和感知的相互關係，按照順序準備好資訊。在看挑出來掛在牆上的幾幅畫時，讓它們成爲你的視覺記憶：看著它們；給它們照一張「大腦快照」；閉上眼睛，檢查一下你是否能在腦海裡看到這些畫，以及它們是否與你寫下的詞語相關。重複這些步驟，直到你已經成功地把這些畫變成視覺圖像。在思維過程中，這個步驟非常重要：按照布雷克的建議，你讓大腦充滿與這個問題相關的詞語和圖像，建立所有可能的關聯，盡量把所有圖塊拼湊起來，準備迎接孵化階段。

14. 以蝸牛的速度作畫

「輪廓」的定義是，一個形狀的邊線。在這個定義裡，一條輪廓線與「事物的外形」不同，因為「事物外形」只指外部邊線。輪廓線也可以用來描述形狀內部或外部的任何一條邊線。

接下來就是要把練習過程顛倒過來——同樣感知邊線，但這一次要讓L模式厭煩使它退出任務。你將用非常非常慢的速度繪畫。

這個練習的名稱是「純」輪廓畫，有時也被稱作「盲目的」輪廓畫。練習時，你只需要準備一張紙，把它粘貼在桌子的一角上（這樣在你畫畫時，這張紙就不會移動）。

請在開始畫之前閱讀完所有說明。

1.把計時器調到十分鐘，然後把它放在你看不見的地方。

2.按照以下的姿勢坐在椅子上：畫畫的那隻手拿著鉛筆放在畫紙上，但是不要讓你的頭對著畫紙，把頭轉到另一邊，只要看不見畫紙就行（就像圖14-1這個姿勢）。

3.看著你的另一隻手，把注意力集中在手心中的掌紋上，拇指與手掌相連的地方，或者拇指和手腕之間凸起的地方，只要你能看見複雜的紋路圖案就可以。你要把掌上一個小區域的線條或紋路畫出來——練習「用不同的方式看事物」，並把看

圖14-1
進行「純」輪廓畫練習的姿勢。最重要的是，不能看到你的畫。

到的東西畫下來。

4.盯著其中一條紋路（即兩部分皮膚相交的地方，這個地方會顯現成一條線的模樣——也就是一條邊線）。開始畫那條紋路，用鉛筆把眼睛感知到的每一點資訊記錄下來，慢慢地移動你的目光，越慢越好，跟著紋路的走向一點一點地移動目光。想像一下，你的命運將隨著目光看見並記錄下的這條紋路而改變。讓你的眼睛和鉛筆按照剛好相同的速度移動，而鉛筆就是一個記錄的工具（像一個地震儀），可以記錄每一點感知，線條的每一點波動和每一次方向的改變。

5.當你看到並畫出這條紋路的所有細節以後，繼續畫下一條相連的紋路，把它與第一條紋路之間的相互關係完整記錄下來。然後再畫下一條相連的紋路。繼續下去。

6.不要轉過身看你的畫。不要把目光從手掌上移開，直到計時器響了以後。最重要的是，如果計時器沒響，就繼續畫下去，不要停。

7.不要理L模式的那些抗議：「太慢了，太沉悶了，太離譜了，無法用語言表達。」只要繼續畫，很快地，L模式就會消失——暫時休假去了。這時，你會發現自己看事物的方式不同了。你可能會覺得自己想看更多東西，還要再多一點。吸收到的資訊，那些複雜而又細微的邊線和線條圖案，開始時也許看起來很奇怪，但會越來越有趣。讓這種情況自然地發生：這就是我們正在尋找的視覺轉換。

如果你覺得自己正進入一種有點不同的情緒，或意識狀態，不要抗拒它。R模式的狀態既讓人愉快，又令人滿足；你會覺得自己很警覺、感興趣、自信，而且注意力全部集中在手上的工作。然而，有些人卻覺得這種大腦的轉換讓人害怕，甚至有點令人擔憂。其實完全不需要害怕，這種狀態實在是太短暫、太脆弱了，因此稍微打斷一下，咒語就解除了，只要你願意，可以隨時輕易地打破這種情緒。

我們爲什麼會害怕？我的猜測是：L模式可能在害怕如果你對「那邊」太投入了，就不願意「回到這邊來」。更嚴肅地說，如果害怕的原因是怕「失去控制」，那麼根本就沒什麼好擔心的。一旦計時器響了，你就會完全回到「普通的」L模式狀態。每一個創造發明者都知道，眞正的問題是，如何才能讓難以捉摸的R模式保持夠長的時間，讓手上的工作完成。

現在開始畫吧。

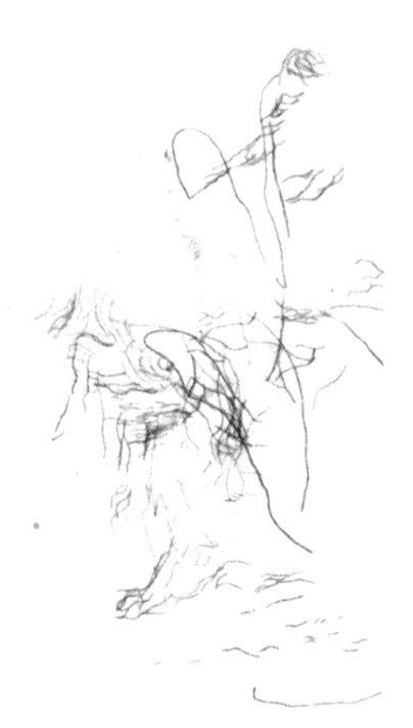

圖14-2
學生帕特爾和蘇理可畫的兩幅純輪廓畫。

當你完成後，評價一下你的畫。你會看到一組象形文字似的奇怪痕跡，新鮮而不刻板，而且充滿深刻的藝術氣質。我記憶最深刻的是，當作家霍華德第一次看到純輪廓畫時作出的評價。她說：「任何一個有左傾大腦的人都不會畫出這樣的畫！」這是多麼眞切的發現。L模式根本就不會，也不願意處理如此複雜的視覺資訊。

那麼，接下來的問題是：「這麼做有什麼好處呢？」這不是一個新問題。從尼可雷德斯（Kimon Nicolaides）出版那本著名的《自然的繪畫方式》（*The Natural Way to Draw*）後，四十年以來，眾多美國美術老師使用純輪廓畫練習，因爲他們知道這能幫助學生畫得更好——或者說看得更清楚——但這種練習爲什麼能發揮如此大的作用一直是謎。我提出以下的推測作爲可能的解釋。

首先，純輪廓畫能使那個會把形狀的細節——如手指、指甲和手紋——簡化成抽象符號的L模式退出這項任務。L模式會說：「我明白了，那就是手上的紋路。還繼續盯著它看幹什麼？我已經說出它的名字了呀。它們全部都是手紋。我準備了一個小符號代表所有的手紋。這不就是嘛！它們看起來都差不多；我們畫幾個這樣的符號就行了——它們就足以把意思表達出來了。讓我們繼續看下一個東西……這太沉悶了」等等。

其次，純輪廓畫還有可能改變R模式平常的操作方式。如果按照「普通的」功能分配，R模式主要負責觀察和感知整個手掌，而L模式負責把所有細節處理成簡化的資訊。但是當你故意讓R模式把注意力集中在一個細節（一條手紋、一個指甲）上時，會迫使它把這個細節看成是一個完整的結構，而且與此同時，它依然能感知到這個細節與整體之間的相互關係。很明顯，R模式可以深入，深入，再深入，看見細節中的細節，像一個俄羅斯娃娃，一個裡面還有一個，層層相套，同時又不會忽略整體結構和其複雜的相互關係。這就是畫出一個感知到的形狀所必須具備的大腦設置，因此純輪廓畫從某種意義上來說，成爲針對兩種模式的震撼療法，讓雙方都意識到某些不同的事情發生了，這也說明爲什麼一些學生在做這項練習時，會感到壓力。

簡短地說，純輪廓畫營造出一個環境，讓R模式不用與L模式分享視覺資訊的處理工作，而是直接去處理整體、所有細節以及各個部分之間的相互關係。這些組成整幅畫面的相互關係異常複雜（請回顧第62頁，蒙德里安的《菊花》），遠超出L模式的處理能力。但是這種對整個森林和其中每一棵樹的整體感知，營造出視覺的統一性，藝術最眞實的本質和創造力——也就是阿奎奈所說的完整性，美麗畫作和最棒的問題解決方案的第一個必要條件。

那麼，讓我們總結一下畫純輪廓畫的最終成果吧。首先，（盡可能地）去感受純粹相關性的感知，而不是有點線性或連續性的感知，這種感知相對來說不會受辭彙性概念的影響。其次，畫出一幅記錄感受的畫。跟類比畫一樣，在純輪廓畫中，你讓自己的感知思緒看得見。

從感知思維中畫出類比

在下一個練習，我們要運用純輪廓畫的技巧，進一步詳細說明問題的界線，以及讓大腦充滿問題與現實事物之間象徵性和類比性的關聯。

許多年前，完形心理學家科勒曾進行一個頗具娛樂性的實驗，展現普通人製造兩種一點也不相似經驗之間，象徵性和類比性關聯的能力：他要求實驗對象把兩個沒有任何意義的詞『maluma』和『tuckatee』，與以下兩個抽象形狀配對。結果科勒的實驗對象毫無例外地把maluma與物體A相連，而tuckatee與物體B相連。」

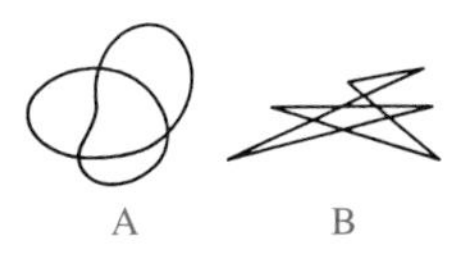

——韓特，《心中的小宇宙》

請在開始畫之前閱讀完所有說明。

1.在手邊隨意放幾樣物品：一片葉子，一張皺巴巴的玻璃紙或金屬薄片，一個貝殼，一朵花，一小片木頭——或者，參照赫胥黎（Aldous Huxley）的作法，觀察你穿的衣物上的皺褶。任何物品都可以，越複雜越好（一本刊有各種物品照片的書也行，自然中複雜物體的照片，如圖14-3所示）。

2.把一張紙貼在你的桌面上。

3.把計時器調到十分鐘。確保你不會被打攪，如果有必要，把門鎖起來。

4.手拿鉛筆放在畫紙上，準備好；然後轉過身去，讓自己看不到畫紙。

5.讓腦海裡浮現問題類比畫。讓它停留在記憶的窗口，然後腦海裡浮現姿態畫，也讓它停留在記憶的窗口。在你回顧所有關於問題研究的同時，一步一步完成以上步驟。你的大腦能夠迅速地完成以上工作，只要一瞬間就行。

英國作家和哲學家赫胥黎在1954年出版的《感知的大門》（*The Doors of Perception*）中，描述了斯卡靈（mescalin，一種迷幻劑）是如何影響他對日常事物的感知——例如，法蘭絨褲子上的皺褶。他把皺褶看成是「活著的象形文字，以某種獨特的表現方式展現它存在的奧祕……我灰色法蘭絨褲子上的皺褶的『本質』改變了。」

6.把注意力集中在問題的某一方面，也許是在你的腦海裡有點突出的部分，某個能夠引起你的興趣或困惑的細節。

7.選擇上面提到的幾個物品中的一個（實際上，任何一個物品都可以；R模式在尋找類比相似性時非常靈活）。對自己說：「我正在研究的問題（或問題中的某個細節）與這個物體有什麼相似之處？」千萬不要不耐煩——讓你的（右）腦半真半假地考慮一下。試著把問題和這個物體結合，讓這個物體成爲這個問題的象徵（圖14-4是一個瑣碎的例子，但它能向我們展示這種象徵性和類比性的關聯）。把注意力聚集在困擾你的難題上。同時把注意力集中在眞實的物體上。然後注意物體上的一個具體細節。注意那個細節的邊線——花邊的邊線或貝殼的圖案，任何你在盯著看的部分。

圖14-3　海葵

8.在你開始畫時，也不要看著畫紙，慢慢地讓你的眼睛按照與鉛筆相同的速度移動，把所有感知都記錄下來。與此同時，讓你的大腦把注意力全盤放在問題中困惑你的部分：別讓

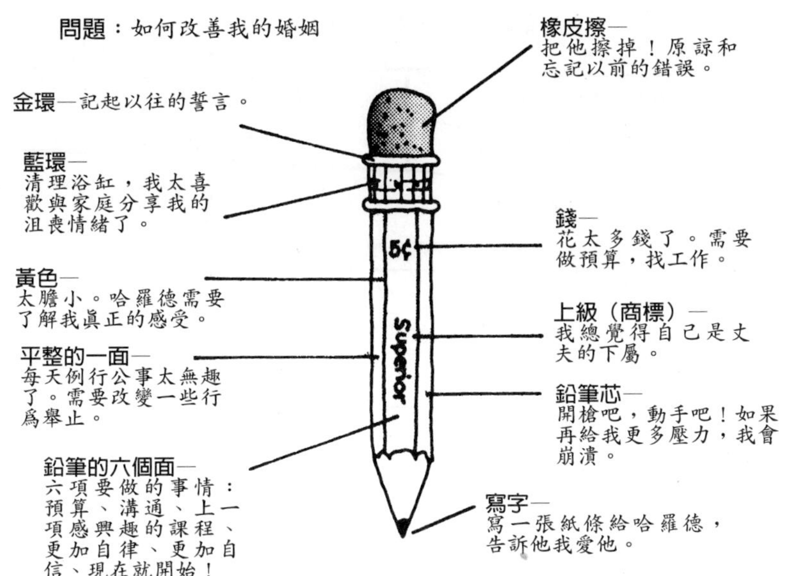

圖14-4
物體類比是一個讓普通物體告訴我們問題答案的過程。有時解決問題的靈感就在我們眼前。這支鉛筆是告訴我們物體類比如何使我們產生創造性思維的例子。
——摘自漢克斯（Kurt Hanks）和巴利（Jay Parry），《喚醒你的創造天才》（*Wake Up Your Creative Genius*）

你的思緒迷失方向。緊跟著任何線索，任何在繪畫時出現的某種關聯。你的目的是獲得關於這個難題中某一方面的一點靈感，那個在你的大腦中顯得有點突出的細節。一直畫下去不要停，直到計時器響起。

你必須瞭解，一開始似乎沒有任何事情發生，L模式會再一次進行抗議，並提出它的合理論點：「太花時間了，簡直是浪費時間，太荒謬了。」等等。不要理這些抗議，繼續畫下去。我們不企求大靈感，當你的所有感知都組織起來後，這種大靈感自然會在孵化和啓發階段冒出來，現在我們只需要一點進展，一點小收穫，讓我們找到小疑點與整個問題的相互關係。當你的手忙個不停的時候，你會發現自己的大腦也正在把細節當成一個整體結構研究，這個細節與整個問題形成某種相互關係，是一個整體的概念。

現在開始畫吧。

在尋找毫不相干的兩件事物之間的相似處時，象徵性、類比性思考為思維和創造性問題解決打開了大門。
如果毫不相干的兩件事物之間存在某些相似之處，那麼它們在其他方面也有相似之處；這就是類比的含義。我們繼續思考，尋找新的含義，新的理解，以及舊問題的新答案。
——韓特，《心中的小宇宙》

圖14-5
一個商業管理的隱喻。《星際戰艦》管理理論來源於索伽能（Waino W. Suojanen）的〈管理學和人類大腦〉（Management and the Human Mind）

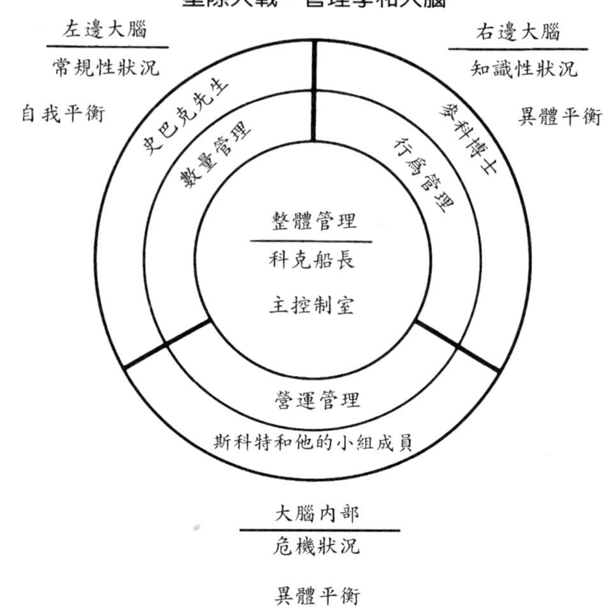

在你完成以後，回過頭來評價一下你的畫。你會再一次看到純輪廓畫中那些既奇特又美麗，且非常詳細的痕跡。當然，其他人可能根本就認不出來畫的是什麼物體，這要歸結於純輪廓畫獨特的步驟——畢竟，這個物品不在視野之內，而是在腦海裡！但是無論如何，這幅畫具有特殊的價値，因爲它變成一種視覺連接物，一種象徵，一種法寶，代表你對手頭問題邊界的洞察。爲了把它牢牢固定在記憶裡，在畫面的底部寫上你挖掘出來的任何靈感，作爲這幅畫的標題或說明，把它與你所畫物體的名字相連結。

例如，「楓樹葉：我現在發現……」或者「我現在意識到，我必須更深入地看……」等等。另外，你可能希望在畫面上加一些筆記。

接下來，盯著你這幅作了辭彙性注解的畫，記住它。看向另一邊或閉上你的眼睛；讓記憶浮現腦海。如果你覺得某個細節有點模糊，再看一遍這幅畫，然後重複以上的步驟。記住，在累積階段，你的目的是儲存與辭彙相連結圖像的視覺紀錄，以便以後能用在孵化階段。

15. 拋開我們的假設來作畫

盯著問題中的陰形：
「我有一個最合適的例子，福爾摩斯曾說過：『你有沒有注意到晚上的狗吠聲？』而華生說：『我沒聽見狗叫聲。』」「『沒錯。』福爾摩斯說：『就是因為狗沒叫，這件事才有蹊蹺。』」
——米勒（Johnathan Miller），《大腦的狀態》

在教人們如何繪畫時，最難的一件事情是說服他們，其實物體本身不太重要，而物體周圍空間的重要性一點也不輸於物體本身。實際上，藝術界有一句諺語：「如果你解決了陰形的問題，那麼就解決了整個畫面（還有水彩畫、雕塑）的問題。」「解決」的意思是指水彩畫、素描或雕塑其實是一個整體而又統一的圖像。其中最難掌握的概念是，空間能使物體成爲一個整體。或者換個更確切的說法，空間和物體相互連接，形成一個統一的圖像。

把空間看成一些形狀

對陰形的感知是繪畫整體技能中的第二個基本組成部分。隨著在累積階段所進行的更廣泛研究，你會把第二項技巧加到第一項技巧之上，你在顛倒的畫、姿態畫，和純輪廓畫中使用的技巧——也就是對邊線的感知能力。在這些練習中，你主要透過描繪邊線來畫出物體或人物的形狀，使用邊線畫出空間的形狀。請你回想一下，在美術中，邊線的定義是：物體相交的地方，也就是說，一條描繪出共享邊界的線條。

在感知陰形時，你將把注意力從物體和人物本身（美術術語是「陽形」〔positive shapes〕）轉移到它們之間的空間（美術術語是「陰形」）的邊線上。請注意，在美術術語中，「陰」這個字沒有什麼負面的意思；它僅僅代表那些無法被感知爲可命名物體的區域——例如，樓梯欄杆之間的空間。你會發現，在繪畫中這些空間變得很重要。

不是空白，而是充滿著無關緊要之事

圖15-1
學生馬托畫的一張椅子的陰形畫。

我們可以把不明確的事物看成未知事件外面的遮蓋物。日本人有一個專門的詞來形容它，ma，這個詞我無法翻譯。這是一個很有價值的辭彙，因為它給事物的未知性定了清楚的定義。
在英文裡，我們會說椅子和桌子之間是空白的；日本人不會這樣描述空白，而是說：「充滿空無一物。」不管這樣描述多麼好笑，卻指出了問題的核心。西方人在描述未知事物時，必須要同時指出已知的事物（如椅子和桌子之間的空間），然而大多數東方語言卻賦予未知事物其獨特的個性。
──帕斯卡爾，〈禪和管理的藝術〉（*Zen and the Art of Management*）

認爲「無關緊要之事」很重要的觀念，與我們的文化背道而馳，也與L模式對可以命名和分類的「眞實事物」的喜好背道而馳。然而有趣的是，這種認爲空白區域很重要的觀念卻根植於東方文明中。下面這段道家格言摘自賓勒（Witter Bynner）的《老子的處世之道》（*The Way of Life According to Lao Tzu*），展現了「無」的重要性：

三十個輪輻由中間的洞連成一體，
它們之間沒有東西，
但合起來它們組成一個輪子。
由黏土鑄造的大水罐，
其作用在於中間凹進去的空白部分。
一間屋子的門窗，
是靠其空白的部分發揮作用的：
因此我們總透過「無」
來發揮「有」的作用。

另外，東方的思想家願意讓空白保持其模糊不清、不可知的特性，它既不需要被命名，也不需要被特別指明。史丹佛商學院的管理學教授帕斯卡爾（Richard Tanner Pascale）指出，空白和無關緊要之事只是對事物的一種成全。

帕斯卡爾在自己的文章中描述日本管理人員如何利用「空白」區域，來解決管理問題的幾種方式，而美國商業運作卻正好相反，更傾向於把精力集中在物體上，或者說「客觀目標」上。例如，如果有需要把兩個部門合併，美國管理人員經常會「做出某種宣告」，以從名義上使新情況客觀化。然後他們繼續客觀地進行下一步，應付在直接受到影響的員工當中產生的焦躁情緒或難題。

在美國管理學的範疇裡，領導者被看成孤獨的人形，有能力在逆境中作出決定……。然而對於日本人來說，沒有一個詞語可以形容西方人眼裡作出決定的行為。

這種語言的獨特性具有更深層的意義，反映出不同文化在經歷無法掌控的情況時，對事物正反兩面的承認傾向。面對困難的抉擇，日本人「選擇」事物的另一面；而西方人則喜歡認為，他們能「作出決定」。

——帕斯卡爾，〈禪和管理的藝術〉

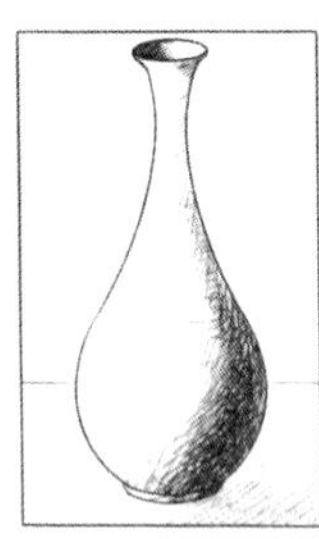

圖15-2

一個物體的兩種看法：

1.物體直觀的圖像

2.與物體共用邊線空間的圖像

在遇到類似情況時，日本管理人員通常會轉換到情況的「陰形」當中，非正式地把一些程式合併起來，增加兩個部門之間資訊的流動，讓情況保持含糊不清，直到相關員工已經習慣轉換後空間和形狀的新構造。只有在他們完全習慣這種變化時，整個情況才會被正式地承認或宣佈——也就是說，用L模式的方式命名。

或者，在面對生產的問題時，日本管理人員也會採取與美國管理人員不同的方式來看問題：日本人一開始更有可能會注意問題周圍的空間——也就是困境周圍的餘地——而不是按照美國人的風格，一下子集中火力「描述問題」、「確定客觀目標」和「做決定」。

帕斯卡爾還指出，在西方，選擇領導人的標準是他是否「傑出」，而在東方文化中，更重視那些「收斂的」領導，而不是「突出的」領導。在東方人中庸的價值觀中，在「空白區域之間」遊刃有餘，比站在聚光燈下要強多了。由於領導和被領導的人都持有相同觀念，東方人寧願被看成推動組織安定團結統一的一份子，也不願因傑出的工作能力而獲得好評。

帕斯卡爾承認，西方的技術和商業模式非常成功，而且有效。然而他提出，東方的觀點為「人類的需求賦予某種新的人類價值觀」。他還意味深長地警告說，人們不要想單純地結合這些觀點。（你可以想像，L模式一定會說：「好的！我明白了！首先，我們先利用——對了，你怎麼說的來著？哦，是的！陰形……好。對，就是這麼說的。現在，我剛才做到哪了？」）因為帕斯卡爾擔心，如果對西方的想法太過固執，東方的商業運作方式會變成一些簡單而又膚淺的手法。

帕斯卡爾教授在文章結束時建議：「我提出這樣一個觀點供大家參考，那就是如果從西方想法相反面著手，也許更能理解一組非比尋常的管理問題。毫無疑問，一個人必須具備很高的素質，才能同時擁抱這兩種觀點，知道什麼時候適用哪種觀點，並且掌握運用兩種觀點的技巧。

圖15-3

持有兩種觀點的大腦裝置

這就是我們的目標：無論我們向哪個方面努力，都要能同時持有這兩種觀點，而且在某種程度上，具備從我們設想的另一面看問題的大腦裝置。學習如何領會和處理陰形，比乾巴巴地談論它有趣多了。我相信它能幫你更接近東方的觀點。同樣重要的是，它還能讓事物呈現出全新的模樣，並且確保在創造過程累積階段中關鍵的視覺圖像統一性。

爲了向大家展示陰形在創造性思維過程中發揮的巨大作用，請試一試下面這個簡短的練習。

請在開始畫之前閱讀完所有說明。

1.在桌子上黏一張紙，準備好繪畫用的鉛筆。與純輪廓畫不同，在這個練習你要看著自己的畫紙，這樣你就可以不時檢查整幅畫的進度。圖15-3展示了這個練習的正確繪畫姿勢。

2.把你的左手（或者右手，如果你是左撇子的話）放到自己面前。閉上一隻眼睛，記住只用一隻眼睛，而不是兩隻眼睛，看你的手（當你閉上一隻眼睛時，能夠產生一個「平整的」、二維的視覺圖像，而且所有的邊線都是清晰的，不是模糊不清的。大多數藝術家在繪畫時都會閉上一隻眼睛；這能幫助他們把三維世界轉換成平整的二維畫面）。爲了讓你體會其中的不同，請閉上一隻眼睛看你的手，然後兩眼睜開看，最後閉上一隻眼睛看。

3.接下來，讓你的手擺出一個姿勢，使其至少帶有一個閉合的空間——盡可能多於一個。圖15-4中的姿勢可供參考。

圖15-4
我問藝術家維斯理（Mark Wethli）：「當你想看陰形時，能不能在盯著畫面的那一刻，馬上看到它們呢？」
維斯理回答：「總要經過一段時間，一個形狀才會跳入我的眼簾。但是這段時間差會變得越來越短。」
——1981年8月，在加州長灘的一段對話

4.盯著其中一個空間；一直看，直到這個空間在眼中幻化爲一個形狀。這種幻化需要一定的時間——爲什麼會這樣，我也不知道。也許在這短短的一段時間裡，L模式在說：「你爲什麼要盯著空白的地方看呢？我沒法處理空白的事物。空白的事物對我沒有任何影響！我只處理眞實的事物——可命名的事物！如果你繼續這種愚蠢的舉動，那麼我……就……退出。」

正好！又被騙了！現在，讓我們仔細看一看。

5.讓你的手保持這個姿勢。在看你的手時，頭也保持固定的姿勢。這是爲了確保你始終只看見相同的姿勢，和繪畫角度。還記得嗎，我在第62頁講解蒙德理安的《菊花》時，曾提到如果那朵花的位置稍微改變一下，呈現在藝術家面前的將是一組全新的邊線。同樣地，如果蒙德裡安改變他的頭（也就是他的眼睛）的角度，那麼他也會從全新的角度，看到一組全新的邊線。

程度比較高的美術學生在一節人體寫生課上，如果模特兒稍微移動一下，都會變得特別心煩；其中一個學生甚至抱怨模特兒「呼吸的幅度太大了」。我們其餘的人（甚至那個模特兒）都覺得這個說法很可笑，但是它的確能說明，繪畫時讓你的手保持固定姿勢的必要性。如果位置變化，邊線（和形狀）也會變化，會導致畫面出現問題。

6.現在，看著你的手，把注意力集中在你選擇的那個閉合形狀上，並在你的練習紙上開始畫這個形狀——只要畫這個形狀就好了，盡量讓你畫出來的形狀與看到的形狀相吻合。使用

純輪廓畫中慢慢畫的技巧，把陰形邊線的資訊盡量記錄下來，不時檢查畫中的比例關係和線條走向。（爲了與「純」輪廓畫作區隔，我把這種畫稱爲「改良」輪廓畫。）

7.不要轉移你的注意力。忘記那是你的手！只要注意那個空間就行了。試著不要去想自己在做什麼，也不要自言自語。

不要給這個空間命名！不要對自己說：「這個空間的形狀像隻鴨子（或者一條金魚等等）。」試著使用另一邊的大腦裝置，這個大腦裝置可以接受這個空間沒有名字，也不需要對它進行分類、分析、性格刻畫和剖析。讓這個空間保持原本的模樣，以及其獨特的長度、寬度的相互關係和複雜性。無論它是什麼模樣，把你看到的畫下來就行了。你希望它與你畫中的形狀相符。

圖15-5

8.如果你看到另一個閉合的空間，把它也畫下來，並放在與第一個形狀相比適當的位置上。圖15-5說明了這種相互關係。把自己看到的空間盡量畫下來，然後停筆。讓你的手休息一下，但是請記住剛才擺的姿勢，如果有需要，你還得恢復原來的樣子。

現在開始畫吧。

完成後，請評價一下自己的畫。你會看見一個或幾個奇怪的形狀「區域」，那些你自己曾經認爲是空白的區域，但現在都變得「充滿無關緊要之事」。你可以用鉛筆給這些形狀加陰形，如果這樣能幫助你瞭解「這些空間是眞實的」的話。

透過空間的邊線想像它們的形狀

下一個步驟就是讓你瞭解，陰形和物體的外形共享相同的邊線。現在仔細地看你的畫。在腦海裡製造一幅你的手指的圖像，把它們放在你畫的陰形之間的位置上。如果你還看不出那些手指，重新把你的手擺回原來的姿勢——然後再看一遍你的畫，直到你能想像那些手指的模樣（請參照圖15-6）。儘管你完全沒有畫自己的手指，可是當你終於能夠「看到」它們時，是不是對自己想像出的畫面感到很驚奇呢？而且它們似乎畫得「很仔細」。

圖15-6
試著去看不是故意畫出來的（手指的）邊線。

現在我們面對的是另一個我在前面提到過的、關於繪畫的矛盾例子：畫你不知道的東西比畫你知道的東西要容易得多。在這個例子裡，空間的邊線變成了手指的邊線，其實它們是相同的邊線。但是由於你根本就對這些空間一無所知，所以你能用新的眼光來看它們，也就能把看到的都畫下來。對於手掌和手指，你知道得太多了。對於這些空間，你的大腦卻是一片空白和敞開的。畫完了陰形的邊線後，由於它們與手掌分享相同的邊線，所以你也就把手掌畫出來了。你把手掌準確的模樣畫下來，但卻沒有特別去畫它！

這是陰形的主要用途：它讓繪畫變得簡單。不是嗎？那些形狀不是看起來很簡單嗎？如果答案是肯定的，這是因爲你直接去看它們，而不是猶豫不決地想著手掌和手指「應該」是什麼模樣——就這樣，你感受到一點繪畫的魔力。

陌生的形狀

實際上有時畫出空間，讓物體自己呈現出來，會更容易一些。
——玖普提爾，《自學徒手畫》

這是另一個起步練習。同樣地，請在開始畫之前閱讀完所有說明。

1.把一張紙貼在桌上。

2.握著手掌，讓所有手指指向你的眼睛，讓你幾乎看不到所有的指甲尖。閉上一隻眼睛，把注意力放在其中一個指甲上。跟上次一樣，稍微等一等，直到那個形狀突顯在你眼前。（是的，我知道，這是一個可命名的「陽形」；但是請記住，R模式不會被L模式的規則所左右！如果大腦願意的話，任何形狀都可以被想像成陰形，並當成陰形來使用。）

正如你看到的，這個你正在注意的形狀並不是指甲的形狀！你看到的是什麼形狀，它就是什麼。你的任務就是把看到的、而不是你認爲的形狀畫下來。

啊！現在大腦反抗了。當它根本就不具備「正確的形狀」的時候，你怎麼能把它稱之爲指甲呢？不要去想！不要稱呼它原本的名字。只要把你看到的畫下來——一個充滿空白的形狀。

3.接下來，把你的目光停留在手指以上的陰形。把那個形狀畫出來。看著指甲尖下面。找出一個形狀，並把注意力放在上面。那將是手掌的一部分，但是我們可以把它稱之爲一個陰形。把那個形狀畫出來。只要你願意，可以一直畫下去，一個陰形接著一個陰形，或者你也可以在任何一刻停下來。圖15-7展示了這些步驟。

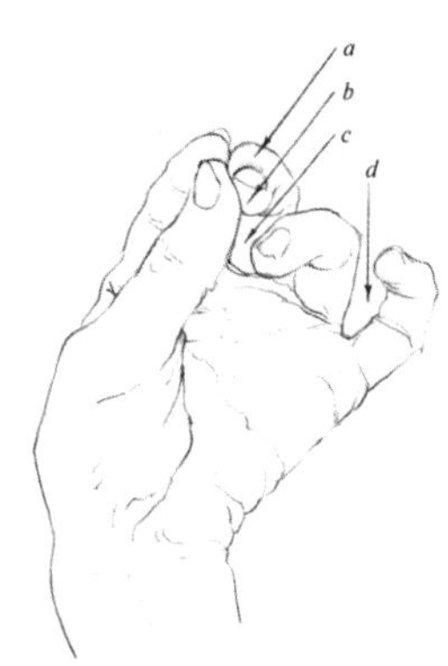

圖15-7
把形狀當成陰形。
把注意力集中在：
a.上面的空間……
b.下面的……
c.其他任何形狀……
d.兩根手指之間的空間

現在開始畫吧。

在你完成以後，評價一下你的畫。你會發現，透過轉換大腦模式，你不僅能看到手指在空中指向自己，還能看見一組陰形。

這是陰形的第二個主要用途：它給你把握空間的能力。在剛完成的練習當中，你畫出了手指的透視圖，一幅空間中手掌的圖像。透視總是很困難，其中的原因與繪畫的矛盾有關：那些我畫在紙上的奇怪形狀怎麼會是我所瞭解的手指呢？透過畫出「簡單的」陰形，你再一次畫出了手掌在「困難」姿勢中的模樣。

組合起來：空間和形狀

下一個練習，你要畫一幅「眞正」的作品，運用繪畫整體技能中的前兩個技巧和自己的雙手，畫出一幅完整的畫。你還會初步感受到第三個技巧——對相互關係和比例關係的感知。

做這個練習的主要目的，是爲了讓你能觀察到自己在經歷大腦模式轉換時的反應。盡量試著去注意，但不要讓你的觀察干擾到繪畫本身。如果你的大腦從繪畫所要求的大腦模式中跳出來，觀察自己是以何種方式回到這個模式。仔細觀察任何不安或焦躁的情緒，同時也觀察任何高興、滿足和享受的情緒。如果有可能，觀察自己的注意力。如果發生任何干擾或分心，觀察自己的反應。所有觀察結果都能幫助你訓練自己的大腦，按照意願轉換到繪畫所要求的不同的大腦模式。當然，你又能欺騙L模式退出「看真實事物」的工作。因此，R模式能夠吸收在其他情況下可能漏掉的資訊，並讓它們具備對創造過程累積階段至關重要的視覺圖像的統一性。

請在開始畫之前閱讀完所有說明。

1.安排一小時（如果可能的話長一點）不受打擾的時間。不要使用計時器，花足夠的時間來完成這幅畫。完成這幅畫的最好環境是，不要有任何時間的壓力，甚至不要去留意時間的流逝。

2.你需要兩張紙和一支鉛筆。一支普通的2B鉛筆或者更軟的4B素描鉛筆都可以。一個橡皮擦。

3.在兩張紙上畫出框架的邊線，你可以徒手畫，也可以用

圖15-8

圖15-9
你的「模特兒」

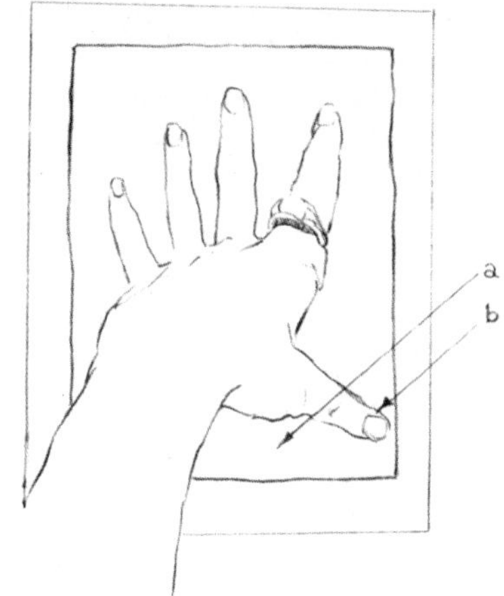

圖15-10
把你的「模特兒」畫到紙上

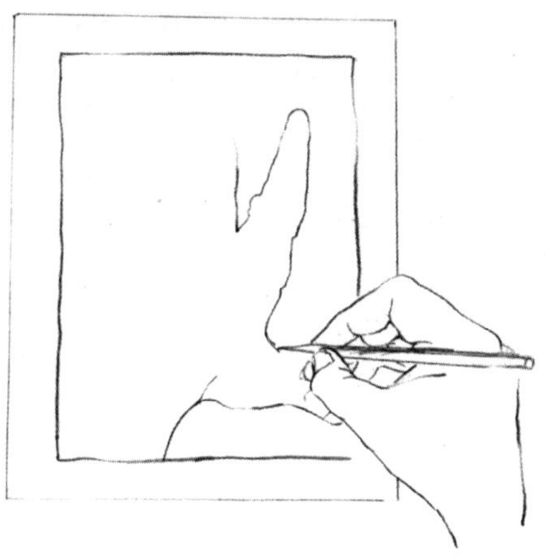

圖15-11
學生格雷畫的改良輪廓畫

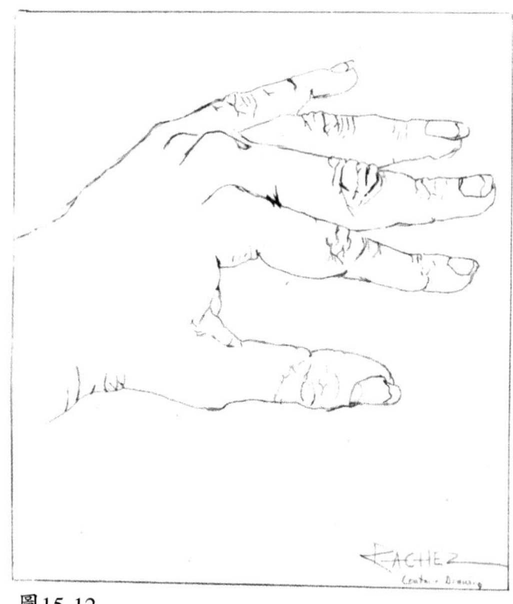

圖15-12
學生拉切茲畫的改良輪廓畫

一把尺來畫。兩個框架應該是相同的，如圖15-8所示。把你的「模特兒」——手，放在其中一張紙上，然後在另一張紙上畫。圖15-9和15-10展示這種安排。找一個舒服的姿勢，把兩張紙貼在桌上，這樣它們就不會動來動去了。

4.讓你的手擺一個有趣的姿勢，最好是一個有透視的姿勢（即手指或手腕對著你），並且有一些有趣的陰形。（記住，你要讓自己的手保持這個姿勢一段時間，所以應該擺一個舒服的姿勢。）

5.花一點時間觀察手的姿勢所產生的陰形，並稍微注意一下其中一個陰形。這將使你開始轉換到R模式的感知。

6.觀察手下面那張紙上框架的線條，它們能幫助你檢查畫面的角度。你可以對自己說：「與框架中垂直的邊線相比，你手上那條邊線的角度應該是多少？」或者反過來，看著那個陰形（圖15-9中標著「a」的地方），並問：「那個由我的手和框架的邊線組成的空間是什麼形狀？」你會注意到，由於有了框架的邊線限制手和手周圍的空間，因此手指周圍的陰形變得非常容易看見。

另外，你要開始評估比例關係。例如，問問自己「與框架的寬度相比，這隻手指有多長」或者「與大拇指尖的寬度相比，大拇指根部的寬度是多少」？

7.同時還請注意，任何形狀都可以看成陰形。例如，圖

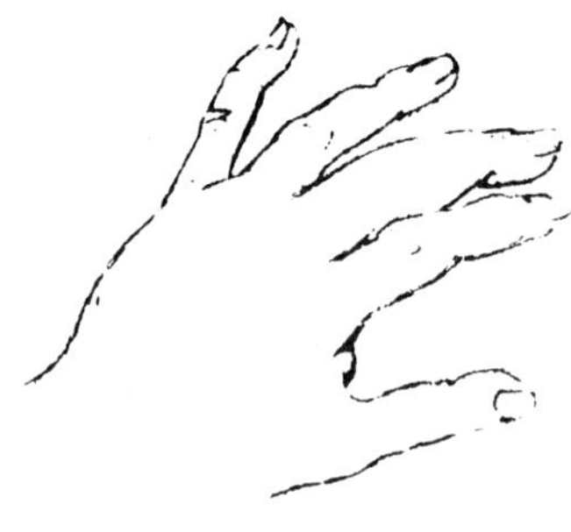

圖15-13
畢卡索
《畫家左手的素描》

15-14中標著「d」的形狀是手的一部分，但是如果大腦把它當成一個陰形，就更容易看清楚。由那個形狀與手指和大拇指分享相同的邊線，你也就不由自主地畫出了那部分手指和大拇指，而且看起來和畫起來都很容易。

另一個例子是：如果把指甲旁邊的形狀（圖15-14中的「a」和「b」）當成陰形，而不是指甲本身來感知，你會獲得更好的資訊。為什麼會這樣？這是因為指甲的概念太牢固了，而你也看到了，如果已知的形狀正處於一個與平常不同的位置，而且改變了它已知的形狀，那麼它們會更難看到和畫出來。由於指甲周圍的形狀與指甲本身分享相同的邊線，把這些周圍的形狀畫出來，你會不由自主地也把指甲畫出來——因此你就掌握了它們正確的視覺形狀！

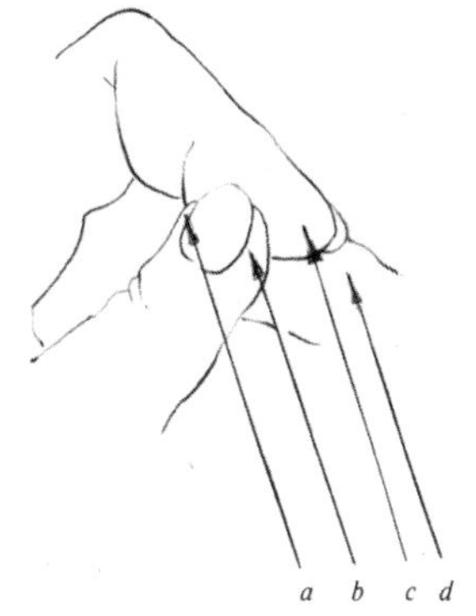

圖15-14
與指甲本身相比，我們更容易看見指甲周圍的形狀。

實際上，如果你遇到任何覺得畫起來很困難的部分，可以迅速地轉移到與其相連的部分，並把它們看成陰形。這是非常重要的一點，也是讓繪畫變得輕鬆的神奇小竅門。

8.讓你的大腦準備好，你會發現那些「智力拼圖」板塊能組合起來，形成相互鎖定的關係，而且每一個「板塊」都扮演一個角色。你的工作就是感知這些相互關係，並把它們如實地記錄下來，不要質問為什麼它們會這個樣子。如果你看到了，就相信自己的眼睛吧。

9.從一條邊線畫到另一條邊線，從一個空間畫到另一個空間，總是去嘗試看清楚各個部分組合起來的相互關係。隨著每個部分逐漸組合起來，你會發現它們「不再是問題」。兩條線就如你所期待的那樣結合，或者兩個形狀如你所想的那樣組合起來。這「催化」你的愉悅心情，正是繪畫的樂趣之一。

10.如果某條線或者某個形狀「呈現的效果不佳」，千萬不要驚慌。回頭檢查前一兩個形狀或空間來尋找原因，看看有哪些形狀、角度或比例關係與實物不相符。糾正所有感知出現誤差的形狀，然後繼續畫。記住，繪畫有一套自己的邏輯和規則。它並不神祕。所有的相互關係也是合理的——既美麗、端正，又具有藝術的邏輯性和合理性。它們相互組合成爲一個整體。

11.最後，相信自己眼睛感知到的事實。記住，你需要的所有資訊就在那裡，在你的眼前。

這是一個改良輪廓畫的練習，你將透過畫出形狀和空間的邊線來完成它。因此你畫這些線條的速度會非常慢，盡量把邊線傳達出的細節性視覺資訊記錄下來——最好是把所有資訊都記錄下來。

現在開始畫吧。

現在，如果把你的學前作品（三幅學前作品中畫你自己的手的那幅）拿出來，事情會變得更有趣。把它與你剛完成的那幅畫進行比較。你將看到以前有多少感知資訊你都沒有意識到。

在你完成以後，再花一點時間，對畫面的完整性和和諧性以及你感知的眞實性，帶給你繪畫過程的那些閃亮時刻，致以最高的敬意。

用創造性思維評價陰形

盡可能回顧在繪畫過程中，你的大腦狀態發生改變時的每一個細節。你是不是忘了時間的流逝？你能想起從陽形到陰形有意識的轉換嗎？當你用某種方式看事物，然後意識轉換了，你突然能從新鮮的角度感知這個事物，你還記得這種大腦模式的改變嗎？是不是有什麼東西你開始時看不見，突然一下子清楚地展現在你眼前？你是不是越來越感覺到，繪畫就像一個有趣的拼圖，你只要把每一個板塊按照「正確的相互關係」組合起來就可以了？當有的東西「呈現的效果極佳」時，你是不是能感受到那一點愉悅的心情？

我相信，所有的問題都能應用到創造性思維中。當然，進行陰形畫練習的目的是爲了感受這些感知的「不同」模式，大腦裝置的改變，並且使你瞭解這些轉變是什麼，以及它們帶給你的感覺是什麼。我眞的認爲，一個人在繪畫時有可能眞正看見陰形，然後又隨時完全回到以前的那種感知方式。前面那些簡短的練習甚至能夠從此點亮你的大腦，使它發生重大的改變。一旦你經歷過以上的感受，那麼對陰形的感知就可以當成一種思考策略。讓我們試一試吧。

現在回到正在研究的問題

在下一個練習裡，請拿出你以前畫的、與某個問題或情況有關的類比畫。如果你當時並沒有畫某個特定的問題，那麼你也可以把自己的畫當成調查中的個別區域。現在先看著你的問題類比畫，評價一下那些被線條圍起來，也可以稱爲空白的閉合空間。集中思考這些空間。爲了讓它們更清晰地出現在腦海中，你甚至有可能想把它們重新畫一遍，這一次畫出那些問題周圍的形狀和空間。或者你也可以只把這幅問題類比畫當成一張照片的負片，其中所有形狀都是正反顛倒的。然後，當所有的「陽形」和「陰形」就在你眼前、或在你的腦海裡時，把你的注意力集中在畫面中的陰形。把它們當成比陽形更容易看清楚和解讀出來、充滿了資訊的形狀。一旦你把思維集中後，就準備好開始問一些問題。

問題一：在問題類比畫中，陰形和陽形的比例關係是怎樣？各個部分在框架中組合起來，形成一個統一的整體；整個框架都是「滿」的。那麼問題到底占多少面積，空間又占多少面積？（我知道，當時在畫問題類比畫時，你並非有意識地畫那些「問題」周圍的空間。但是，透過畫出一個框架和框架之內的「物體」，你下意識地描繪出陰形。作爲繪畫的視覺語言的一部分，你可以像解讀問題本身那樣去「解讀」它們，例如，也許你在畫面中把「問題」畫得很大，占據了畫面中的大部分面積，周圍只留下很小的空間。對這個構圖的「解讀」是，這個問題可能是你當前的問題，占據著你的大腦，而且在你的「視野」裡放大了。相反地，如果問題周圍的陰形比「問題」本身的形狀還要大，那麼這就說明這個問題很遙遠，也許根本就無法觸及。）

問題二：畫面的陽形中有沒有可以被當成陰形的形狀？把

圖15-15
雷頓在她的畫桌上工作。

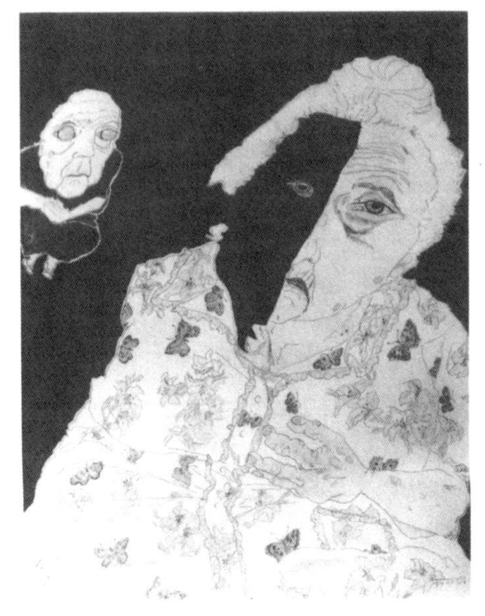

圖15-16
雷頓《中風》
雷頓在一幅畫中描繪她的右臉，由於一九七九年的一次中風，她把這半邊臉畫成一個陰形。

問題的那個部分轉化爲陰形，也許能讓你看到一些已經被扭曲得認不出來的資訊，就像你的指甲在透視圖中完全改變了形狀一樣。

問題三：如果改變陰形的形狀（這樣也將改變陽形的形狀，因爲兩者共享邊線），結果會怎樣？你能把它們變大或變小一些嗎？你能改變這些空間的位置，從一邊轉而放到另一邊，從頂部放到底部嗎？如果把整個畫面上下顚倒過來，你能獲得哪些關於這些空間的資訊？

問題四：你能找到關於問題研究方向的新線索嗎？你有沒有獲得新的靈感？如果有，就像前面做過的練習那樣，用辭彙把你的靈感表達出來，給你的畫下個標題，或加上一個「連結」。

最後，給你的每一幅畫照一張大腦快照，把它們儲存在你的記憶裡，像一幅幅充滿陰形的視覺圖像，與辭彙性的概念相連接，隨時準備好與其他圖像一起，在累積過程中讓大腦充滿關於問題的資訊。每一個新的步驟都將加入新的規則，指引你進入孵化階段。

16. 不只看到眼睛所見的事物

看事物是一種體驗……。人類本身，而不只是他們的眼睛，看到了眼前的一切……看事物不只是你眼睛所見。
——漢森（N. R. Hanson），《發現的規律》（*Patterns of Discovery*）

考古學家荷爾（Edward Hall）評價已編排好的結論說：
「在我們的文化中有一個基本的、隱藏著的層面，這個層面具有高度的規律性——也就是說，它是一組無法用語言表達的、含蓄的行為和思維規律，它控制著我們每天所做的每件事情。這種隱藏的文化法則決定人們看世界的方式……。我們大多數人不是完全沒有意識到這一點，就只是從表面上意識到這一點。
「我把這種態度帶回家，並與一位朋友討論日本的『文化差異』，這位朋友的頭腦非常好。我發現，不僅我說的所有事情都不能打動他，而且我說的這些事情對他來說沒有任何實際意義……因為如果要讓

（接下頁）

人類花費大量的腦力從收集到的大量複雜感官資料中得出含義。大腦似乎盼望著一個結束，一個終止，一個句點——一個命名和分類，以及識別資訊的句點。無論這些資訊是重要的、還是瑣碎的，我們每個人都期盼著辨別出資訊的那一刻，喊出「我明白了」，或者未說出口的「有了」的那一刻。通常這種結束伴隨著一種放鬆的感覺，放鬆的程度取決於辨別過程的重要性。

也許部分是因爲人類感知需要不斷地對事件和物體進行識別，因此根本就無法按照我們的設想去接受「讓我們掃一眼，看看能看見什麼」的方式來感知。那些落入我們視網膜的視覺資訊並不一定就是我們「看到」的資訊。研究感知的人員正好提出了相反的意見：「我們的大腦在事實發生以前就得到結論。」布隆瑪（Carolyn Bloomer）在一九七六年出版的書《視覺感知的原理》（*Principles of Visual Perception*）中，描述其中的情形：

> 即使你觀察到的圖像是正確的，你的大腦也不會用開明的方式把眼睛受到的刺激翻譯出來。相反地，**你只能看見那些與大腦中已經存在的類別有聯繫的事物**。它作出的結論並不代表對接受到資訊的客觀認識，而是對已有觀念的確認。這就說明，在感知的層面上，我們的大腦已經在事實發生之前就得出結論：我們在眼睛受到的刺激發生以前，就把結論編入了大腦……結果是，你以大量的先入爲主觀念面對現實中的萬事萬物。

很明顯，這些感知的假設（布隆瑪的措詞是「感知的偏見」）

讓生活變得較爲簡單。如果我們對任何事物都要打破沙鍋問到底，就會花去太多的時間研究每一點資訊，好像是自己是第一次看見它們似的，那麼我們一天都過不下去了。

問題是，大腦中已有的程式太武斷了，太容易「搶先出場」，太致力於避免「不知道」的恐慌，以至於幾乎不可能隨意退出這個程式，換上另一種合適和能發揮作用的感知，讓自己「眞正地」去看事物。

他理解我說的意思，就意味要他重新組織自己的思維……放棄他原有的智力沉澱，很少有人願意冒險進行這麼激烈的變動。」
——荷爾，《生命的舞蹈》(*The Dance of Life*)

把大腦的程式丟在一旁

我確信，繪畫看起來很困難的主要原因是：繪畫要求非常努力地把大腦中的程式拋棄掉。

讓我告訴你幾個例子：

在我的一個班級課堂上，開始教學前有個小實驗，我要求學生在學期的最開始畫一幅美國國旗，那面旗子掛在教室裡，旗子用一根棍子穿上，斜掛在牆上。我請同學們「把旗子按照看到的模樣畫出來」。學生R.F.的畫如圖16-1所示。

第一幅畫：已經編排好的反應

我認爲，R.F.的第一幅畫代表了對作業的一種L模式、已編排好的、概念性的反應。他畫中那面簡單的旗子像一個迅速

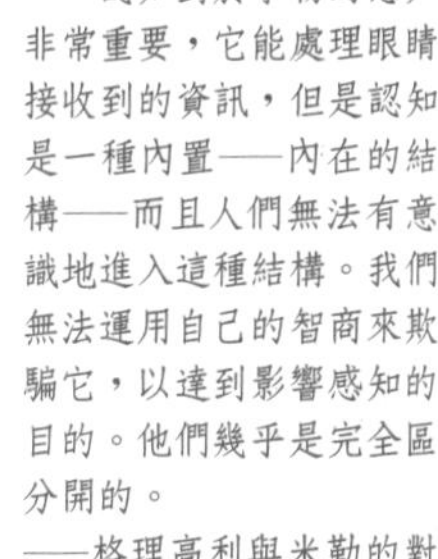
……認知對於事物的感知非常重要，它能處理眼睛接收到的資訊，但是認知是一種內置——內在的結構——而且人們無法有意識地進入這種結構。我們無法運用自己的智商來欺騙它，以達到影響感知的目的。他們幾乎是完全區分開的。
——格理高利與米勒的對話，《大腦的狀態：視覺感知和幻想》

圖16-1

的符號，說明R.F.立即就「明白」作業的內容。「旗子？」他也許這樣對自己說，「是的，我知道什麼是『旗子』。」（你可以教育心理學家的話解釋：這是一個與辭彙性概念「旗子」相連的符號，它是在兒童的青春期前、學習語言的那個階段形成的，且被編排到大腦的程式中。）R.F.也許會繼續內心的討論：「就是它。幾個條紋，一些五角星。這是那根棍子。棍子的一頭還有個箭頭。就是這樣，一面美國國旗。」（請注意，畫中只有六個條紋，三條「紅」的，三條「白」的。這與簡潔的法則是相符的：剛好有足夠的資訊讓你能識別這個概念，一點也不會多。五角星被簡化成一些斑點，而棍子被簡化成一條直線。）

阿荷恩
「簡約法則」的一個例子。

圖16-2
學生R.F.畫的《第二幅國旗》

到下一週我們再上課時，我對同學們（他們大多數人都畫了一幅大致相同的國旗象徵畫）說：「請再看一看，更近距離觀察這面旗子。我知道你們都認爲那些條紋是筆直的。它們從旗子的一端，或五角星區域的一邊開始，一直延續到旗子的另一端。但是如果眞正仔細地觀察掛在那裡旗子上的條紋和五角星，你們看到了什麼？」

第二幅畫：概念與感知的衝突

圖16-3
學生R.F.畫的《第三幅國旗》

我注意到學生R.F.對旗子觀察了很久，我能看到他腦子裡兩種矛盾的看法正激烈地交鋒：那些確實是筆直和平行的條紋，怎麼會相交成直角呢？爲了解決自己的困惑，R.F.必須接受這個矛盾，並讓自己R模式對旗子的視覺感知戰勝固有的L模式反應。他專心看著那面旗子，在矛盾中掙扎。然後，我終於看見他臉上表情的變化，他看到了「曙光」。他馬上開始畫第二幅畫（圖16-2），這幅畫更加接近視網膜圖像——接收到的資訊對眼睛的刺激——的眞實模樣。

第三幅畫：讓事實鑽進大門

第三週，我對同學們說：「很好——你們已經能夠讓一部分資訊進入你們的大腦。現在讓我們看到更多。我知道你們認為這些條紋的寬度是相同的——也就是說，從頭到尾，條紋的寬度都不會改變。我還知道你們認為所有五角星都是一模一樣的。但是如果你眞正去看時，你看到什麼？」

R.F.再一次看著旗子很長時間，在新的矛盾中掙扎，試著暫時把他的概念性「知識」丟到一旁。

這一次R.F.花了更長的時間進行感知，其他人也一樣，因為儘管那些資訊非常清楚的在眼前，但是卻顯得既微妙又難以捉摸。R.F.最後終於看到了，他的臉再一次因自己的發現而變得「明亮」起來。「它們改變了！」他說，「條紋的寬度會改變，而五角星的模樣也會改變。」

雖然他說了這些話，但我可以看見他又支吾了起來，L模式的已有程式捲土重來，把情況扭轉過來。「怎麼會這樣呢？」他問。然後他搖了搖頭，仿佛那樣能把前面說的話趕走，然後他說：「我一定弄錯了。」

「沒有，」我說，「你看到的是正確的。彎曲的表面使五角星和條紋產生視覺變化。如果你把自己看到的變化的形狀畫下來，那麼你就能把國旗彎曲的表面表現出來，儘管這樣做顯得很荒謬。而且任何看你畫的人都不會注意到條紋的寬度有變化、有些五角星的形狀很『可笑』。對你的畫作的欣賞者來說，條紋和五角星看起來都『沒問題』，但是他們會好奇你究竟是如何讓國旗看起來『凹凸不平』的。」R.F.在得到了保證後，畫出圖16-3的國旗——也就是說，他「看到了」一直就在眼前、但是由於過早作出並已經編排好的結論，一開始就被拒絕接受的資訊。

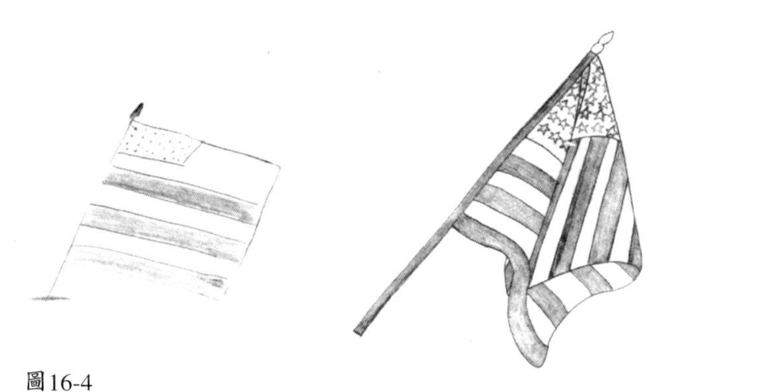

圖16-4
學生R.F.在三個星期內完成的三幅作品

根深柢固的概念

第二個例子是：學生卡蘿爾畫的一幅畫（圖16-5），畫的是她的左手拿著一個杯子。

整個課程已經進行了將近四週，卡蘿爾已經學會如何感知和畫出邊線和陰形。有了這些基本技巧，她就有能力成功畫出自己手的透視圖，手指指向她自己。她甚至還在畫面中加入一點光線邏輯（「陰影」），同樣也畫得很成功。由於我們還沒有學到如何觀察比例關係，所以手上的大拇指比其他手指稍微顯得大了一些。

杯口畫得也非常好。儘管大家都「知道」杯口是圓形的，她還是「接受」了杯口明顯變成橢圓形的事實，也許這是因爲概念上杯子應該有個開口，而且又是立著的。

然而，當卡蘿爾畫杯子的底部時，L模式的概念與R模式的感知還是發生了衝突。從感知上來說，底部應該也是與頂部幾乎相同的橢圓形（如圖16-6所示）。但是卡蘿爾把底部畫成了一條直線，因爲杯子是放在一個平整的表面上的。如果她把

圖16-5　學生卡蘿爾畫的《拿著杯子的手》

圖16-6
這是卡蘿爾眼前杯子的實際模樣——一個「圓底」的杯子，她的實際感知與「一個放在平面上的平底杯」的概念相衝突。

自己實際看到的形狀畫下來，那麼杯子的底部應該是有弧度的——那就會讓它變成了一個傾斜的、會把裡面裝的東西濺出來的杯子。這個關於平整底部/平整表面的概念太牢固了，可以一直追溯到兒童時期的觀念——甚至一些關於濺出來的牛奶的陳舊記憶。因此，卡蘿爾的錯誤是非常常見的，就算是程度非常高的學生也會犯相同的錯誤。

我在卡蘿爾畫的時候經過她身邊，看到這個問題，並建議她仔細看看手中的杯子，檢查杯子底部的形狀。開始時，她看不見橢圓形的弧度。我建議她看看杯子下面的陰形。過了一會兒，她看見了，並說：「哦，我明白了——它是有弧度的。」

一些朋友告訴我，當我沉醉在某個數學研究中時，就會使用一種特殊的看事物的方式。
——哈德馬德，《數學領域中的發明心理學》

接下來是一會兒停頓，她的大腦正因這個矛盾而掙扎著（平底的杯子在平整的表面上，底部怎麼會變成彎曲的呢）。她專心地看著這個杯子，看了很長一段時間，然後她把代表杯子底部的線條用橡皮擦擦掉，這時我就走開了，心想她會作修改。可是當我走回來的時候，卻驚奇地發現她畫了一條相同的直線。

卡蘿爾看起來很困惑。我問她到底是怎麼一回事，她說：「我也不知道。我再試一遍。」她又把那條線擦掉，再一次專心地看著手中的杯子。一個奇怪的表情出現在她的臉上，我經常會在那些掙扎在矛盾感知中的學生臉上看到這樣的表情：眼睛首先盯著她的畫，然後盯著那個杯子，接著再回到畫面上來；嘴巴微微地張開，嘴唇緊緊地拉扯著，然後用牙齒咬住下嘴唇。她顯得對畫面很緊張，彷彿是爲了讓自己的大腦安靜下來。在她開始畫杯子的底部時，我可以看見她的手緊緊握住鉛筆，甚至有點顫抖，在畫那條線的時候抖得更厲害。在我的監視下，她又畫了相同的直線。

我認為，我們感知到的和我們設想的可能有差別。換句話說，在很多情況下，即使我們知道自己的感知出現錯誤，也無法改正這個錯誤。
——格理高利與米勒的對話，《大腦的狀態：視覺感知和幻想》

她畫完這條線，向後靠，吐了一口氣，然後搖搖自己的頭。

「你覺得這是爲什麼，卡蘿爾？究竟發生了什麼事情？」

「我不知道爲什麼，」她回答說，「我看得見，但是我無法讓我的手正確地畫出來。」

我把這幅畫留下來——它是個很好的例子，它表現了概念對感知具有意想不到的控制能力，同時也證明著名的感知專家格理高利在旁注中說的話。這段小插曲爲卡蘿爾帶來關鍵性的靈感，並幫助她在下一幅畫中戰勝困難。

給系統一個小障礙

這裡使用的詞「小障礙」是指，一個臨時的、虛假的、出乎意料的或外來的的工具或一點點資訊，打斷了一組順暢的、已編排好的或熟悉的思維。

心理學家發明了一系列意義模糊的圖像，提供不只一種、而是兩種同等有效的解釋，讓大腦已經編排好的程式系統出現「小障礙」。在感知這樣的圖像時，大腦急忙作出結論，結果又發現自己幾乎無法「服從」這種結論，因為另一個同樣引人注目的假設強迫自己承認。因此，這個人會發現，自己的大腦猶豫不決，從一個結論跳到另一個結論。

由於大多數人都覺得自己無法控制這種大腦的遊移不定，所以我相信這些意義含糊的圖像能夠幫助我們體驗意識層面的轉變，掌握繪畫（或創造性思維）中所必須具備的感知，R. F.（可變化/不可變化的星條旗）和卡蘿爾（平整/彎曲的杯底）就有過相同的體驗。

圖16-7
魯賓在1915年向世人介紹「可倒轉的酒杯」這幅畫，至今它依然是最受歡迎的形狀/背景畫。你既可以把畫面看成一個酒杯，也可以把它看成兩張人臉。

充滿矛盾的圖像：第一幅，酒杯/人臉的幻象

讓我們試著看看幾張充滿矛盾的圖像。首先是魯賓（Edgar Rubin）在一九一五年畫的酒杯/人臉圖（圖16-7）。我們能在圖中看到兩種有效的解釋：畫面正中央，兩張面對面的側臉像，或者一個對稱的酒杯。

請注意，儘管所有的形狀沒有改變，但是隨著你的大腦在兩種解釋中猶豫不決，整個畫面似乎也變來變去。同時還請注意，這種轉變並非取決於你的意願，例如，如果你決定只看到酒杯，而看不到人臉，有時大腦會違背你的意願，只讓你看到人臉的模樣。**試著做一個決定**（這個說法挺有趣），讓自己只看見一個，而看不見另一個。如果你覺得自己之前曾經做過相同的嘗試，你是對的：觀察陰形也要求在意識層中作出相同的決定。但是對於幻像畫來說，你更有可能發現自己的大腦完全自顧自地掙脫意識的控制，不斷改變自己的決定。眼前是一些可以同時感知為陰形或陽形的形狀，兩者同樣有效。如果你畫出其中一種感知，實際上也把另一種畫了出來。因此，這些幻像畫成功說明了，陰形感知究竟是如何發揮作用的，以及它是多麼重要的一個繪畫基本技巧。你可以做一個有趣的小實驗，參照圖16-8和16-9，把酒杯/人臉圖畫出來。

一個有趣的實驗（圖16-8和16-9）

1.畫兩條水平的直線，代表圖案的頂端和底端。

2.畫其中一個側面像——如果你使用右手，就畫左邊那張臉，如果你是左撇子，就畫右邊那張臉（這樣你就可以參照第一張臉畫出第二張臉）。

3.畫出另一張臉，反過來的側面像，這樣你就完成了整個圖案，也同時畫出畫面中央對稱的酒杯。

4.在你畫第二張臉時，注意你的「大腦狀態」，特別是你可能經歷到的任何疑惑或矛盾。

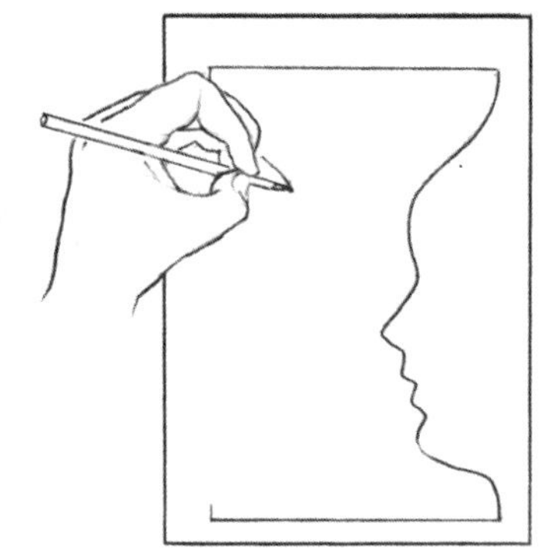

圖16-8　適合左撇子

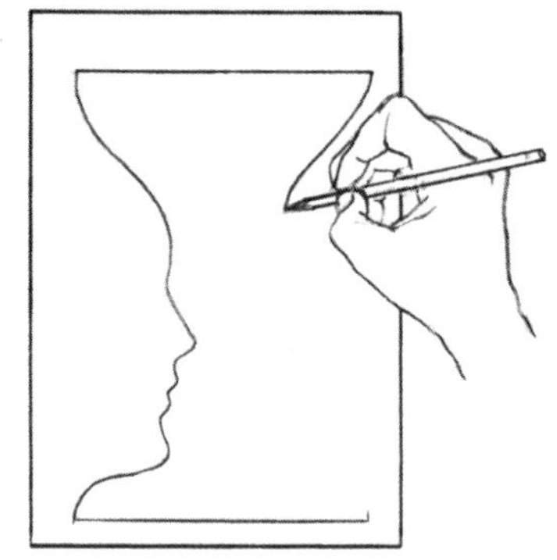

圖16-9　適合右手使用者

第二幅：倒轉的「奈克方塊」

另一個不斷變化感知的例子，是著名的「奈克方塊」（Necker Cube）倒轉圖（圖16-10），它是由瑞士地質學家奈克（Louis Albert Necker）在一八九二年介紹給世人的。奈克發現，一幅透明晶體的圖似乎總是在空間中改變位置，完全不受欣賞者的控制。如果你盯著圖16-10，就會發現方塊總是同時在改變其方向和位置，朝內的一面變成了朝外的一面，空白的部分變成了實心的部分，距離比較近的一個點變成了距離較遠的一點，同樣也不受你的意願的控制。此外，雙奈克方塊（圖16-11）可以自由地倒轉，如果你專注地看著中間的那個點，就會發現先是其中一個，然後是另一個，或者兩個同時倒轉。

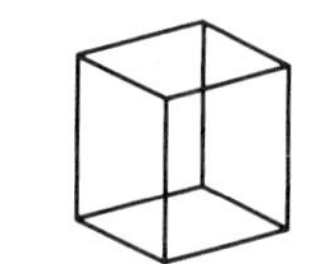

圖16-10
倒轉的奈克方塊

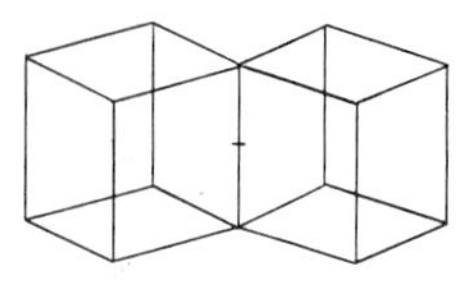

圖16-11
雙奈克方塊。把注意力集中在中間的點上。

第三幅：鴨子/兔子的矛盾

心理學家嘉斯特羅爾（Joseph Jastrow）在一九二〇年畫的那幅意義模糊的形體圖，圖16-12，既可以被感知成鴨子，也可以被感知成兔子。請注意，當你的判斷轉移到「兔子」時，從某種意義上來說，往往會看到一隻完整的兔子，即使圖中只

圖16-12
「兔子/鴨子」圖
1900年，心理學家嘉斯特羅爾把這幅畫當成具有雙重含義事物的例子。當你把畫中的形狀看成是兔子時，那張臉朝右看；當你把畫中的形狀看成是鴨子時，那張臉朝左看；很難把這幅畫看成既是鴨子又是兔子。

顯示了兔子的頭部。同樣地，如果你看到鴨子，從某種意義上來說，你能看到整隻鴨子。記住，所有的線條都沒有改變——這很明顯。然而它們在每一個理解中顯得那麼不同。讓我重申一遍，不管你願不願意，圖像的轉變還是發生了。

第四幅：兩個不明確的圖像

圖16-13中意思含糊的圖像一般被稱之爲，我非常遺憾地說，「妻子/情婦」的畫像。（爲了公平，我畫了第二幅畫像，我認爲這幅畫應該被稱爲「丈夫/情夫」的畫像，如圖16-14所示。）這幅畫是美國心理學家波林（E. G. Boring）在一九三〇年畫的。它是個非常戲劇化的例子，展示了一組精心組成的線條，代表兩個完全不同但又同樣有效的圖像，讓感知從一個判斷或結論轉換到另一個判斷或結論。

當你選定其中一個結論時，觀察自己的大腦裡發生了什麼事情：若非選擇年輕的女孩朝肩膀一邊看去，佩帶一條項鏈和

圖16-13
「妻子/情婦」的畫像

圖16-14
「丈夫/情夫」的畫像

奧地利作家穆斯爾形容接受意義模糊和矛盾體驗的大腦設置：
「事物的真相不只一個。我可以賦予事物兩種完全矛盾的解釋，但是任何一個解釋都是正確的。一個人不應該把自己洞察到的資訊相互比較——因為每一個資訊都有它自己的生命。」

毛皮圍巾，就是選擇老女人——實際上，是個黃臉婆——她的頭垂到自己大衣的皮毛領子裡。解決了第一個矛盾後，你會輕易地發覺「丈夫/情夫」圖像的祕密——一個是年輕的男人，戴著一頂垂下來的帽子，穿著有褶飾邊的襯衫；另一個是留鬍子的老人，戴著一頂老式的睡帽。

還有一種情況，那就是你覺得要看見另一幅圖像特別難，這表示你很喜歡絲毫也不模糊的結論。你的大腦已經提前選擇第一種圖像，並且拒絕接受任何使原來的判斷失去有效性的資訊。這種抵抗的力量非常強大，正如卡蘿爾在畫杯子時經歷的那樣。如果你無法看見「另一個」畫像，一直盯著這幅畫；它遲早會出現。

這些圖像非常引人注目。大腦一邊盼望能得出結論，一邊又期望能掌握第二種可能的解釋，它將持續尋找相關資訊，直到自己「明白了」爲止——就像R.F.最終「明白」了國旗條紋寬度的變化一樣。當這種情況終於發生，大腦終於「找到了」以後，你就會發現自己看到所謂的第二種形態。這裡究竟發生了什麼事情？也許R模式向L模式展示了兩種圖像，以兩種完全不同、但同樣有效的方式形成概念，而L模式「無法作出決定」。實際上，就算L模式已經「明白」了，但它還是無法同時接受第二種可能——這是多麼有趣的現象啊。

渴望結論的大腦

與我工作過的人中，總有一部分人就是無法「找到」其中的一幅圖像，當然，兩幅圖像都在他們眼前。這是大腦渴望結論的痛苦經歷。在這些例子中，如果「啊—哈！」最後還是發生了，這個人幾乎總是會發出興奮、愉快的驚歎，並馬上放鬆下來，一會兒轉換到第一幅圖像，一會兒轉換到第二幅圖像，似乎在加強第二種感知的有效性。

在我看來，提前作出的結論不僅是繪畫過程中、而且還是創造過程中，最大的攔路石。你現在正處於累積階段，而這個階段的必要條件是保持開放的大腦，不斷地尋找資訊和想法，永遠不滿足大腦對結論的渴望。繪畫也是一樣：你必須不斷地觀察事物，不要向已經存在的「知識」投降。那麼，該如何導致系統的小障礙，讓我們達到一種累積階段必須的、開放的，而不是關閉的大腦狀態，以及視覺（L模式和R模式）的統一性呢？

開拓視野：一個有用的小障礙

與觀察邊線和陰形的技巧一樣，下一個繪畫的基本技巧，對相互關係（主要是角度和比例關係）的感知，能幫助我們越過大腦急於得出已編排好結論的傾向。達成這項技巧的方式簡單地稱爲「開拓視野」。這項技巧可以一直追溯到文藝復興時期，偉大的德國藝術家杜勒做了一個非常著名的示範。

用丹奈特（Daniel Dennett）的話說，開拓視野實際上是把一個「小障礙」放進系統裡的想法來自哲學家丹奈特。丹奈特談到研究大腦處理資訊的策略時遇到的困難說：

「最近我發現一個很好的類比。假設有人交給你一個抓間諜的任務。他告訴你說：『我們發現最近我方不少資訊都洩露到敵人那邊去了，我們希望你堵住這些缺口；我們要你來抓住那些間諜。那麼，你要怎麼進行這個任務？』

「一個有效的策略，同時也與認知心理學中一些實驗的做法很相似的是，在某處散播一些錯誤的資訊——故意在系統中放入一點謊言。

「你偶然地抖落一點虛假的『事實』……然後再觀察一段時間，看看敵人是否聽到風聲，並採取行動。」

如果這種情況真的發生了，丹奈特說：「那麼你就能很快抓到間諜了。」

——丹奈特與米勒的對話，《人工智慧和心理學調查的策略》

一種描述的策略，請參照本頁的旁注。但它卻是繪畫的五項基本技巧中最難的一個——它非常難解釋，因爲整個過程很複雜，至少首先要讓腦子轉好幾個彎才能學會。由於要評估相互的角度和比例關係，開拓視野顯得非常複雜，這個過程似乎更像L模式的過程，而不像R模式。因此，更難說服L模式退出任務。但是儘管比例關係通常會用L模式的數字表達，例如，1：2，它們還是主要由R模式來處理，因爲R模式專門處理空間的相互關係。另外，觀察角度和比例關係時，必須面對和接受許多更深層次的矛盾——這又是一個更適合R模式的工作，因爲這個模式能夠在矛盾下工作。

然而，一旦學會觀察，就能找到一個快速、簡單、漂亮的方法，把大腦中已經編排好的程式丟到一旁，強迫它接納那些引人注目的新資訊，看到事物實際的模樣。讓我們試一試觀察技巧中最簡單的一個。

用小望遠鏡找出誤解

請試一試以下的步驟。如果你一個人在家，可以使用兩個杯子、兩個蘋果，或者兩盞燈——只要是兩個相同種類的物體就行。

1.安排你的朋友或兩個物體在兩個不同距離的點上，一個靠近你，另一個在房間的另一邊。

2.把兩個人或物體進行對比。問自己：「他們的尺寸大小看起來不同嗎？如果回答是肯定的，那麼有多不同？不需用任何方式測量他們，只要利用對比，用大腦記住他們之間的差距就行了。

3.接下來，捲起一張影印紙，朝紙筒裡看向離你比較近的物體（圖16-15）——可以是一個人的頭部、一個蘋果、一個杯子、一盞燈——調整一下紙筒裡視野的大小，讓自己剛好能看到整個物體。（在這裡，紙筒就是那個小障礙。）

4.不要改變紙筒的大小，把你的目光投向離你較遠的物體上。觀察紙筒與兩個物體的相互關係，比較一下近處物體與遠處物體的大小。你一定會感到很驚訝。

5.現在，在沒有紙筒的幫助下，評價兩個物體，同時在沒有任何協助的情況下，試著觀察你剛才在紙筒中看出的大小尺寸的不同。你有可能會發現這麼做很困難。

6.然後再一次使用紙筒，檢查兩者的大小和尺寸。

7.在一張草圖上，記錄你在紙筒中看到的大小，如圖16-17中所示，兩個蘋果相距很遠。

圖16-15
使用一個紙筒觀察兩個物體，一個離你比較近，一個離你比較遠。

你一定會對大小尺寸的變化幅度感到驚訝，也會把大腦的操作原理「看得一清二楚」，其實它根據某種標準、規則，和願望，把資訊翻譯過來，並且完全獨立於落入視網膜的視覺資訊。所以說，大腦「有一套自己的做法」。這種現象帶來的效應被心理學家稱爲「物體大小尺寸堅定不移，恆久不變的狀態或性質」，意思是說，無論物體離我們多遠，我們都把同種類物體感知成統一的大小。這種感知原理在日常生活中發揮很大的作用，而且是非常必要的，它使我們不需要注意距離所導致的物體尺寸的微小變化：無論一個蘋果擺在屋子的這邊還是那邊，它看起來都「沒什麼太大變化」。

我們相信，大腦為了生存的需要，製造出關於這個世界各方面的假設，這些假設是具有預言性的。現在我們知道，大多數大腦的假設，特別是那些感知性的假設，與事物的真相相去甚遠。在很多情況下，感知只是大概估計；而且總是有誤差，只是這些誤差不被人注意罷了。
——格理高利，《大腦的科學用途》

圖16-16

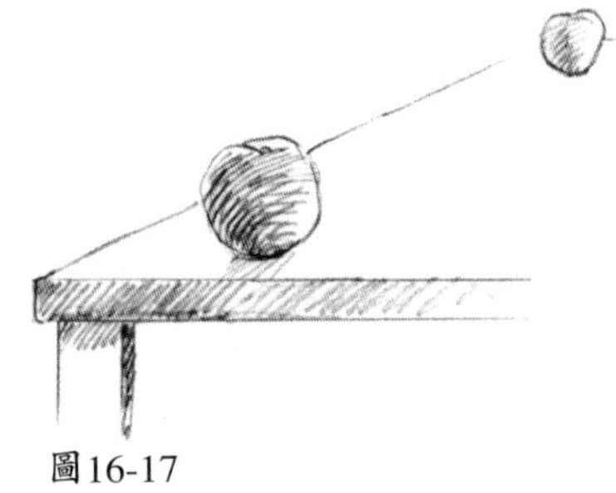

圖16-17

雷伯維茲（H. W. Leibowitz）和哈維（L. O. Harvey）在一個非常深刻的分析中，指出在研究尺寸恆久不變性和有距離的感知之間產生的矛盾。為什麼會產生這個顯而易見的矛盾呢？因為尺寸恆久不變性這個概念要求相同的物體不論相隔多遠，其尺寸大小是不會隨距離而改變的。然而尺寸縮小是我們判斷距離的一個線索。
——雷伯維茲，《視覺感知》（*Visual Perception*）

但是這帶來另一個矛盾：我們總是在腳踏兩條船。無論物體有多遠，大腦一邊把它感知成統一的尺寸，一邊又以看出它比「平常模樣」要小多少來決定它的距離！其他線索也納入這種對距離潛意識的評估：物體的質地和肌理，物體顏色的亮度，與其他物體尺寸的對比等等。但是在意識層面上，認爲物體大小尺寸（以及顏色、肌理）具有恆久不變的狀態或性質的想法總是占上風。

說到這裡，你可能也會像R.F.那樣輕輕地搖搖頭，無法決定國旗上條紋的寬度到底有沒有變化。但是千萬別失神！我們馬上就會解決這個明顯的衝突，像杜勒那樣努力去解決視覺的矛盾，把握好空間，以及稍微控制一下大腦。

兩個關鍵的問題

讓我換個角度來描述這個矛盾。儘管人類的大腦充斥著各式各樣的問題，但是它始終提出兩個關鍵問題：「它是什麼」和「它在哪裡」。第一個問題更適合L模式，必須要忽視感知到的大小尺寸變化，才能始終如一地幫物體命名和分類；一個離你一英尺遠的蘋果，在離你二十英尺、甚至五十英尺遠的地方，還是一個蘋果。你大概可以想像，如果處於不同距離的蘋果都要有不同的名字，那麼生活會變得多麼複雜（「像針尖一樣大的蘋果」，「像銅板一樣大的蘋果」）。另外，爲了保持這種恆久不變的狀態或性質，無論這個蘋果多近或多遠，看起來都是一樣大：實際的尺寸變化被「剔除」了。本頁的旁注描述了一個孩子對明顯尺寸變化的困惑，對她來說，這種變化突如其來，隨著她漸漸長大，就感覺不出事物大小的變化了。

我的女兒安妮在四歲的時候，與全家一起送奶奶到機場。告別以後，安妮看著她奶奶走進飛機，並看著飛機升空。在回家的路上，她問：「如果奶奶離開的時候會越變越小，那麼在她回來的時候會變回原來的樣子嗎？」

第二個更適合R模式的問題是「它在哪裡」。爲了回答這個問題，必須在腦海中把看到的尺寸與物體已知的尺寸相比較，才能感知到物體的尺寸變化。R模式會進行即時和非辭彙性的計算：「根據蘋果呈現出來的模樣，與我知道的蘋果的模樣相比，這個蘋果應該離我有六大步的距離。」這個計算過程

——以及落入眼簾的尺寸變化資訊——「祕密」地隱瞞著意識，以避免干擾語言系統，使它變得更加複雜。只有在特殊的情況下，隱藏的資訊才會出現，也就是當系統出現小障礙時。以下的例子展示了如果插入小障礙，會發生什麼情況——由於小障礙本身很長一段時間都不曾顯現，在這裡會產生破壞性結果。

首先，讓我們瞭解一下事件的背景（陰形）。當你在夜晚開車時，對面車輛的頭燈看起來都差不多大小。這就是處於主導地位的、已經編排好的、有意識的感知——也就是你知道的、幾乎無法單獨透過意志來改變的感知。同時，頭燈的大小變化（包括它們顯得多麼靠近）組成了眼睛所見的「眞實」視覺資訊，你大腦的潛意識就是根據它們來判斷對面的車到底離你有多遠的。

當外國車第一次引進美國時，一些令人困惑的夜晚交通事故開始發生。最後人們發現，這是由於進口車的頭燈比美國國產車要小，而且離駕駛座更近一些。美國司機在潛意識裡注意到對面駛來的車上的頭燈又小又遠，就簡單地認爲（同樣，在潛意識裡）進口車比實際距離要遠！

在繪畫中，你必須要與這種類型的問題糾纏。你無法改變這種狀況：你的大腦將繼續偷偷摸摸地把尺寸變化的資訊用在對距離的評估上，但是同時又強迫你把物體「看成」相同的大小。

英國科學家和感知專家格理高利曾說，只有受過訓練的藝術家才能解決物體尺寸（或其他方面）保持一致的矛盾。我希望他說的是正確的，但是我認爲藝術家與其他人一樣容易受到影響，犯下感知的「錯誤」，不過這種大腦的原理在其他時候都很有用。其中的區別在於，藝術家已經學會如何在繪畫時獲取「眞正的」資訊，也就是不更改眼睛所見的資訊。

看見與相信：一個兩者同時進行的系統

大腦面對視覺資訊時，總是猶豫不決，如圖16-18所示。它展示了一個明顯的感知恆久不變的特性，也可以稱為概念的恆久不變性。這種特性似乎還要放在尺寸恆久不變特性的前面。

1.在圖中，四個人看起來似乎是按照小到大的順序排列，然而他們的大小實際上是完全相同的。你自己檢查一下，拿出一張草稿紙測量左邊那個人的高度，如圖16-19所示。然後用剪刀剪出一個與測量結果相等的凹槽，讓左邊的人形剛好可以放進去（圖16-20）。現在使用這個測量工具檢查其他人形的高度和大小。事實證明，四個人形的大小完全相同。

2.接下來，把這本書顛倒過來。現在——就算不用測量工具——你也能輕易地看出每個人形的尺寸是相同的。

3.但是，如果再把書放正，又會導致最遠的那個人形變大，與你的意願背道而馳。無論是不是藝術家，對於任何人來說，要戰勝大腦的這種感覺幾乎是不可能的。我猜想，大腦的「想法」應該是：遠處的物體如果與近處的物體呈現出相同的大小，那麼這個物體應該比近處的大很多，因為隨著物體越來越遠，看起來也會越來越小。這是一個很有用的概念。問題是，大腦明顯地不打算使用平常使用的視角把物體看成一樣的大小，而是決定把遠處的物體「看成」比實際的尺寸還要大，因為這樣才能使概念「比實際情況還要眞實」。這麼做太過分了！

就算知道人形的實際大小，也無法克服概念的恆久不變性帶來的後果。聚集到一點的線條造成一個視角和感覺，彷彿你看到輪廓是在空間中的遠近不同位置，這個概念使你克服了人形尺寸大小的一致性，而且一般來說，你無法控制這些尺寸的變化。如果想讓系統出現小障礙，現在是一件更容易的事——

圖16-18
四個人形的尺寸是完全一樣的

任何一個適用的小障礙都可以幫你「接收」到「外部」的眞實資訊。你剛才使用的那個測量工具就很管用。上下顚倒過來看似乎是最有用的小障礙了。

但是爲什麼會這樣呢？概念性線索在上下顚倒的圖中依然比較完整——也就是說，圖中還是有四個人形，所有的線條也依然聚集到一點，與透視畫中的一樣。那麼，爲什麼大腦卻馬上停止了擾動視覺資訊的行爲呢？只是因爲圖像是顚倒的嗎？這是個非常難回答的問題。不用說你也知道，沒有人能把整個世界上下顚倒過來，也沒有人能用頭來支撐身體活一輩子。實際上，感知的恆久不變性在生活中是不可或缺的，它能減少把複雜的視覺資訊簡化到我們能應付的程度。

事情逐漸明晰，用甘德森（Keith Gunderson）的話說，我們沒有進入自己不斷工作大腦的「基本權利」。我們甚至對自己在想什麼都抱著錯誤的想法。
——丹奈特與米勒的對話，《人工智慧和心理學調查的策略》

但是總有些時候，你必須把大腦告訴你的話丟到一邊，或者忽視、不相信這些資訊，否則你會看到原本不在那裡的東

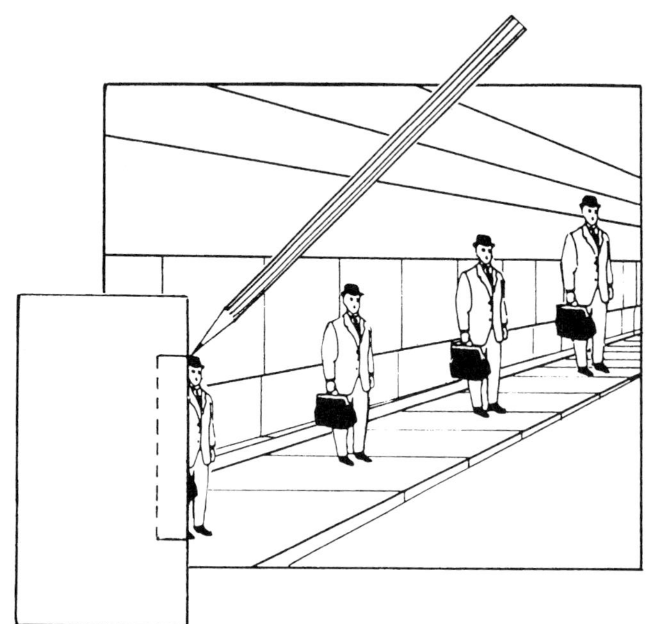

圖16-19

西，或者看不到原本在那裡的東西。對於繪畫來說，能夠掌控這樣的方法是非常重要的，而且我認為，對於創造過程的累積階段來說，L模式獲得的資訊和R模式獲得資訊，一種是有意識的和概念性的，另一種是潛意識的和感知性的，必須整合成一個統一的視覺畫面。發明創造者與藝術家一樣，都必須用不同的方式看事物。

圖16-20
在紙上剪出一個人形大小的凹槽，然後用這個凹槽測量其他人形的大小。

17. 觀察畫面的前提、比例和相互關係

在繪畫的第三項基本技巧，對物體相互關係和比例關係的感知中，觀察是如何發揮作用的？觀察又是如何在創造過程的累積階段中發揮作用？

在看事物的相互關係時，觀察是一種很好的方式以及工具，它使大腦接受那些與概念性、已編排好的L模式觀念相違背的資訊。觀察環境中的恆量（不可改變的部分），並把新吸收進來的資訊與之對比，以及將各個部分不同的地方進行對比，我們就能像俗話說的那樣，在腦海中清楚地看到事物的相互關係。

在創造的累積階段，觀察事物的比例和相互關係，以及感知事物的邊線和陰形，不僅能讓我們看到明顯的資訊，還能看到其他可能性。我相信，這些其他可能性能夠使創造性思維孵化階段的原始資訊變得更豐富——原始資訊的意思是，雖然其他人看不見，但是這些資訊一直在那裡。在人類創造史上充滿著這樣的例子，一個人突然說「等一等！我看到一些異樣的東西。」

觀察的基本方法就是比較。但是對某些人來說，觀察也許會顯得太詳細和複雜了。有趣和令人愉悅的繪畫過程這時更像是思考和作出判斷的過程，是大腦的計算，而不像充滿快樂的追求。然而，我可以向你保證，儘管學習觀察的過程（也就是說，學習如何看清楚事物的相互關係）會顯得很緩慢和浪費體力，但是一旦你學會了，執行的過程就像閃電一樣快，而且像擺一個姿勢那樣簡單。另外，觀察過程實際上是充滿樂趣的，因爲它能賦予你藝術家才具有的神奇力量，輕鬆掌握三維空間。

眞正的問題是，我們無法把觀察的結果成功翻譯成語言。這麼做太複雜了，就像試圖描述一個螺旋形的樓梯，或者一個走鋼絲的表演。對於複雜的空間，原本在人類大腦裡只需要一瞬間完成的感知性計算，經過翻譯後卻需要六到八張紙加以說明。而且當你學會觀察技巧後，所有的資訊都將瞬間流向你的大腦。但是在學習這個技巧的過程中，就像學習一種新的舞步或打高爾夫一樣，你必須首先瞭解其根本的工作程式，才能開始行動。

眼見為憑

我承認，在我剛當老師的時候，面對學生們的嘆息和抗議，我只是簡略地談談觀察的技巧，希望他們也許能夠藉由某種神奇的力量學會這項技巧。這簡直大錯特錯，就像只因爲很多人抱怨學習剎車或換檔太難，而不教學生剎車或變速排檔的全部功能一樣。

現在我知道，完整的繪畫能力要求每一個基本技巧都具備。否則，學生就會「受到打擊」，覺得自己永遠無法「按照正確的比例和透視關係」畫畫，或者無法畫出「困難的」主題，如透視圖。在所有繪畫的基本技巧中，觀察技巧也許是最複雜的一項，但是同時也是最值得學習的。而且，由於我們要把這些技巧轉移到創造的累積過程，和創造性思維的整體過程中，讓大腦掌握相互關係的能力非常重要——同時也非常值得學習。

圖17-1
想像一個透明的塑膠顯像板，總是把它舉在與眼睛平行的平面上。

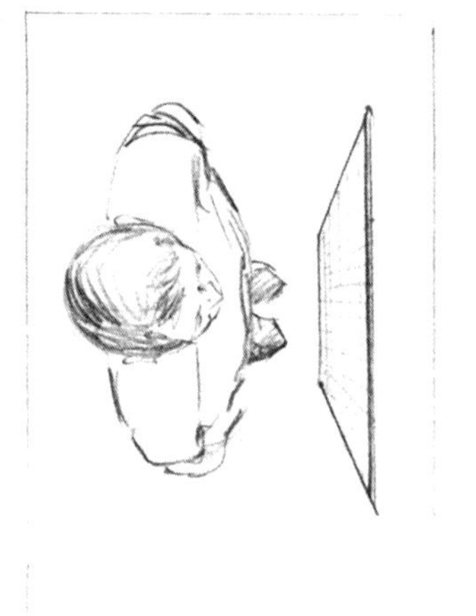

圖17-2
顯像板與你的眼睛切面是平行的……

圖17-3
……而且總是與你的「視線」成直角。

顯像板

具備像藝術家一樣最基本、最深層的思維理念，是掌握觀察技巧的第一步。這種思維方式與所謂的「顯像板」有關。

在最近的一堂課中，我解釋了什麼是顯像板：「想像一下，無論你走到哪，無論你的頭向哪邊轉動，在你臉前總是有一張透明的塑膠板，總是隨著你的眼睛移動，並且總是與你的『視線』成直角。再想像一下，這張塑膠板上佈滿水平和垂直的直線。還有一個小細節：在格子交叉的地方加上一個點，使其成爲觀察時的一個固定點。在繪畫時，如果要觀察一個物體，就想像你透過這張塑膠板來看世界，並且形成三點一線：你的眼睛（另一隻眼睛是閉上的），格子上的那個點，以及物體上你選定的一個點。現在你建立了自己的『視角』，一個與物體之間可靠的三點一線『觀察方向』，而且在繪畫過程中的任何時候，你都能回到這種視角上。」

麥克考莉的發明：移動的杜勒裝置

我繼續半開玩笑地說，藝術家就是一個在生活中、眼前總有一張看不見的塑膠顯像板的人。我的一個學生麥克考莉（Eleanor McCulley）把我的話當眞了，後來給我看如圖17-4和17-5中所示的裝置，讓我又驚又喜。

麥克考莉的裝置實際上是一個好主意，而且可以成爲一項專利，成爲從一八五〇年代以來，被美國專利局記錄在案的十多種類似發明之一。所有這些有專利的觀察裝置，其實都是德國藝術家和理論家杜勒在十六世紀發明的裝置的變種。而杜勒的裝置，又是以文藝復興早期的藝術家的工作爲基礎，這些藝術家包括阿爾巴帝（Leone Battista Alberti），布魯涅列斯基（Filippo Brunelleschi）和達文西。

圖17-4
麥克考莉的發明：一個移動的觀察裝置……

圖17-5
……學生史密斯正在使用它。

玖普提爾在他1933年出版的書中提出一個奇妙的練習，它能幫助學生掌握顯像板的概念：
首先找出一塊大約9X12英寸的玻璃。面向模特兒（靜物或風景），一手舉起玻璃板，一手直接在玻璃上畫畫，使用陶瓷記號筆或簽字筆。當你完成這幅畫時，把玻璃放在一張紙上，仔細研究這幅畫。然後用濕紙巾把玻璃上的所有痕跡擦掉，選擇另一個物體，重複整個過程。
當你對這種有點局限而又沒有任何創造力的工作感到厭倦時，把玻璃平放在你的畫板上，並在玻璃底下放入一張紙，使它成為這幅畫的背景。把一個物體放在你面前，試著把物體的輪廓準確地畫在玻璃上，不過讓你畫中的物體比實際物體小一點。當你把主要的輪廓畫完後，把玻璃立起來，看看你在玻璃上畫的物體是否與實際物體一樣。如果有必要，可以來回移動玻璃。如果你的畫是準確的，兩個圖像應該幾乎完全一致。如果你畫得不準確，錯誤會直接顯現出來，你就可以馬上糾正它們。
這種方式讓你牢牢掌握顯像板上顯現的圖像，而你的畫（應該）是與之完全相同的圖像。如果你在沒有老師的情況下進行這本書中的練習，那麼這個練習將對你非常有幫助。
——玖普提爾，《自學徒手畫》

圖17-6
杜勒，《助手在畫一個女人的透視像》

不過，麥克考莉的裝置最合適，因爲顯像板與藝術家臉和眼的相對位置是固定的，使它隨著眼睛移動而移動，而且與「視線」保持垂直，這是觀察的基本要求和核心概念。因此，她的發明是一種移動的「杜勒裝置」，而且透過圖解讓我們看到顯像板的概念，一個假想的、二維的、透明的平面，掛在藝術家的眼前。

圖17-7
一個垂直的柱子導引杜勒觀察的眼睛。

記錄下顯像板上看到的圖像

另一個要點如下：藝術家在顯像板（也就是一張塑膠板）上看到的就應該是紙上畫出來的。在畫圖像的過程中，藝術家必須把眼前的世界想像成塑膠背面平整的二維圖像（就像一張照片），而不是三維立體空間。現在藝術家要把平整的圖像畫（複製）在紙上。這兩張圖像是一模一樣的——一張是從顯像板觀察到的實際景像（已轉化成平整的二維圖像），另一張是畫紙上對景象的演繹。藝術家就是努力要讓兩張圖像相吻合，同時試圖在腦海裡維持現實中三維的景象。

此外，格子線條可以提供我們關於物體比例和相互關係的資訊。看看杜勒的木版畫，如圖17-6所示，

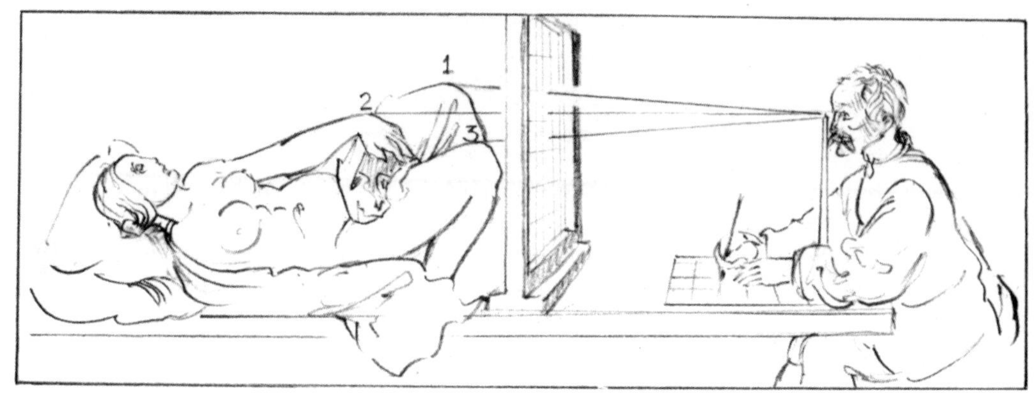

圖17-8
杜勒把觀察到的點畫在佈滿格子的畫紙上。

這一點變得非常明顯。杜勒用格子來目測模特身體的比例（圖中的裝置實際上是一個木頭框架，上面佈滿鐵絲線，也可以把它改裝成畫滿線條的玻璃）。在他面前的桌子上有一張畫紙，畫滿了與眼前格子相對應的線條。

請注意指引他目光的那個垂直尖柱（圖17-7），這能保證他用一個固定的視角看事物（在上面提到的塑膠顯像板上，指定的那個點與垂直尖柱發揮的作用是一樣的）。杜勒把自己從顯像板上看到的事物原原本本地畫下來，所以他的畫與他看到的事物相吻合，彷彿整個人體被壓平在顯像板上，變成一幅二維的圖像，而不是三維圖像。例如，當杜勒隨著自己的「視線」看向模特兒時，他也許會觀察模特兒左膝蓋的頂點在顯像板的什麼位置上（圖17-8中的觀察點1）。一旦觀察完並把這個點畫在紙上，他又可以判斷，與觀察點1相比，模特左手腕的頂點在哪裡（觀察點2）。然後，在與這兩個點相比較後，當然，還與格子線條相比較後，他找出模特兒右膝蓋頂點的位置（觀察點3）。

杜勒透過顯像板一一把這些觀察點轉移到畫紙上，完全不去想某些邊線爲什麼在這個位置，或者爲什麼手臂或大腿的長度與他所知道的完全不同。他的目的很簡單：記錄下自己的直接感知——也就是眼睛所見的那些資訊——而且完全不做修正。矛盾的是，他要保持自己對三維立體圖像的瞭解，同時又要疏遠這種瞭解。

把兩組資訊相連

在繪畫過程中，格子為不斷出現的兩個關鍵性問題提供了答案：

1.「與那些由格子線條和框架代表的恆量垂直線和水平線相比，這條邊線（那個形狀，或者那個陰形）的角度是多少」？

2.「從這個角度來看，與這個形狀的尺寸（寬度、高度、長度等等）相比，另一個形狀有多大（寬、高、長）」？

在評估這些相互關係時，那些格子變成一個小障礙——一些外來的資訊——幫助（你也可以說，強迫）大腦接受感知原本的模樣，而不是對其進行修正以適應已編排好的概念。換一個說法：如果一條線看起來是斜的（與格子線條形成一個角度），那麼你就要照實畫下來，就算概念性（L模式）大腦抗議道：「怎麼可能是這個樣子呢？這樣做一定是錯的！」或者，在一幅透視圖裡，前臂的長度與寬度相等，「不會吧！任何人都知道，前臂的單位長度一定比單位寬度要大！」我們必須把這些抗議丟在一旁，或者忽視掉，而且就算感知與你已有的知識相違背，也要全盤接受它們。

如果你看到了，就畫下來。然後，矛盾的是，你在一張平整的紙上畫下來，僅僅由一組線條組成的形狀，將被你的畫作的欣賞者看成一個在三維空間中「活生生」的形狀。

杜勒裝置的演進

體驗簡單觀察最快、最容易的方法就是透過一面窗戶看一個屋頂、街道、一排樹，或者任何有趣的圖像。

1.使用一支能在玻璃上留下痕跡的筆，例如瓷器記號筆，或者簽字筆。先在玻璃上畫一個較大的框架，大概十八到二十四英寸。

2.站在窗戶前面，離窗戶的距離剛好可以使你在玻璃上面輕鬆地繪畫。這面窗戶將是你的「顯像板」，同時也是你把透過「顯像板」看到的事物畫出來的表面。

3.在框架的正中央，大概是你視線的位置，畫一個點，這就是那個固定的點（發揮的作用與杜勒的垂直柱形裝置相同）。這個點確定「眼睛水平線」，就是所謂的「地平線」，因為如果把眼睛水平線無限延伸，最後就會變成了一條(水平的)地平線。

4.選擇窗前景物中任何一個便利的點，並把三個點組成一條直線：你的眼睛（閉上一隻眼睛），玻璃上的那個點，以及景物中選定的那個點。這種三點一線的結構將建立起一個固定的「視角」，這樣如果在繪畫過程中你不小心移動了頭部，你還可以回到剛才的視角。

5.把一隻眼睛閉起來，另一隻眼睛看著那個固定的「視—角」。現在想像眼前的景象被壓扁，並形成一幅二維的圖像，放在玻璃的外表面上。

6.在玻璃上直接畫出景象，讓你的眼睛保持在固定的 「視角」上。請不要想自己在幹什麼，比如試圖「弄清楚」為什麼某條線是斜的，或者為什麼某個東西的尺寸看起來有如此大的變化。相信你眼睛看到的事物；它沒有騙你。你的工作很簡單——把線條畫出來，使之與玻璃外面「壓扁」的圖像吻合。不要覺得這麼做很困難；其實它並不困難。畫出陽形和陰形的邊線，在陽形和陰形之間不斷轉換，給予它們同等的關注。

7.完成後，向後靠，看著這幅畫。你會看到，自己把眼前的「透視」景象畫出來了，但實際上根本沒有使用任何科學透視原理。（大多數藝術家學習了透視原理，然後把它們丟到一旁，按照我們剛才在繪畫時使用的方式來繪畫，這種方法叫做

1435年，文藝復興時期偉大的藝術家、建築設計家和數學家阿爾巴帝寫了一篇關於藝術的簡短文章。在這篇文章中，阿爾巴帝談到關於空間的問題或想法，這個關鍵性問題影響了以後的物理史、哲學史、藝術史和數學史。阿爾巴帝以一個嚴格的實用性角度來看透視問題，他把自己做的實驗簡稱為「示範」。

「大家基本上都知道，當一個人透過窗户看東西時，他可以在窗户的玻璃上描繪事物的輪廓，而得到事物準確的圖像，當然前提是他得閉上一隻眼睛，並且不能轉動腦袋。」

——伊文斯（William M. Ivins），《藝術和幾何學：對空間直覺的研究》(*Art and Geometry: A Study in Space Intuitions*)

在繪畫中，「目測」這個詞的意思是，在沒有任何機械和透視工具的幫助下畫畫——也就是說，不與感知進行爭吵，僅僅看和畫。我想，「目測」的反義詞應該是「用腦」，或者其他類似的詞語。也就是說，把你認為在「外部」空間的東西畫出來。在兩者之間，是一系列兩個極端的結合。

學生必須把理解、而不是自我表達當成他們的目標；後者會從前者中自然產生。從這個角度來說，我們可以看到，學習繪畫的價值遠遠不止是訓練專業的藝術家。我們所有人都能夠從視覺的教育中獲益。

——希爾，《繪畫的語言》（*The Language of Drawing*）

「目測」。）

8.現在我們回到對杜勒裝置的討論。如果你希望把自己的畫轉移到紙上，那麼你可以在玻璃上的框架裡畫滿平均分佈的小格子，然後在紙上也畫上相同的小格子（不一定要有相同的尺寸，但要有相同的寬高比）。最後一個步驟就是把玻璃上的畫複製到紙上，根據格子來確定形狀的位置，就像杜勒把他從鐵絲格子中看到的東西「複製」到他面前的紙上一樣。

繪畫真的是這樣嗎？

你也許會對自己說：「眞正的繪畫不是這樣的，這只不過是把線條複製下來。」但是從另一種意義上來說，這就是學習看事物和繪畫的眞正含義。透過繪畫，一個人可以獲得用直接感知看事物的方式，而透過直接看事物，一個人可以學會如何繪畫——把看到的事物「複製」下來。輔助工具只是向大家示範看事物和繪畫的過程，以後這些過程就不需要了。

請注意，我在這裡講的還是寫實畫——對感知的記錄。畫出想像中景物的能力是以後的事情，但首先應該學好繪畫的基本技巧，就像應該先學講話，再學讀和寫，最後才學表達性的詩詞散文一樣。繪畫中的自我表達是藉由你在紙上留下有個性的痕跡來完成的，在你所有的畫中都顯現出這種自我表達，但是在你的類比畫中，這種自我表達呈現得更清楚。這是你獨特的「簽名」，沒有人能複製出來。隨著時間的推移，這種自我表達與視覺技巧、想像出來或發明出來的形狀相融合，最終產生眞正具有表現力的藝術。最後，像眾多藝術家在自傳中說的那樣，以藝術來表現自我的目的將占據其一生的時間。希爾（Edward Hill）在旁注中生動的言論最具說服力，這段文字告訴我們，訓練眼睛看事物是進行表達性繪畫的必要條件。

如果霍爾班能這麼做……

讓我們重新討論藝術家使用的繪畫輔助工具，我想引用最近的一次繪畫展覽目錄冊中的一段話。這次展覽的是偉大的十六世紀荷蘭畫家小霍爾班（Hans Holbein the Younger）的作品，他是英格蘭國王亨利八世宮廷中較年輕的官方人像畫家。

圖17-9霍爾班，《西摩皇后》

目錄冊的作者指出，許多人像畫反映出「……霍爾班希望使用一個裝置，在畫家和模特兒之間放置一塊玻璃（圖17-9），用來描摹頭部的輪廓，儘管沒有證據顯示霍爾班眞的這樣做，但這個想法很有說服力，杜勒後來詳細描述了這個方法，而且這個方法在霍爾班那個時代非常流行。杜勒向那些對自己技巧沒有把握的藝術家推薦這個方法，但是對於霍爾班來說，使用它的眞正原因可能是他的模特兒不願意長時間保持一個姿勢，所以他必須快點畫完。對於現代人來說，這個主意似乎值得懷疑，因爲它看起來像個不公平的捷徑，與攝像原理極爲相似。」

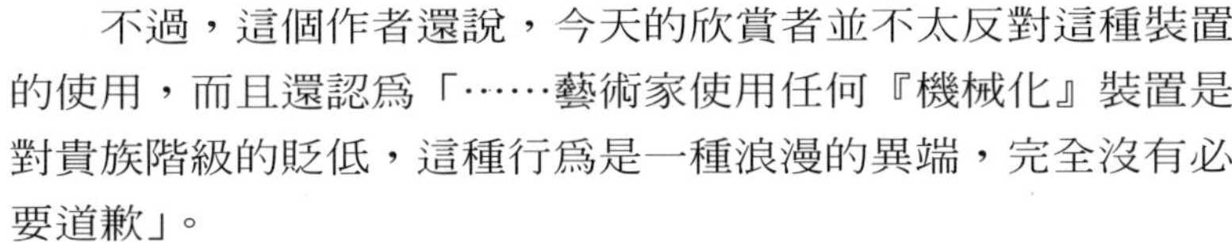

不過，這個作者還說，今天的欣賞者並不太反對這種裝置的使用，而且還認爲「……藝術家使用任何『機械化』裝置是對貴族階級的貶低，這種行爲是一種浪漫的異端，完全沒有必要道歉」。

如果杜勒能這麼做……

對於學習感知技巧的人來說，從使用顯像板和在玻璃上畫畫中所學到的最主要的概念是，**在平整的顯像板上感知到的圖像與畫紙上的圖像一模一樣**。另一個主要收穫是，當你建立起一定的環境，幫助你簡單地看事物和畫出「外部」事物，並且不用與你的概念性想法爭論事物到底「應該」是什麼樣子時，繪畫變得很容易。讓我們試一試吧。

在下面的練習裡，你需要塑膠顯像板。把一張九到十二英寸的塑膠板做成顯像板很容易，不過一隻手把它舉在眼前時，它必須具備足夠的硬度能直立起來。用尺測量出垂直和水平的格子線條，然後用簽字筆或瓷器記號筆把格子畫出來；線與線之間應該相隔一到一點五英寸，形成一個一個的方格。在正中

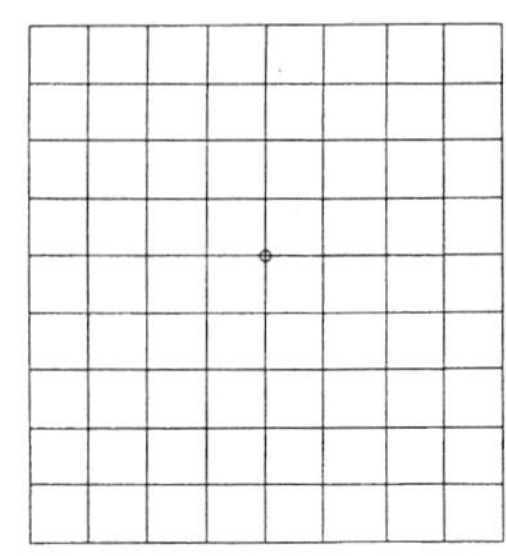
圖17-10
塑膠顯像板上的格子圖案。
格子的大小完全取決於你個人。有些人喜歡小格子，有些人喜歡大格子，而有些人乾脆只要在一條垂直線和一條水平線。

間格子兩條線相交的地方，標出一個點，如圖17-10所示。文具店有售的透明塑膠文件夾就可以做成很好的顯像板，或者你也可以在普通的紙上畫出格子，然後用影印機把格子複印到透明的塑膠紙上。

用你的塑膠顯像板畫出房間的一個角落，或者任何你周圍環境中、自己覺得有趣和有挑戰性的一個景象——也許是一個走廊，或者廚房的一角。這幅畫能讓你學到具有相輔相成的兩個部分技巧，這兩個部分都很重要：第一，看到事物的「比例關係」或「透視關係」——也就是說，看到事物原本的模樣，完全沒有因為概念性想法而改變；第二，看到事物與恆量之間的關係。在繪畫中，恆量就是垂直和水平線，所有的角度都是與它們進行比較後才確定的。顯像板幫助你把顯像板中的圖像轉移到紙上。顯像板能夠提供：A.框架或邊界；B.恆量（垂直線和水平線）；C.測量相對比例關係的工具；以及D.阻止大腦改變或看錯資訊的小故障。

請在開始前讀完以下說明。

1.舉起顯像板，讓它與你的眼睛保持在相同的平面上——還記得麥克考莉的裝置嗎？如果有必要，兩隻手把它舉到一臂遠的地方，固定住顯像板——也就是說，讓它與你的「視線」保持適當（垂直）的關係。拿著顯像板在你的家、辦公室或教室裡轉一轉，直到你找到一個你喜歡的景象，一個能夠引起你的興趣的景象。

2.一旦你選擇好了要畫的景象，在景物前放一張桌子和能夠把你的畫紙放在上面的畫板或書，找一個舒服的位置。把紙貼好，不要讓它動來動去。使用鉛筆，並準備好橡皮擦。

3.在你的畫紙上畫一個框架，任何大小都可以，但是要確保它的寬高比與顯像板上框架的寬高比相同（如果大小合適，你可以直接把顯像板放在紙上，然後畫出它的邊界）。在畫紙上輕輕地畫出一組格子（最容易的方法是，把你的畫紙放在顯像板上，讓所有的邊線對齊，然後把顯像板上的格子線條描到紙上，如果有必要，可以使用尺）。

如果你有足夠自信，也可以不必在紙上畫格子。既然你已經瞭解顯像板的原理，這麼做並沒有必要。記住一個要點，在沒有格子的紙上，垂直線和水平線就是紙的邊線。無論你的畫紙放在桌子的哪一個位置上，兩條側面的邊線代表著垂直線，而頂部和底部的邊線代表水平線，與在現實世界中看到的一樣。記住一個概念，格子線條和兩個框架的邊線（顯像板和你的紙上）都代表現實世界中的垂直線和水平線，它們是一個小障礙和恆量，你必須透過它們才能「眞正地」看事物。

4.現在閉上一隻眼睛，讓另一隻眼睛盯著格子中間的那個點。然後讓那個固定的點與你眼前景物中某個選定的點形成一條直線，組成三點一線的「固定視角」。這種三點一線的設置能夠幫助在每一次進行新的觀察時，回到跟剛才相同的視角。記住要每次進行觀察，閉上一隻眼睛，並讓顯像板保持垂直。

5.檢查一下房間角落的垂直線是否與格子的垂直線一樣（這條線應該是垂直的：房間、窗戶、大門以及其他物體的垂直邊線在眼裡應該還是垂直的；倒是水平邊線——天花板、地板和桌面的——都變得帶點斜角）。畫一條垂直線，用它代表房間的角落。

6.現在透過那些格子來檢查天花板的線條，看看這些線條與水平線形成什麼樣的角度。你會發現每一個角度都不同。就算你知道天花板是平的，而且與牆面形成直角，但是請把這個知識丟到一邊，按照你看到的那樣把每個角度畫出來。對你自己說：「與格子的水平線相比較，那個角度有多大？」然後想也不想地把相同的角度畫在你的紙上。不要讓這個過程變得困難；不要企圖弄清楚爲什麼這個角度是這個樣子。你的目的就是看到事物原本的模樣，然後畫出與你的感知相吻合的畫面。（圖17-12是這種觀察過程的一個例子，但是請記住，如果你的「視角」不同，你的天花板上的角度也會不同。）

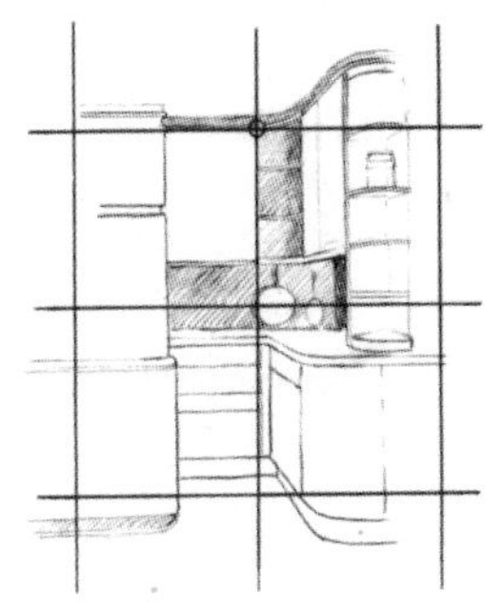

圖17-11
在你面前的景物中選擇「第三個點」，用來構成你的「三點一線」：你用來觀察的那隻眼睛（另一隻眼睛是閉上的），在格子上的那個點，以及景物中你選擇的那個點。

圖17-12
學生嘉米羅沙畫的《房間的一角》

圖17-13
嘉米羅沙透過顯像板看到的畫面

7.隨著畫面越來越完整，你會發現其中也蘊涵越來越多相互關係的資訊。這也提供了各種相互關係的檢查方法；在檢查某條線的長度或某個角度的寬度時，你可以與格子、另外一條線或一個角度做比較。這種反覆檢驗將使你對自己的感知更有自信。

8.你畫出來的線條將形成空間和形狀，整個畫面就像智力拼圖那樣組合起來，而且你可能會感覺到，隨著你越來越投入，整個「拼圖」也越變越有趣。在你知道自己有能力掌控空間和三維圖像帶來的迷惑時，你還會體驗到無比的快樂。L模式在無法占上風的情況下，會逐漸平靜下來，到那一刻，觀察變得越來越有趣——甚至樂趣無窮。

開始畫吧。如果有必要，你可以隨時停下來，重新閱讀一遍說明，澄清某些疑惑。當你完成以後，我想你會愉快地發現，自己感知到的圖像是多麼準確呀。（圖17-14至17-16向我們展示了學生畫的房間角落。）

圖17-14

圖17-15
學生畫作：《房間的一角》

下一個步驟：只有你、畫紙和你的鉛筆

必要時，停下來重新使用顯像板，對齊畫面中的格子，並估計一下那些顯得有些討厭的角度和比例關係。無論如何，顯像板都是很好的觀察技巧訓練工具。不過，現在你已經準備好進入更簡單、更快速，和更文雅的步驟，這時你繪畫用的鉛筆本身成爲觀察時唯一的輔助工具。

使用這個技巧意味著，你根本不需要停下來進行觀察：拿著鉛筆的那隻手停下來一會兒，把鉛筆舉到一臂遠的地方來進行觀察，如圖17-17的漫畫中所示。然後手和鉛筆回到畫紙上繼續畫。這時，觀察變得快速和簡單。

需要指出的是，鉛筆成爲一種可以移動的格子線條（同時也是一個小障礙），我們可以利用它觀察任何角度，判斷任何比例關係，或者檢驗任何感知的有效性。因此，鉛筆變成顯像

圖17-16
作家和繪畫課學生萊肯選擇觀察的房間一角，在這個角落有一台打字機放在一台古老的縫紉機上——一幅漂亮的構圖。

圖17-17
阿萊恩的漫畫

板的速成版本。由於其高雅和簡單的特性，大多數藝術家都使用這種方法。唯一一種比它還要簡單的方法就是「目測」——即用眼睛觀察——不帶任何介入性裝置，你可能發現自己已經在實行這種方法，至少有部分時間是這樣。

讓我們試一試只用鉛筆來觀察事物。請在開始之前，閱讀完所有說明。

1.說服某人做你的模特兒，如果你願意，也可以坐在鏡子前面，當自己的模特兒。我將把法國藝術家迪卡斯的《對馬特利人像畫的研究》（圖17-18）作爲示範畫。你立即會發現迪卡斯這個被稱爲最偉大的繪圖員的人，就像他經常做的那樣，也在畫面中打格子。

在你開始畫你自己的《對一個模特兒的研究》前，我建議進行以下這個快速的練習：使用迪卡斯的畫來練習如何進行觀察。如果你願意，可以把畫複製下來，或者只練習觀察。這樣

圖17-18
透過迪卡斯的格子看你的「模特兒」馬特利。
迪卡斯，《對馬特利人像畫的研究》

你就能準備好開始畫你的模特兒。

2.把書豎在眼前，最好是在三英尺遠的地方。坐在迪卡斯的畫前。在你的畫紙上畫一個框架，與你眼前這幅畫的框架相同的比例和形狀。這些邊界與紙本身的邊線相比，爲你提供了更顯眼的一組邊線——垂直線和水平線。你也可以把迪卡斯的格子畫在你的框架裡，幫助你評估角度和判斷比例關係。

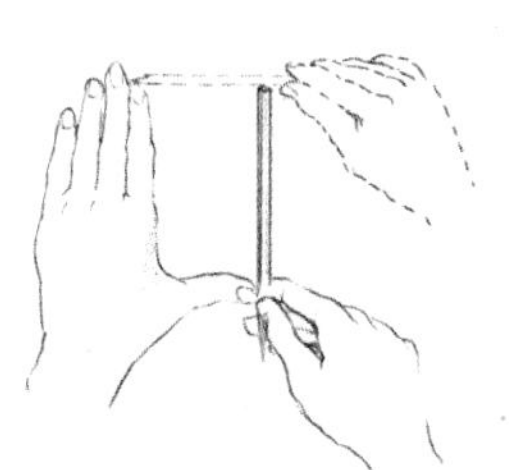

圖17-19
簡易「探視鏡」

3.你的手掌、大拇指和鉛筆可以組成一個「探視鏡」，讓左手掌（如果你是左撇子，則使右手掌）和大拇指形成一個直角，來確定「外部」事物（在這裡是指馬特利）的邊界。然後把鉛筆舉起來，先垂直放置，形成第三條邊線，然後水平放置，形成第四條邊線，如圖17-19所示，這些動作形成了某種「虛幻」邊線。你可以把自己的手放在離你眼睛更近或更遠的位置，這樣就可以把你的畫面聚焦在某一部分上，或者讓模特兒和陰形充裕地放在邊界以內。（如果你願意做一個「眞正的」探視鏡，就在一張硬紙的中間剪出一個小長方形，如圖17-20所示。不過，使用你的手掌、大拇指和鉛筆組成探視鏡比較容易，並且能讓你在沒有任何機械工具的幫助下完成這幅畫。）在第二幅《對馬特利人像畫的學習》中，迪卡斯改變了焦點，畫一幅與框架相比更大的人像畫（圖17-21），使這個人像離欣賞者的距離更近。

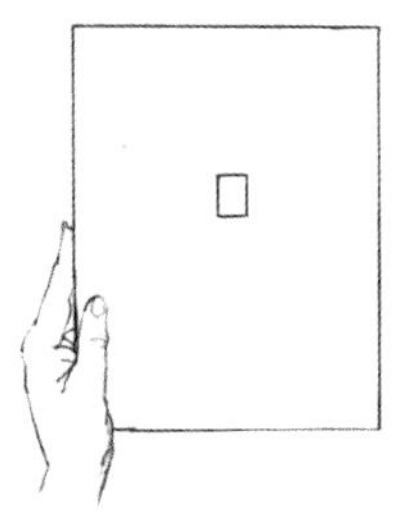

圖17-20
另一種類型的「探視鏡」

4.回到迪卡斯的第一幅《學習》，在腦海裡記錄下整個人像的外部形狀。這個練習有時被稱作「裝箱」，它能幫助藝術家記住大概的比例關係和物體整體的形狀。（圖17-22把整個步驟顛倒了過來。）

5.觀察角度時，閉上一隻眼睛，把你的鉛筆舉到離你一臂遠的地方，仿佛在一個假想的顯像板上（鉛筆代表顯像板上面

圖17-21
放大的馬特利像

的一條垂直線或水平線）。看著鉛筆和馬特利左肩膀之間那個有角度的形狀，如圖17-23所示。記住那有角度的形狀，然後以相同的角度把肩膀的邊線畫出來，這條邊線應該與紙邊形成相同的角度。閉上一隻眼睛，用鉛筆檢查另一個角度（也許是後腦勺的角度），並把這條邊線也畫出來。一直畫下去，從一條邊線到下一條相連的邊線，一個陰形到下一個相連的陰形。所有角度都可以用這種方式來確定——與恆量，垂直線和水平線，進行簡單的對比。記住，你可以轉換到觀察陰形，反覆檢驗這些觀察的結果。

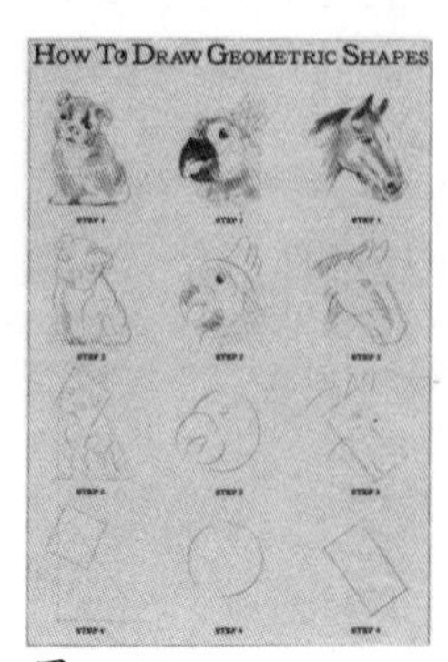

圖17-22
反向的「由形狀演變」

6.觀察比例關係時需要一個不同的步驟。其基本概念是，一個物體、風景和人物（或一個問題）的所有部分，都具有一定的相互比例關係，而且你不能隨意改變它。你的工作就是看到這種相互關係，而且是眞正看到它原本的模樣。不是你大腦裡覺得它可能的模樣，也不是你覺得它應該有的模樣，而是它眞實的模樣。我們討論的是現實，也就是「外部」物體眞正的模樣，以及看到現實的方法。

圖17-23
觀察一個角度

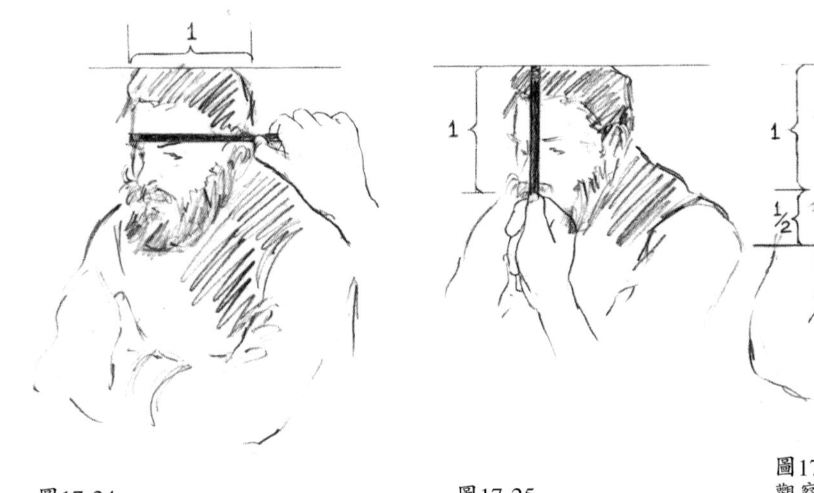

圖17-24

圖17-25

圖17-26
觀察比例關係

7.把你的鉛筆水平地舉到一臂遠的地方，把鉛筆的一頭放在模特兒頭部的一邊，用大拇指標出頭部另一邊的位置（圖17-24）。讓你的大拇指保持在這個位置，同時保持測量的結果（稱爲「一個測量單位」），並把你的手肘固定住，然後把鉛筆垂直放置，測量模特兒頭度的長度（直到鬍子的底端）。這樣你就能找到它們的相互關係——那個比率——是大約1:1.5（圖17-25和17-26）。

記住這個比率。現在畫模特兒的頭部，確保它占據框架中相同比例的空間（也就是說，相對於整個框架來說，正確的尺寸）。迪卡斯畫的格子能幫助你弄清這一點。同時還要確保頭部相對於框架的頂端邊線，在恰當的位置上——迪卡斯畫的格子也能幫助你弄清這一點。

8.接下來，問你自己：「相對於頭部的長度，背心的寬度是多少？」再觀察一次原畫（1:1又1/3），同時畫一個記號記錄觀察結果。使用陰形來畫胳膊，但是要記得觀察上臂的寬度。回到「一個測量單位」，頭的寬度，然後測量，「與頭的寬度相比，上臂的寬度是多少？」你會發現比率是1:2/3（胳膊的寬度是頭寬度的三分之二）。

9.逐步畫出整幅畫，觀察所有角度和比例關係，不斷判斷各個部分的相互關係，還要記得盡量使用陰形來反覆檢驗你的觀察結果。

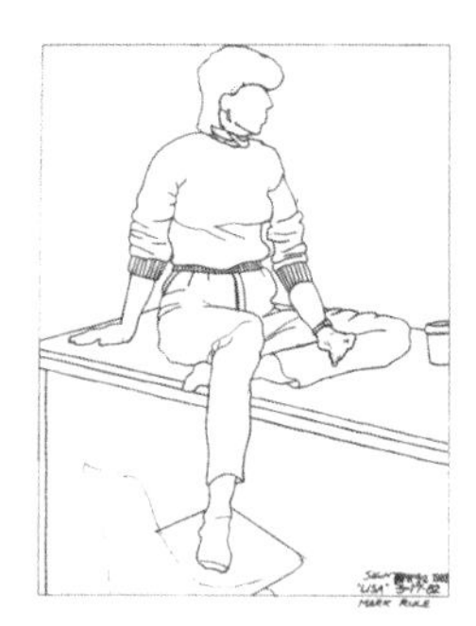

圖17-27
學生盧爾的人體畫，一個觀察的範例。

在你完成以上提到的觀察練習後，拿出一張新的紙，開始畫你的《對模特兒的學習》。遵守相同的步驟：界定整個形狀，把你的手掌、大拇指和鉛筆當成探視鏡；畫一個框架；然後開始畫，根據垂直線和水平線進行必要的觀察，評估比例關係，反覆檢驗陰形的資訊（圖17-27是一幅例圖）。

當你完成這幅畫後，我想你會發現所有的部分「組合起來了」。我可以想像得出，你完全不使用鉛筆作爲一個小障礙，就能評估出許多角度和比例關係——只用快速的視覺估算來「目測」資訊；甚至，也許能輕易地繞過概念性的、已經編排好的大腦。R模式在處理視覺資訊時非常迅速和有力（就像L模式處理辭彙性資訊時那樣）。但是對每個繪畫的人來說，知道有一種有效的觀察方式，能夠隨時檢查含糊不清或充滿矛盾的「困難」圖像，能使人非常放心。

繪畫的技術性

觀察結果總是一個大概的數字，而且可能出現誤差。但是這個方法，有時被稱作「合成透視」，在幾個世紀以來一直爲藝術家們所用，而且結果令人滿意。當然，另一些透視法也能發揮一定作用，幫助我們提升把握空間的能力。但是對於繪畫的初學者來說，當把觀察技巧與其他組成技巧結合起來時，就能發揮極大的作用。例如，一直靠自學的梵谷也許就在《梵谷的房間》（圖17-28和17-29）這幅畫中使用了這種方法。

我當然意識到，這些解釋和練習聽起來技術性很強，而且需要大量的計算，非常繁瑣。但是請記住，在你學習觀察技巧

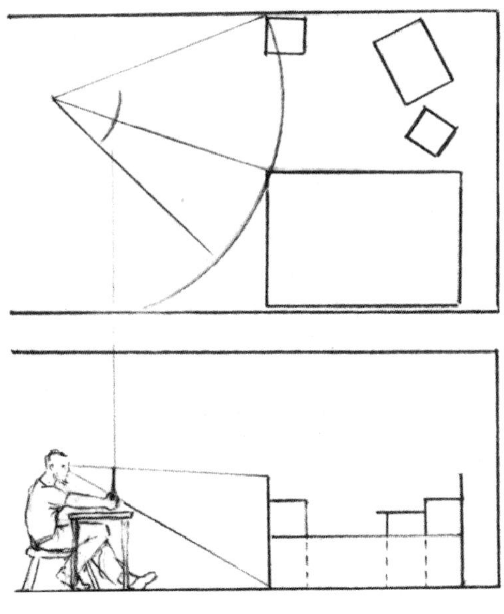

圖17-28
梵谷在描繪《梵谷的房間》時畫的房間佈局草圖。從這些圖中可以看出，這位藝術家把他的畫筆舉到一臂遠的距離，來觀察整個景物。

的同時，你還學會了把繪畫的前三項技巧整合起來，它們是對邊線、陰形和比例關係的感知。儘管我們無法否定繪畫的複雜性，但是一旦學會以後，整個過程就變得很容易，甚至是自發性的——就像其他任何複雜的整體技能一樣。

根據比例關係和透視關係來思考

回到我們最關心的問題：如何把觀察技巧與創造性思維過程聯繫起來？很明顯地，按照「比例關係」和「透視關係」看我們周圍的任何事物非常重要。比例關係和透視關係意味著把我們的感知放到合適的相互關係中。你是不是經常聽到這樣的說法：「他把整個問題搞得面目全非」或者「在這個問題上，她根本就失去了焦點」。不管哪一個說法，聽起來話中主角都把問題扭曲了——也許是把問題中某個部分的重要性誇大或減少了。或者這個人在處理這個問題時，非常不實際——也許離

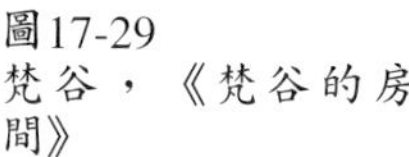
圖17-29
梵谷，《梵谷的房間》

問題太遠，因此無法「看清」其中微小的細節，或者正好相反，離問題太近，以至於無法「看清整個大畫面」。我認爲，**觀察的視覺技巧能訓練大腦「測量」問題的比例關係**，並把我們和我們的感知放進整個大畫面中，彷彿它眞的存在。

當然，每個人的感知都是千變萬化的。但在解決問題的過程中，恆量因素同樣重要。讓我們回顧一下恆量因素的定義，恆量就是無法更改的事物，其他因素可以與之進行比較、測量或對比。無論你處在什麼情況下，如果忽視恆量的存在，幻想不可能發生的改變，就會導致感知錯誤和無效的解決方案。讓我重申一遍，觀察的視覺技巧能訓練大腦有選擇地使用恆量，這樣就可以看到問題的比例關係和透視關係。

讓我們把剛學會的觀察技巧運用到思考中。

對抗恆量

拿出你的問題類比畫，讓自己的大腦專注於當前的問題。在開始之前，請先閱讀完所有的說明。

1.看著你的問題類比畫，問你自己：「在這種情況下，恆量是什麼——有沒有任何假設，或生活常識，是不能被改變或操縱的，以幫助我們『區分』出可以更改或暫時性的因素？」例如，一個永遠的恆量是時間。我們每天都只有二十四小時，不多也不少。

2.把恆量想像成一個格子。在紙上畫一個格子，並（用詞語）標出垂直線和水平線。每一條線都有可能有不同的標籤，或者你也可以使用兩個概括性的標籤，意思與「垂直線」和「水平線」相同。

3.在大腦裡照一張格子的快照。在你的想像中，把它變成一個透明的塑膠顯像板。現在，透過這個格子恆量來看問題。（或者你也可以把一個觀察時使用的塑膠顯像板的實物放在你的問題類比畫上，記住你給格子線條標上的名稱。）另外，你還可以使用只有兩條交叉的直線組成的格子類似物，與廣告公司使用的一樣，如第135和136頁所示。

4.檢查問題中每個部分與格子的關係。這些處於「眼睛水平線」（格子的中間點）以上或以下，或處於格子的左邊或右邊的部分呈現出的相對大小能向你揭示什麼？（請回想一下在情緒類比畫中，物體在框架中相對位置的重要性。）哪些恆量因素影響了你對問題整體的感知？時間是不是一個恆量？金錢呢？家庭關係呢？工作呢？如果移動格子線條——即那些恆量因素——的位置，會對問題產生什麼作用？這個問題還是個問題嗎？如果不是，那麼恆量因素是問題的根源嗎？你如何控制其中的可能性？有沒有任何方法能影響到恆量因素呢？能不能把它們在問題裡移來移去？例如，如果把時間看成水平線（代表連續不斷和安靜的），而不是垂直線（阻礙和障礙物），會發生什麼事情？

5.把這些新的資訊放進視覺記憶裡：用詞語標出的恆量因素，以及相對於這些恆量因素，你從問題中獲得的新感知。

觀察，讓你看到事物的比例和透視關係

1.再一次評價你的問題類比畫，或者在腦海裡回顧一下這個問題，從初步靈感到累積階段，再到今天的地步。把塑膠顯像板放在畫的上面，你接下來將試著觀察問題中各個部分的相互關係。

2.縱覽整個問題，選出某個部分或方面，把它當成「一個測量單位」，其他所有部分（x）都將與這個單位進行比較，然後得出比例關係。與「一個測量單位」相比，（x）有多大（多重要、多緊急、多有意義）？由於這幅畫是抽象畫（沒有任何可識別的物體），我們不需要使用數字比率。你可以使用格子來估計它們的相互關係。與其他部分的「大小」相比，你在問題中的「大小」是多少？這個問題是由許多小部分組成，還是由一個巨大、單一的塊狀物組成？最大的那個部分在框架

中的位置是高還是低——也就是說，在你的「視線」上方還是下方？在中間線的左邊還是右邊？用這種視角來看問題，你能看見什麼新資訊嗎？記住，觀察是一個經過深思熟慮的方法，是一個得以進入視覺現實的程式。這個新的技巧如何影響你對問題的感知？

3.選擇問題中的另一個方面作為「一個測量單位」，再「測量」一遍所有的（x）。

4.繼續檢查所有比例關係，直到你能夠成功掌握問題邊界以內所有的部分。再一次把你的靈感付諸文字，無論這些文字多麼簡潔，然後把這些新的資訊——圖像和文字——放進記憶裡。

找出能夠更改感知誤差的大腦小障礙

你剛才使用了塑膠顯像板，當然它是感知的輔助工具，也是最有效的一個小障礙。但是如果你在腦海裡回顧一下其他小障礙，例如上下顛倒的畫、幻想畫，或者用丹奈特的「洩密策略」，在系統中放進一點錯誤的資訊，然後「找出間諜」，那麼你就準備好了進行下一個步驟。

1.在腦海裡回顧一下使用小障礙的原理。其中的關鍵是，大腦傾向於讓資訊適應一定的規範，也就是那些經過檢驗，被證明是正確的陳舊概念，這些概念停留在記憶裡，發揮很大的作用，因為它們不需要新鮮的思維，也不需要考慮那些與舊觀念不相符的新資訊。

2.現在，想一想你的問題類比畫，和它提出的問題，在大腦裡搜索出一個可能有用的小障礙。有沒有哪些資訊，如果放進系統中，就能導致新的反應呈現出來，或者能夠暴露舊反應的錯誤性？

3.這個小障礙可能非常簡單，如同「如果……會怎樣」的問題，或者把問題上下顛倒過來看。也有可能非常繁瑣，就像一幅隱藏圖像畫，如《妻子/情婦》或《丈夫/情夫》。在你的問題類比畫中，有沒有一個同樣有效的「隱藏圖像」——也就是某些看起來像某一樣東西、實際上又是另一樣東西的圖像？例如，有沒有看起來像「憤怒」，可是從另一個角度看，又像「喜悅」的圖像？或者你認?是「X」，但是矛盾的是，也可以解釋成「Y」？（許多科學家都會發現「隱藏的圖像」。其中一個例子是青黴素的發現：從一個角度看，其基本物質是黴；從另一個角度看，它又是傳染病的良藥。）對幻想畫的另一個建議是：如果你不停地盯著你的畫，它有可能自己由內向外翻轉過來，就像奈克方塊那樣，顯現出這個問題的一些新角度。

4.幼兒童話中一個著名的小障礙，是《白雪公主》中的魔鏡，這面牆上的魔鏡只會說實話。試著把你的問題類比畫放在鏡子前面，把整個圖像倒過來，再尋找問題的新角度。

5.如果你能找到一個小障礙，請再一次把你的想法用詞語表達出來，並把你的靈感放入視覺記憶裡。

記住，觀察與恆量、前提、比率和相互關係緊密相關。在感知了問題的邊線、看到陰形以後，現在要把所有部分按照一定的相互關係組合起來，這種相互關係有一定的先後順序，並且是以對比例和透視關係的新鮮感知為基礎的。

觀察是繪畫的文法

最後，想像一下你又看見了半斤和八兩這對雙胞胎，也就是辭彙性語言和視覺感知。我在腦海裡把語言中的辭彙和感知中的邊線想像成等同的物質，是每種模式的組成成分；語言中的上下文（它能幫助建立段落的含義）與感知中的陰形或多或少也是相同的；而語言中的文法和句法與感知中的相互關係和比例關係是第三個等同的成分。

如果的確是這樣——如果文法和觀察是相同的——不就正好解釋了為什麼你剛學會的這項技巧經常會被認為是非常困難

和無趣的，就像學生們經常會譴責文法和句法一樣。然而這些技巧都是不可缺少的；如果語言沒有文法，就會變得毫無章法，同樣地，繪畫如果不透過觀察，就變得失敗。我們必須學會它們。而且很快它們就變成一種自發的舉動，與其他技巧整合在一起，並成爲正確地感知和翻譯我們的感受時，不可或缺的一部分。沒有其他任何方法能讓創造過程的累積階段中所有非常必要的視覺性和辭彙性資訊，充分地被大腦吸收。

最後，我們將找到一種思考人類行為和思維的方式，透過這種方式，我們將拋棄把事物一分為二的傳統看法——如藝術家和科學家，普通和損壞的大腦，熟練和不熟練的人。而在藝術的問題上，我們將關注至今仍然被忽視的能力和特質，並會發現如此的特質在藝術以外的領域也能發揮巨大的作用。
——加德納，〈藝術的挑戰〉（*Challenges for Art*）

18. 陰影照亮繪畫之路

繪畫的第四項基本技巧對準確地感知也很必要：它就是看見和畫出光和影的技巧，這個過程在繪畫中稱爲「光線邏輯」，但是同學常把它稱爲「打陰影」。我經常在想，它與語言中的哪個部分是等同的呢？我們在談到一本小說或一個故事時，總是說到它的「高潮」和「陰暗」的部分。也許感知中的光線邏輯與語言中的環境氣氛是等同的，這種環境氣氛能建立起情緒、語調，並讓事物「看起來更眞實」，仿佛就存在三維立體空間裡。與讓人頭疼的觀察技巧不同的是，看見和畫出光和影的技巧讓人眞正感到身心愉快。

對於大多數讀者來說，學習光線邏輯是一種全新的體驗，就像當初學習看複雜的邊線、陰形以及相互關係和比例關係一樣。但是這是最後一個需要訓練的視覺技巧，因爲第五項基本技巧，對整體的感知——看到「事物的本質」或感知到事物的獨特性——是從前四項視覺技巧中得出的。其唯一需要指導的地方，就是提醒讀者注意對整體的感知何時發生，這時一般人會突然間能夠欣賞畫出來東西的獨特性、複雜性、美好特質和「準確性」。

在任何關於複雜視覺識別的任務中，右腦似乎比左腦更能勝任。這些人臉輪廓的圖像與穆尼（Craig Mooney）設計的圖像非常相似，它們能測試你從斷斷續續的資訊中組建一個整體的、具有某種意義的印象的能力。那些右腦受過傷害的病人通常很難分辨這些圖像中的人臉。——布雷克摩爾（Colin Blakemore），《大腦的結構》（*Mechanics of the Mind*）

達文西的裝置

我經常在想，這個世界上有沒有一個成年人，從來沒有在精神恍惚的時刻，看見雲端有一艘忽隱忽現的海盜船和跳躍的駿馬，或在一個房間佈滿鮮花的壁紙上看見巫婆的腦袋和噴火的龍？許多藝術家，包括達文西在內，都曾經在自己的藝術作品裡表現這些想像出來的圖像，而且使用的方法就是在腦海裡「看著」想像出來的形狀，把看到的畫下來。

爲了達到目的，我們應該使用這個能從咖啡污點中得出圖像的大腦過程，來幫助指導繪畫中的光和影。此外，在創造性問題解決中，我們也應該使用相同的大腦過程，來幫助找出資訊不完整或模糊不清的圖案。

操縱光和影是藝術家最有魅力的神奇小把戲。在這裡，這個小把戲就是爲陰暗的形狀和光亮的形狀提供足夠的資訊，使它們能夠在欣賞者的大腦圖像處理過程中「凸顯」出來。因此，你這位藝術家能夠讓人看見他們想像中、而不是眞正存在的事物。爲了完成這個神奇的小把戲，藝術家必須提供剛好足夠的資訊，觸發或者控制欣賞者的成像反應。

達文西的裝置

達文西曾在他的筆記本裡寫到：

我必須要提到……一個新的研究裝置，儘管它看起來微不足道、又很滑稽，卻能激勵我們的大腦進行各式各樣的創造發明。

也就是說，當你看著一面滿是污漬的牆時……彷彿從污漬中看到了一幅幅風景，有山、有水、有石、有樹。

或者，你會看到戰爭畫面，一個個運動中的人體、陌生的人臉和服飾，以及無窮無盡的物體，你可以把這些物體變成一幅幅完整精美的畫面。

——麥克金（Robert McKim），《視覺思維的體驗》（*Experiences in Visual Thinking*）

繪畫的神奇咒語

我的意思不是說，只要藝術家用成像技巧製造一些狡猾的陷阱就可以了：實際上要比這複雜多了。藝術家自己也很快被圖像所俘虜，整幅圖像開始在製造者身上施咒。實際上，這幅

在創造過程中某個階段創造出來的產物——無論是水彩畫、詩歌，還是科學理論——開始有了自己的生命，並把自己的需求傳達給創造者。它站在遠離他的位置，並向他的潛意識提出原料的要求。因此，創造者必須要知道何時停止指揮他的作品，何時讓作品來指揮他。簡而言之，他必須知道何時他的作品開始比他還聰明。

——科尼勒，《創造力的藝術和科學》

有一次，英國畫家特納(J. M. W. Turner)住在一個有三個小孩的朋友家。特納當時隨身帶著一幅還沒完成的水彩風景畫，畫中的遠景已經完成了，但是前景還空著。
特納把孩子們叫到他身邊，發給每個小孩一盤顏料，一盤紅色，一盤藍色，還有一盤黃色。他讓孩子們在畫面中空白的地方自由地揮灑這些顏料，他在一旁專心地看著孩子們的進展，然後突然喊道：「停！」
他拿起這幅畫，在畫中孩子們留下充滿想像力的形狀上填加一些細節，然後這幅畫就完成了。
——哈莫頓（G. G. Hamerton），《特納的一生》(*The Life of J. M. W. Turner*)

圖像很快就開始有自己的生命，並首先把自己的願望強加在藝術家身上，然後再到欣賞者身上。

你將很快體驗到圖像控制力量的神奇交換。但是首先，我將向你展示一些引人注目的幻象，它能啓發人們的成像反應。你以前也可能遇到過這些畫作，但是我們現在將從稍微不同的視角來看它們。

本頁上方的那些奇怪的黑色形狀，如果換一個角度看，就能拼出「**FLY**」（飛翔）和「**WIN**」（勝利）的字樣。你可以看黑色形狀之間的陰形來看出這些詞語。由於一個人的注意力會被暗色的形狀吸引，就像白背景上的黑色物體，所以它們之間的那些空間就顯得不那麼引人注意。然而，一旦我們把黑色之間的白色空間看成「眞實」的物體，那麼黑色形狀的重要性就會退去，而白色字母似乎被上下兩條邊線限制住，儘管那裡並沒有任何邊線。同時，一旦我們看見這些字母，你會發現自己很難再回過頭來把黑色形狀看成獨立的、區分開來的物體。

畫出光亮和黑暗的圖案

接下來，看著圖18-1中光亮和黑暗的區域。試圖運用你的大腦找出這幅圖像的含義。大腦擁有無窮無盡的動力來滿足尋找含義的要求，而且只要眼前還有這幅由黑和白組成的圖像，讓這種尋找停下來幾乎是不可能的。

然而，一旦你看出其中的含義，整幅圖像會顯得不可避免地明顯。（這幅圖像是一個有鬍子的男人——有些人說是耶酥——穿著白袍子，靠在某種植物背景上。）

趁著我們在與大腦玩遊戲的時候，再把這些圖像中最令人

圖18-1

圖18-2

莫名其妙的一幅加進去，如圖18-2所示。再一次看著自己的大腦不斷地尋找結論。看著它尋找任何可識別的線索，任何可以與其他事物掛鈎的含義。同時看著它的執著，並體驗搜尋答案所帶來的焦急感覺。

是的，那是一頭牛，站立的牛，頭部向著觀賞者。第255頁的草圖（圖18-6）展示了這幅圖的謎底，但是請多花一些時間，靠自己的力量得出答案。至於那張有鬍子的男人，開始時你可能看不出來，但是一旦發現了，整幅圖像就會變得如此明顯，連你自己都好奇自己爲什麼一開始時跟瞎了一樣。

圖18-3

用最少的資訊畫出圖像

最後，讓我們來看一幅擁有最少資訊的圖像（圖18-3），這幅由明暗組成的圖案最能說明大腦從光影圖案中赤裸裸的結構資訊裡，得出所有細節、並把它們構建成一個圖像的能力。如果開始時你無法得出這幅圖像，那麼試著把這本書放在離你一隻手臂遠的地方，讓你的眼睛斜視，並在盯著這個圖案的同時把自己的腦袋從一邊移向另一邊（也可以把書斜著從一邊移向另一邊）。

這幅圖像很快就會呈現出來，一旦你感知到以後，就會發現自己的大腦把這個「答案」當成跟生命一樣重要的東西來寶貝，完全不讓這幅圖像再一次溶解成由黑白方形和圓形組成的簡單圖案。此外，你還會發現自己不斷地添加附加的細節到最簡略的圖像上去——換句話說，你會看到原本不存在的事物，那些使圖像更「充實」和完整的事物。例如，你可能會發現一個年輕的女人在微笑，眼睛正看著你；你可能會看到她柔亮的髮質、高高的頰骨、眼睛中的閃光等等。

圖18-4

從下往上畫陰影

接下來，看著圖18-4上下顛倒的圖像。你會發現，要破譯這幅圖像有點困難，但是還是能隱約地看出是一個男人，他的頭正向後仰。請特別注意圖像下方那個奇怪的黑色區域；當它被上下顛倒時，看起來根本就沒有任何含義。

現在把書倒過來，按照正確的方向看整幅圖像。突然間，相同的黑色區域變得有模有樣，整個部分逐漸隱去，取而代之的是一個三維立體的圖像。你能看見鼻子的邊線嗎？其實那裡什麼東西也沒有——根本就沒有任何邊線。你自己的大腦在空白的紙上補充和添加了一條假想的邊線。

現在把書放正，再看一次那片明顯毫無意義的黑色區域。然後又把圖像倒回來，再看看成像的過程，看它如何把隨意的形狀組合成一個堅固的三維立體結構。

圖18-5
光線邏輯。光線打在物體上，並且（按照一定邏輯規律地）產生聚光、反射光和陰影。之所以這些光和影是現在這個樣子，是由於物體的形狀造成的。

這只不過是些光線邏輯！

約翰（Augustus John）畫的愛爾蘭作家喬伊斯（圖18-7）向我們展示一個非常明顯、但又必須強調的重點。其實是這樣：當光線灑落在高低不平的表面時，例如人類的臉上，表面（人臉）的特定形狀決定了其光亮的區域和黑暗的區域。如果是另外一張臉，就算放在完全相同的燈光下，光亮和黑暗的區域也會變得不一樣（請看圖18-5）。

根據以上的說法，按照邏輯把它反過來也是正確的：提供某些特定的光亮/陰影形狀，某個特定的臉孔就會浮現出來。改變這些形狀，一張不同的臉孔又會浮現。回想一下隱藏詞語的圖像FLY和WIN，你可以看到它們與以上說法的關係：如果是些不同的詞語，白色形狀和黑色形狀都會變得不一樣。

在你說：「當然啦——這太明顯了」之前，我必須趕快加上一句，看見和畫出光和影時，你會發現最令人著迷（同時也是要求最高的）的事情就是，每個形狀都是獨特的。它們沒有任何歸納性：沒有哪兩個形狀是完全相同的。例如，當約翰畫喬伊斯的頭像時，與眾不同的是，他必須去注意眼鏡留在喬伊斯臉上的陰影。由於眼鏡的形狀，喬伊斯臉部的形狀，以及某種導致陰影的特定光線是當時那個樣子，才成就了陰影現在這個樣子。如果是其他的模特兒、另一副眼鏡，或者另一種類型的光線，眼鏡投下的陰影將會是另一個模樣。此外，如果喬伊斯改變自己臉的朝向，假如朝畫家的方向再轉過來四分之一，約翰就會看到一組完全不同的光和影——儘管還是相同的臉——而且對每個形狀的感知都會煥然一新，與剛才沒有任何類似之處。

圖18-6

這麼做不會讓你的L模式很高興。正如我們剛才看到的那樣，這種看事物的方式與L模式對概括性規則的需要完全相違背。此外，舉例來說，人臉上出現的光和影的形狀與兒童時期發展的象徵符號完全沒有關係，也無法與辭彙的類別（眼睛、鼻子、嘴巴、耳朵等等）聯繫起來。然而矛盾的是，如果按照你看見的那樣把臉上光/影形狀原原本本地畫出來，也就是說，提供剛剛好足夠的關於形狀的資訊，大腦的想像就會把所有五官投射到陰影區域裡——眼睛、鼻子、嘴巴、耳朵，以及其他！例如，如果你看著喬伊斯的左眼，你能看見眼球、眼膜、眼瞼和眼睛的表情嗎？現在把書倒過來放，看著左眼。正如你看到的那樣，那裡幾乎什麼也沒有——沒有眼球、眼膜和眼瞼，也沒有眼睛的表情。只有一團濃密的陰影。現在，把這

圖18-7
約翰，《喬伊斯的畫像》(局部)

圖18-8
史丹臣，《自拍像》照片

幅畫擺回正確的位置，你能否瞭解，其實這些畫中細節是你想像來的？最妙的是，你大腦中的想像總是能正確地理解這幅圖像。藝術家並不需要把所有的細節都畫出來；只要有幾個線索就行了——當然，約翰向我們提供的就是這幾個線索，一點也不多。

用邏輯推論來繪畫

如果想試一試，你可以自己動手畫一幅人像。照片很能夠代替活生生的模特兒，但是如果你能說服某人做你的模特兒，那就更好了。如果你找不到願意當模特兒的人，就使用美國攝影家史丹臣（Edward Steichen）的照片，如圖18-8所示。假裝這位攝影家願意當你的模特兒，而你也覺得很榮幸。假裝你在模特兒的頭上放了一盞聚光燈，使以下幾個區域加亮了：額頭、鼻子、白色圍巾、手、畫筆和調色盤。反射的光線柔和地在人像背後閃現，但是人像本身大部分都在陰影裡。

雖然以下的說明指的是史丹臣的照片，但是如果你畫其他模特兒，相同的說明也適用。

請在開始畫之前，閱讀完所有說明。

1.在畫紙上畫一個框架，框架的比例與圖18-9中框架的比例大約相同。

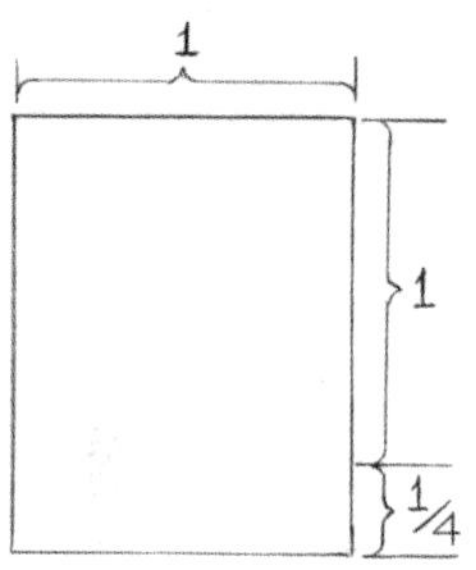

圖18-9
為你的畫建立一個框架。圖18-10中史丹臣照片的寬高比是1：1又1/4。

2.把紙放在桌子上，用小刀在鉛筆尖上刮下一些石墨，隨意地灑在紙上。當你刮下來足夠的石墨粉時，用一張紙巾旋轉地在紙上擦拭。一直擦，如果有必要，再刮下來一些石墨粉，直到紙的表面呈現出均勻的灰色，如圖18-10所示。

3.現在看著史丹臣的照片。看著光亮的區域。如果有必要，把書顛倒過來，讓你能更清楚地看這些區域。當這本書顛倒過來時，請注意，在黑暗的區域幾乎什麼也看不到——完全沒有清楚定義的五官。但是當你把書放正，就像施了魔法一樣，五官出現了，而且還帶有微妙的表情，讓欣賞者更加感興趣，並覺得迷惑。

你畫這幅畫的主要任務就是把這個魔法複製出來，只提供最少的資訊，讓欣賞者能在想像中看見這些五官，你不需要把它們畫出來。實際上，你甚至不需要使用鉛筆。在最開始使用的繪畫工具是一個橡皮擦。普通鉛筆上的橡皮擦就夠了，或者其他你手頭上現有的橡皮擦也可以。

圖18-10
為畫面準備均勻的灰色石墨背景。

4.你要使用所有四項繪畫的基本技巧：邊線、陰形、相互關係和比例關係，以及現在的光和影。

現在看著照片的光亮區域，記錄下它們相對於框架邊線的位置。（你可以把第十七章介紹的顯像板放在照片上面，找出在史丹臣的照片中，欣賞者能夠推斷出藏在陰影裡的五官。

我很驚奇地發現，字典裡對某些辭彙的定義往往能提供R模式成像過程的線索。下面的定義描述了成像過程中發生的情況：

推斷（extrapolate）：從已經觀測到的部分推出其餘的含義：把已知的資料或體驗投射、延伸或發展到未知的區域或體驗，根據已知和未知之間假設的連貫性、相互關聯性或類似性，得出關於未知區域的知識。

——韋氏詞典第七版

每個形狀相對於整個框架的正確位置和尺寸，或者你也可以簡單地「目測」這些相互關係。記住，在畫每一幅畫時，都要觀察相互關係和比例關係。）

5.下一個步驟很重要。把照片中的光亮區域當成FLY和WIN圖案中的字母一樣。在這幅畫中，你將用橡皮擦把這些「字母」區域「擦」出來，而且把黑暗的區域保留下來，當成陰影（還記得字母之間的黑暗區域嗎）。如果你準確地擦出照片中的光亮區域，那麼你就能準確地表現出這張獨特的臉上特定的三維表面。因此，仔細地看著第一個形狀——例如，額頭上的光；然後一直使用你的橡皮擦，直到你擦出正確的形狀（圖18-11）。轉移到下一個相連的光亮區域——也許是鼻子上的光線——擦出這個形狀，把它按照合適的尺寸，放在與第一個光亮區域相比，適當的位置上（圖18-12）。然後是上嘴唇上的光亮區域，接下來是下巴等等（圖18-13）。

6.在進行每一個步驟時，讓這幅畫離你稍微遠一點，讓你的眼睛有點斜視，或者讓你的頭動來動去，看看整幅圖像是否已經開始浮現，而你是否已經開始看見原本不存在的事物。當這樣的情形發生時，使用浮現出來的圖像來對光亮區域進行加強、變化和修改。你將發現自己來回不停地轉換狀態：繪畫，想像；繪畫，想像；再繪畫，再想像。這時，你將眞正用不同

把你能看到的形狀（光亮的區域）用橡皮擦擦出來，這樣你就能推斷出陰影裡不好區分的區域。

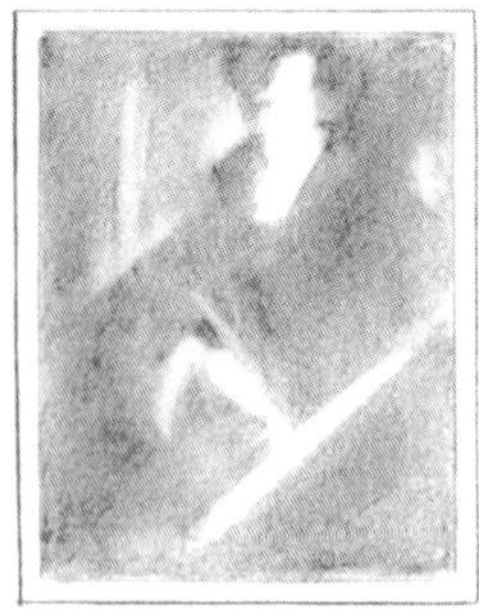

圖18-11

圖18-12

圖18-13

的角度看事物，體驗眞正的、完整的繪畫過程。

這眞是一個令人驚喜的體驗。如果你不是在畫照片，而是在畫一個活生生的人，你一定能透過眼睛和大腦的不同模式看到這個人有多美。如果你熟悉這個人，那麼當你看到這個人美麗的眼睛，妙極了的鼻子和漂亮得不得了的下巴曲線時，你會多麼驚訝，彷彿自己以前從來沒有眞正看過這個人！就算你畫的是照片，驚喜的感覺也會籠罩著你。在神祕的光和影之下，這幅圖像是多麼美麗呀！這個人是多麼美麗呀！

7.圖像好像有了自己的生命！當你把所有的光亮區域都擦出來以後，使用鉛筆在灰暗的背景上塗畫，以此來加強某些黑暗的區域。記得要把照片顚倒過來，檢查一下你認爲自己看到的東西是不是眞的存在。不要加入多餘的資訊，否則你會搞砸這個「遊戲」。

現在開始畫吧。你將需要至少半個鐘頭不受打擾，來完成這幅畫。

圖18-14至18-16展示一些學生畫的例子，他們使用的就是以上描述的步驟。

圖18-14
學生卡當納的自畫像

圖18-15
學生克勞芙的自畫像

圖18-16
學生安東尼利的自畫像

把整個過程倒過來：把陰影放在光線下

想像一下，一位有「天使一般面孔」的年輕女人願意當你的人像畫模特兒（圖18-18）。你讓這位模特兒坐在一張椅子上，自己則坐在一個寫生板凳上，眼睛向下看著稍微低於你的視線的模特兒。調整好燈光，讓她的臉上呈現出陰影（攝影家韋伯〔Nancy Webber〕已經替你完美地安排好了）。你的模特兒是不是讓你想起達文西的著名油畫《石頭上的聖女》中的「天使」(圖18-17是「天使」頭像的局部)。請準備好紙、鉛筆和橡皮擦，把它們放在桌子上，觀察一下你的模特兒，確定這幅畫的構圖，試一試不同的框架，用一隻手擺出直角的姿勢，框架的第三和第四條邊線用鉛筆來類比。現在你選定了一個框架，而你也準備好開始畫這幅人像畫了。

我將指引你完成整幅畫，但是在開始畫之前，請閱讀完下列所有說明。

1.在一張影印紙（最好是素描紙）上畫出框架的邊線，按照照片的寬高比複製出框架。

2.使用與史丹臣的照片練習相同的步驟，用石墨粉把整張紙打上陰影，但是色調要淺。

3.用鉛筆輕輕地勾勒出左邊頭髮、臉頰、下巴、脖子和肩膀的陰形。然後輕輕地畫一條直線（被稱爲「中軸」）穿過鼻梁和嘴巴的中央。正如你在圖18-19中看到的那樣，在這幅畫裡中軸是傾斜的（與代表垂直線的紙邊相比）。接下來，輕輕地畫一條直線標示出眼睛水平線。這條直線與中軸交叉。一定要注意這兩條重要的參考線與框架邊線相交的地方。

4.不要畫眼睛、鼻子、嘴巴或耳朵。這些五官會逐漸從光和影當中逐漸浮現出來。

5.記住放置中軸和眼睛水平線要非常小心，注意它們準確的位置，同時要注意模特兒頭部的下半部分（眼睛水平線到下

圖18-17
達文西，《石頭上的聖女》中天使的頭像，局部

圖18-18
韋伯的對比攝影作品

巴）與上半部分（眼睛水平線到頭髮的頂端）的關係，特別要注意眼睛水平線的位置。它們的比率是一個非常重要的恆量1:1。也就是說，對人類頭部來說，如果沿著中軸測量，眼睛水平線到下巴底端的距離與頭頂到眼睛水平線的距離是相等的。這個恆量適用於每個成年人的頭部，幾乎沒有例外。由於在這幅畫裡，你俯視模特的頭部，所以比率是1:1又1/4（圖18-20）。換句話說，在這個特定的視角，五官只占據整個頭部結構的不到二分之一。

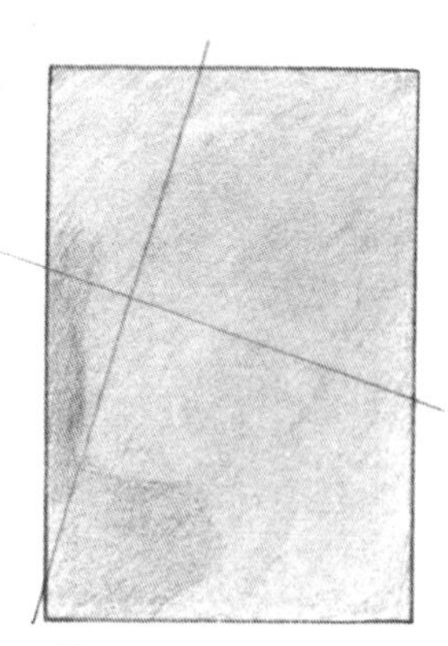

圖18-19

我必須強調最後這個說明，因爲學生們在初學人像畫時，最容易犯的錯誤就是把眼睛水平線放得太高，導致五官變得太大。我認爲，這是個感知誤差，由於大腦把所有五官

看得同樣重要，使得我們把五官看得比它們實際的尺寸還要大。

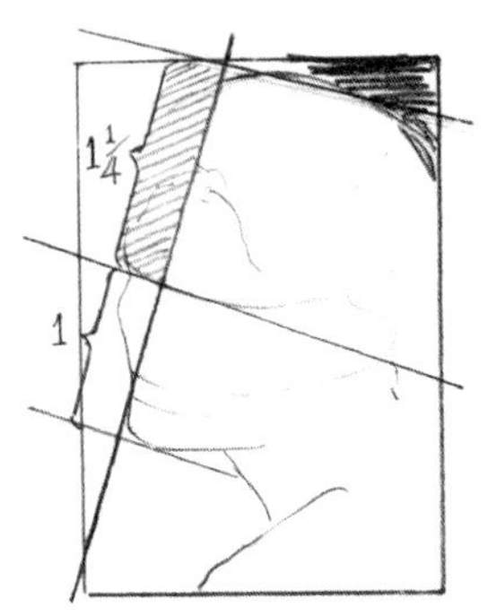

圖18-20
比較頭部的上半部分和下半部分的尺寸。

放大五官（也許藝術家爲了強調五官，故意這樣做）的一個例子如圖18-22所示。相同的放大效果也可以在學生作品中（圖18-21）和杜林殮布（Shroud of Turin）上耶酥的臉中（圖18-23）看到，當然，杜林殮布讓人們對製造這幅圖像的聖靈原形產生懷疑，至少我就很懷疑。

6.把你的鉛筆放在模特兒的照片上，你可以測量各個部分的相互關係：從稍微高於模特兒的角度看下來，比率是1:1又1/4。你會發現模特兒下巴底端的邊線處於框架底端向上一又四分之一個單位多一點的位置。在你的畫中標出這一點，然後標出眼睛水平線，然後再按照1：1又1/4的比率標出頭髮的頂端。這時，請注意五官在整個頭部結構中所占的比例是多麼小（圖18-24）。

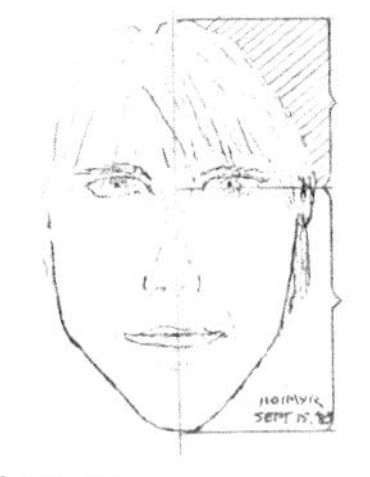
圖18-21
學生荷米爾的學前作品，你可以看出他把五官放大了，剛開始學繪畫的學生經常犯相同的錯誤。藝術家經常故意使用這種變形（藝術家巴查第〔Don Bachardy〕就是這麼做的），然而初學繪畫的學生則經常無法避免這種變形。

7.使用鉛筆尖，開始給陰影區域加黑。如果有必要，把照片和你的畫顛倒過來，幫助你把陰影看成一個形狀。隨著你繼續畫下去，就會發現有些陰影形狀只比紙上的灰暗色調深一

荷米爾經過一段學習後畫的自畫像

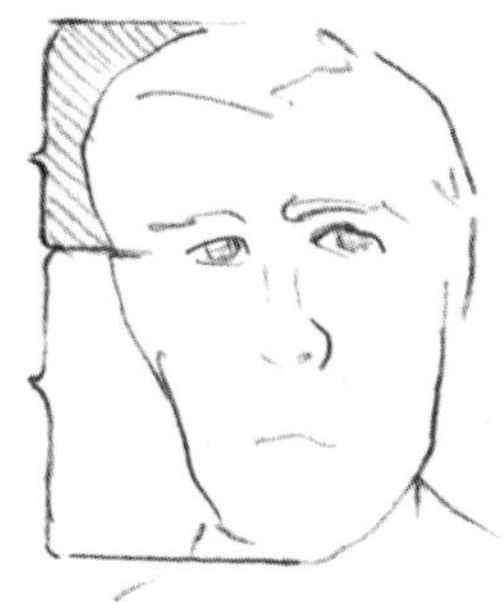

圖18-22
比較模特頭部的比例和畫中頭部的比例，看看它們有什麼不同。藝術巴查第臉上的笑容似乎告訴我們，他是多麼滿意變形後的效果。

圖18-23
〈杜林殮布〉，麻布上顯現出的黑白陰影人形，據說這塊布是耶酥受難後裹在他身上的布。布上的圖像據說是與耶酥的頭部和身體接觸的結果。

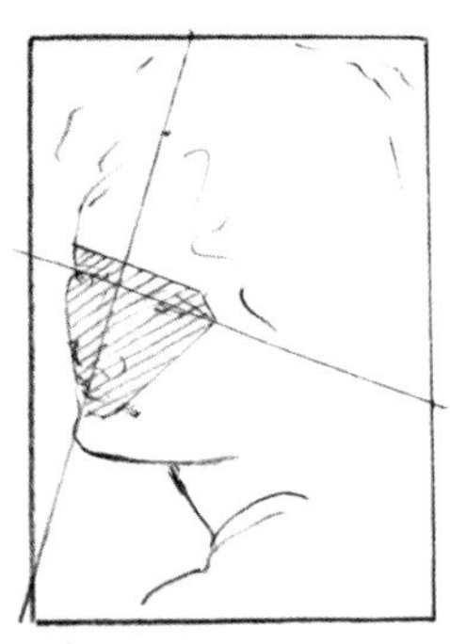

圖18-24
請注意五官在臉上占的面積是多麼小。

圖18-25
把光亮的區域擦出來。

點，但是有些就深很多——與你的鉛筆能夠畫出來的色調一樣深。同時請注意頭髮上的黑色陰影。它們同樣也應該被看成是一些形狀。在繪畫的這個階段，盡量避免使用線條，甚至試著把上眼瞼「線狀」的褶皺看成是非常窄的陰影。繼續避免畫任何五官，但是開始一邊畫一邊想像，試著在腦海裡努力去「看」這些五官，儘管它們還沒有出現在你的畫面裡。警惕任何意外地「看起來很不錯」的痕跡。

8.接下來，你將使用橡皮擦擦出光亮的區域，像你在上一個練習中做的那樣。看著照片（以及達文西的油畫），並問自己，最亮的區域在哪裡？你將看到這個區域在眼瞼、鼻梁和臉頰上。由於你能製造出的最亮效果就是紙的白色，這些地方就是應該把你塗上的色調全部擦掉的區域。把照片顛倒過來，你會看到這些區域有一個固定的形狀，幾乎像個橢圓形，另外在下巴和肩膀上還有一些小型的光亮區域（圖18-25）。

9.你的畫中最黑暗的區域（臉頰下方的黑色陰影，頭部後面黑暗的陰形等等），只能是你的鉛筆能畫出的最暗的顏色。在最亮的顏色（紙的顏色）和最暗的顏色之間，有無數種變化的色調，稱爲「色彩明暗度」。這些色彩明暗度之間的相互關係非常重要。

幸運的是，一旦兩個極限——紙張的白色和鉛筆能畫出最暗的顏色——確定了以後，初學繪畫的學生就能很熟練地估計出這些相互關係。例如，模特兒的左臉有部分在陰影中，這些陰影的色調大概是最亮的區域和最暗的區域（頭部後面的陰形）之間一半左右。然而更深的陰影出現在脖子，鼻尖的下方和下嘴唇這些地方；在這裡，使用鉛筆的力道要大一些。請注意，下巴的底端邊線是由反射光線表現出來的，但是這個部位的色調要比最亮的區域深多了。所以在擦這個地方的色調時，用橡皮擦時要輕一點。

10.你已經畫出頭部的大體形狀，以及大部分光亮和黑暗的區域，現在想像五官的模樣應該十分容易了。奇怪的是，只有在準確地畫出整個頭部形狀後，五官才會看起來無誤。深深地看一眼照片，然後半斜著眼睛，試著「看」你畫中的五官。如果你畫得不像，或者沒有把表情表達出來，不要緊。重新在畫紙上添加色調，然後再用你的橡皮擦和鉛筆把相似的形狀「畫出來」。對自己要有自信，如果你用鉛筆來加強你對五官的想像，那麼你就能畫出一幅成功的畫。

同時，注意不要做過頭了！你的畫作的欣賞者願意玩這個「遊戲」，而且只要你提供小小的幫助，他們能夠「明白整個畫面」。還記得約翰畫的烏黑一團嗎？

11.最後一個步驟，用鉛筆和一小塊橡皮擦修飾你的畫面，直到達到你想要的程度（圖18-26）。

圖18-26
從光和影當中「畫出」相似的形狀。

現在開始畫吧。安排一個小時不受打擾的時間。你將被這幅畫深深吸引，一旦整合所有複雜基本技巧的掙扎消退後，你就「只不過在繪畫」罷了。你會發現自己從模特兒夢幻般、神祕內向的表情深入地看進去，想要弄清楚這個模特兒的個性。毫無疑問，你將完全忘記時間的流失，而且在你繪畫過程中的某個時刻，你對整體的感知將會出現。這個經驗非常有價值；它將讓你獲得繪畫過程中的新靈感。

當你完成以後，好好地欣賞一下自己的作品。你畫了一幅既寫實又符合美學原理的人像畫，不是按照L模式的工作方式完成的，比如說，「這是個眼睛」，然後畫一個代表眼睛的符號，而是按照R模式的方式完成，使用了所有感知技巧——那些繪畫的基本技巧——同時你還使用了非常了不起的成像（想像）技巧。

霍爾班畫的《梅耶的畫像》

梵谷對霍爾班畫像的研究

安德森，鋼琴家

圖18-27 韋伯的對比攝影作品

埃及基馬爾七世王朝雕像的局部

梅爾斯，藝術家

圖18-28韋伯的對比攝影作品

圖18-27至18-29都是韋伯充滿想像力的攝影作品，她爲我們提供了更多「模特兒」，而且每一組中的「雙重圖像」（圖18-27是「三重圖像」）能夠幫助我們更進一步練習繪畫的整體技巧。你會發現，每一組圖像強調的是不同的繪畫基本技巧。小霍爾班的人像（和梵谷的複製品）強調的是邊線和陰形。我必須要指出，在梵谷複製霍爾班的那幅畫中，五官和頭部相對於身體都被放大了（你可以試試看，與偉大的荷蘭藝術家小霍爾班進行一個小比賽）。

埃及雕塑和與之極爲相似的模特兒（圖18-28）與以上的圖像大不相同，表現的是光和影，也就是說，感知和畫出光亮和黑暗的形狀。記住頭部的比率是1：1，因爲這裡採取的是直接平視的角度。這也提醒我們，相互關係和比例關係的組成成分根植於每一個藝術作品中，就像寫作中的文法一樣。

最後，一個與我們前面觀察的那些作品相比更加抽象的圖像（圖18-29）。俄羅斯表現主義畫家嘉蘭斯基（Jawlensky）故意放大和簡化了模特的五官，結果得到非常有表現力的效果。

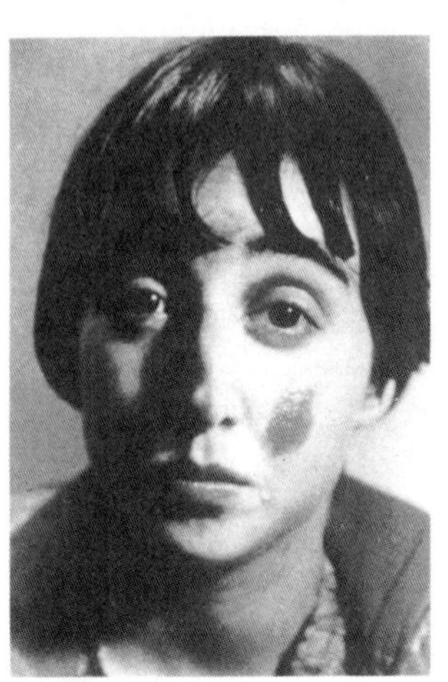

克拉克，公共關係人員

嘉蘭斯基畫的夢幻般的頭像

圖18-29 韋伯的對比攝影作品

如果你先試一試畫出攝影家韋伯寫實性的照片（主要是一幅光和影的圖像），而不是嘉蘭斯基抽象的五官，會更具啓發性。這樣你就可以感受到，當觀察的目的是把模特兒的精髓「抽象化」時，偉大的藝術家腦子裡想的是什麼。

畫出陰影的問題

觀察光和影的組成技巧是所有感知技巧中的最後一項，它也提供了我們一個全新的、特別豐富的和深刻的思考方法。重點是，一盞小燈光打在任何物體上都足以讓你推斷出——或者「洞察到」——陰影中蘊涵的資訊，陰影還能夠幫助你看到此刻被光線「遺漏」的邊線。

這整個過程叫做「成像」，但是請注意，我指的不是幻想或純粹的想像。成像過程在問題的解決中發揮很大作用，圖像是透過光和影的相互關係得出的，而且與現實息息相關，不管燈光多麼昏暗都一樣。讓我們回顧一下史丹臣的自畫像：在黑暗的陰影中能看到什麼完全取決於光亮區域的本質或實質。因此，聽起來很矛盾的是，你推斷未知區域的能力取決於準確地看已知區域的能力——也就是說，不能對已知區域有任何的扭曲。

回到你的問題類比畫，從這個新角度來評價它。就算你沒有在類比畫中使用「打陰影的技巧」，你的成像能力也能發揮作用。你畫中有哪個形狀能想像成三維立體的嗎？如果可以，那麼它們會不會在問題的其他部分上投下陰影？在你感知問題的時候，光線投射到哪個部分？這些部分對你來說非常清晰、可識別，也很明確。柔和一些的陰影，那些使整個形狀稍微有點模糊不清的陰影在哪個部位（儘管資訊可能是含糊不清的）？你能不能開始「洞察」這些區域，從已知的推斷出未知的呢？最深的陰影，那些黑得根本就看不出有哪些資訊的區域在哪裡？在大腦的努力下，你能不能找出任何線索，幫你建立起一個呈現在腦海中的結構？你能從光亮的區域裡得出哪些關於黑暗區域的資訊？有沒有辦法讓其他區域的一小束光線滲透到這些黑暗區域裡來呢？

整體地看問題

最後一個步驟，把你的注意力集中到問題本身，把它當成一個由許多複雜部分組成的整體：與感知和視覺想像相關的詞語和概念；邊線、陰形、相互關係和比例關係，光和影。你看到的是「整個大畫面」，就像你馬上要把它畫出來那樣。在大腦裡把它照一張快照，試著留意每一點資訊。把它放進記憶裡。讓你使用過的詞語成爲在你的大腦中閃現靈感的「連結」，如果有可能的話，讓這些連結陪伴著與此相連的畫面。不要遺漏任何東西，但是接受你可能並沒有把所有資訊都看得很清楚的事實。試著在大腦裡保留所有的資訊，就算只保留一會兒也好——不要要求（過早的）結論，不要在這一刻就開始尋找答案，而只是把它當成一個整體來看——幾乎在一種禪的意境下，看事物的本質，不作任何判斷。把圖像作視爲一個整體儲存在你的記憶裡。

你的大腦現在已經累積了大量關於這個問題的資訊。你已經完成了所有的研究，把資訊聚集到一定的程度。你已經按照一定的方式，把你對問題的理解與圖像和視覺策略結合起來。感知性思維的策略提供我們看問題的新方式，也讓我們用新的方法，把連續性的、分析性的、辭彙性的L模式概念提交給即時的、類比的、感知性的R模式，進行合成處理。你已經走到漫長累積階段的最後一步；這時，面對自己選擇的研究主題，你已經「瞭解」並「看到」所有可以瞭解和看到的資訊。

現在是給你的大腦一些指導的時候了。

19. 接近那個神奇的時刻

當人們詢問物理學家卡露塞的研究方式時，他回答：「我有一個非常圖像化的思維方法。」對於卡露塞來說，一組特定問題的組織模式可能需要一段時間才能顯現出來，就像一張在膠片上的圖像一樣。他說：「直到某個時刻，你突然能看清楚是怎麼一回事。」
訪問卡露塞的《紐約時報》的科學作家布洛德（William J. Broad）說：「你可以從他的筆記本裡得出一個具體的概念，那裡面有一些小草圖和速寫。」

我們現在已經接近問題的核心。你把注意力單一地投向一個或一組問題的時候——也就是漫長的累積階段結束了。花在這個階段的時間是創造過程中的一個必要條件；突然間在大腦中閃現的初步靈感，必須無一例外地經過漫長的累積過程。

焦慮是創造過程中另一個明顯的附帶情緒，而且在累積過程中一點一點降臨到你頭上。隨著你獲得越來越多的新感知，任何解決問題的可能性都快速地消退。甚至現在就算你投入這麼大的工作量，已經從所有的角度來看問題，看到問題各個部分的透視關係和比例關係，收集所有已知的資訊，並把它們組成形狀和空間、光和影的圖案，但是你還是會感到茫然和焦急的情緒會加劇，而不是減退。

過程的圖案

這也是過程的一部分。根據發明創造者的紀錄和筆記，漫長的累積階段要求一個人具備清晰的視覺想像力、耐心、自信和勇氣。在近期一篇關於創造性思維的文章裡，物理學家卡露塞（Peter A. Carruthers）說道：「有了！人們喊著。在突破這一刻之前，長時間的醞釀被神祕的氣氛籠罩著。在曙光到來之前，即使充滿著茫然和疑惑的情緒，人們還是知道答案就在那裡，但是他們還不知道答案究竟是什麼。」哈蒂（Rosamond Hardy）在自己的書《剖析靈感》（*An Anatomy of Inspiration*）中描述這個階段：「創造其實不總是一個令人快樂的過程。」讓我們回想一下，達爾文在收集關於生物演化的資訊時，花了漫長時間，幾乎使他心力焦瘁：多少年過去了，達爾文還是無法總結出演化論。然後，在某個時刻，拼圖的謎底，那個重要的組織原則、問題的靈感，終於在他面前顯現了。

把線索拼湊起來

我們離那個神奇的時刻還有一段距離。不過無論如何，你已經完成一大部分的工作。你已經向自己提出最佳問題，而且在尋找答案的過程中，你敞開大腦去看那些該看的東西。你學會使用原本不被重視的感知，你給問題一個邊界，讓它從周圍的世界區分開來。這時你已經在R模式原則的指導下，使用L模式把這個問題研究得極爲透徹。你從新的角度來看這些資訊，尋找類推式的靈感。你已經找到組成整個問題的形狀和空間之間的關聯性。你從可以看到的部分推斷出深藏於陰影中的部分，你看到了整個問題。然而……

你還是沒找到答案。拼圖的各個部分似乎還沒組合起來。當答案還是不在我們視野範圍內的時候，大腦仍然渴望得到一個結論。我認爲，這是整個創造過程中最關鍵的時刻。你可以沉醉在焦慮的情緒中，準備放棄，因爲你擔心這個問題最終沒有答案；或者你可以鼓起勇氣，接受焦慮的情緒，把問題保留在眼前和大腦裡，採取下一個不確定的步驟。

孵化：可長可短的階段

這裡似乎有點爭議，創造過程從有意識地努力進行創造和問題解決開始，但是在過程中的某一刻，經常是人處在充滿疲勞和挫敗的情緒時，問題被「放在一旁思考」或「移交了」。也就是說，問題被轉換到一個不同的介面，在與普通思維不同條件下逐漸發展或成長。你即將進入創造過程的下一個階段。

孵化階段，亦即在資訊搜索（累積）的最後一刻和「啊—哈！」（啓發）之間的那段時間，是個可長可短的階段，一方面可能需要幾週、幾個月、甚至幾年的時間，另一方面可能只

詩人艾略特（T. S. Eliot）從一個不同的角度來理解啓發階段：

在這些時刻，我們沒有意識到，但是在日常生活中已經壓得我們透不過氣來的焦慮和懼怕情緒，突然之間消失，某種負面的情況發生了：也就是說，不是我們一般認為的「靈感」，而是推倒一些強大的習慣性障礙，這些障礙很快又會再形成。一些障礙物被一掃而空，隨之而來的感覺不是絕對的喜悅，而是突然從無法忍受的負擔中解脫出來的感覺。

——《詩歌和評論的作用》（*The Use of Poetry and the Use of Criticism*）

法國數學家哈德馬德引用美國心理學家提臣納（Edward Titchener）在思維中使用視覺圖像的話：

在閱讀任何文章時，我本能地按照某種視覺圖案來排列事實和論據，而我既能夠根據這些圖案來進行思考，也能根據辭彙來進行思考。提臣納還說，如果文章越適合這個圖案，那麼自己就越能理解這篇文章。

哈德馬德根據自己的思考清楚地說：

a. 在我進行思考時，圖像的幫助是必要的。

b. 我從來沒有被它們欺騙過，也從不害怕被欺騙。

——《數學領域中的發明心理學》

需要一瞬間就可以了，就像音樂的即席創作一樣。作家韓特在《心中的小宇宙》中指出，在受到啓發之前，有一段緩慢接近的意識過程。例如，十七世紀德國天文學家克卜勒（Johannes Kepler）在發現三個行星移動定律中的前兩個時，就經歷了非常緩慢發展的啓發階段。韓特引用克卜勒的話：「十八個月前，我腦海裡浮現第一個定律；三個月前，陽光明媚的一天，第二個定律；最後是幾天前，我腦海呈現最振奮人心的一整幅畫面；現在沒有任何東西可以阻擋我。我興奮得像走在雲端一樣。」

但是更常見的是在一瞬間出現的啓發和靈感，對答案完整無缺和眼花繚亂的感知。英國詩人豪斯曼在談到自己突然獲得的直覺時說，有時整首詩以完整的形態呈現在他腦海裡。

我們知道，大腦的大多數工作都是在潛意識中完成的，而且我們對潛意識計算/控制功能的複雜性和高品質都有健康的認識。即使是在意識層面的大腦活動，我們實際上也只能意識到一部分。因此，一定還有一些錯綜複雜的交換和掃描過程，把相關的思維接連不斷地轉移到我們的意識層面；我們意識到這些思維的內容，卻不知道它們是從哪裡來。這樣的潛意識活動有時會延伸到複雜的邏輯性思維中——否則我們如何解釋有時在我們最沒有防備的時候，一個問題的答案或靈感突然呈現在腦海裡？儘管看起來我們的意識層面似乎能全權代表我們的大腦活動，但是也許我們是錯的：大腦真正的工作區域也許是在幕後。

——伍德理奇（Dean E. Wooldridge），《大腦的機能》（*The Machinery of the Brain*）

它能思考

無論孵化階段需要多長時間，它是從你的大腦決定「用另一邊思考」的那一刻開始，在那一刻你安排自己的大腦解決問題和尋找答案。

最後這句話的措辭是故意安排的，儘管你也可以用更普通的方式來表達這個意思：它是從你決定「用另一邊思考」，並開始解決問題的那一刻開始。但是我認爲刻意安排的那個句子更接近事實眞相，也就是說，在孵化階段，大腦在獨立地思考，與普通的認知形式有很大的不同。關於創造發明者的書或創造發明者自己寫的筆記非常清楚地指出這一點：在孵化階段的過程中，這個人在做其他的事情。

對於大腦的雙重性和到底是人還是大腦進行「思考」，人們爭論的聲音越演越烈。但是正如解剖學家楊恩（J. Z. Young）在旁注中指出的那樣，既然現在我們對大腦的瞭解已經加深，這個所謂的爭論也不過是語義之爭罷了。因此，在參考歷史學家拉夫特（David Luft）在旁注中提到的各個發明創造者的意見後，我選擇使用這樣的措辭：「它能思考。」

「它能思考」這句話與普通的觀念不太一樣，普通的觀念總認爲大腦的潛意識裡進行著一些未知的事物，從中產生想要的啓發——也就是說「啊—哈！」的那一刻。我的意思是說，大腦太過於專注於這個問題，因此裡面堆滿了一些與語言相連、但是以視覺圖案的方式（如類比畫）排練的資訊，而且資訊的複雜性和數量遠遠超過以普通方式處理的能力範圍。你可能對創造過程中的這個關鍵時刻有些許瞭解，而且當你按照我在上一章的結尾提議的那樣，「把問題當成一個整體來看」時，你會感到焦慮。

我相信，這一刻已經得到意識層（L模式）的「認可」和理解。由於被焦慮所包圍，這個人會想辦法找到一個跳出進退兩難局面的方法。「我應該怎麼做？放棄嗎？什麼？要放棄做出的所有努力嗎？我們必須阻止這種情況發生！」最後，儘管很疲倦，甚至有點絕望，意識模式還是會說：「好吧。你去找到答案。」我相信，這種故意把問題「移交」出意識層的行爲，讓能夠處理極其複雜資訊的R模式「到一旁去思考」。R模式在空間中操縱著複雜的結構，即時和整體地「看著」大量的資訊，尋找其「組合規律」和含義，直到最後所有部分都「找到適當的位置」，而且能「看到」造成資料結構整體性的關鍵——也就是各個部分的組織原則。

因此，我猜想孵化階段應該主要是，R模式對用視覺方式構建起來的辭彙和視覺資料的操縱，而且整個過程應該存在於意識層面之外，直到大腦將感知性的「啊—哈！」傳輸到有意識的辭彙性過程中去。這種交流把靈感翻譯成一種更容易被L模式接受的形態：一個可命名的圖像或夢境，一段辭彙性的說明，一個結構井然的計劃，一個數學公式，一個小發明，一個商業策略，或者一曲音樂主旋律。簡而言之，就是一個問題的答案。

大腦甚至能感覺到答案「即將產生」。某些人報告說，證據顯示在解決問題的各個階段，心跳頻率是不斷變化的，隨著

愛因斯坦的一個好朋友告訴我，由於愛因斯坦的很多偉大想法都是在他早上刮鬍子的時候突然冒出來的，因此他每次使用刮鬍刀時候都特別小心，免得一不小心割傷自己。
——傑恩斯（Julian Jaynes），《意識在雙重性大腦中的來源》（*The Origin of Consciousness in the Breakdown of the Bicameral Mind*）

「大腦能思考嗎？」有些人可能存在疑問：「還是人在思考？」他們認為人和大腦是兩個不同的事物。按道理我應該同意這些觀點，但是由於現在我們對大腦的忽視，我只同意以上觀點的一小部分。「現在『大腦』這個詞只代表一大堆令人費解的東西。有沒有可能改變這一切，讓『大腦』這個詞有完整而又豐富的含義，使人們不再懷疑大腦思考是個語法錯誤？」
——楊恩，《大腦的程式》（*Programs of the Brain*）

這個人越來越接近答案，心跳會越來越快。心理學家和紐約大學的教授史丁把這種現象命名爲「生理意識」，他還指出，當一個正在被研究的人不知道自己已經找到答案時，這種現象就會出現。

把信件投入信箱

作家杜貴德（Julian Duguid）在船上遇到一個人向他建議一個步驟：
「你想寫小說嗎？」那個人說，「那是件非常容易的事。你的大腦本能地記住每天發生在你身上的事情……。它會把這些經歷編織成一個個小說情節。你只要擦一擦神燈就可以了。」
「那麼有什麼技巧嗎？」我說。
「我們的直覺大腦從來不睡覺。當我們每天睡覺的時候，大腦一直在工作。你可以自己試一試。」
「聽起來太有趣了，我應該怎麼做呢？」
「是很有趣。在你睡著前，必須告訴潛意識你需要什麼。第二天早上就會有一個故事等著你……。」他後來還說：「沒有什麼好害怕的……。燈裡的精靈是你的僕人……。你要是能給它取個名字，會更好。」
「後來我決定把這個心中的陌生精靈叫做助手。」
——杜貴德，《我被說服了》（*I Am Persuaded*）

如果一個人眞的能有意識地命令大腦進入神祕的孵化階段，開始使用在累積階段獲取的資訊來找到答案，那麼每個人給的命令都不一樣，這取決於每個人特定的性格，以及，要我說的話，還取決於這個人本身和他的大腦的關係。

美國詩人洛威爾（Amy Lowell）把等待大腦呈現一整首詩的過程，形容成「往信箱投遞信件的過程」。她說，從那一刻起，她只需要等待答案在「回郵信件」中出現就可以了。果眞，六個月後她的大腦裡終於呈現出某選定主題的詩詞。

另一個例子是美國作家美勒（Norman Mailer），他在最近的一次訪談中使用了「潛意識」這個詞，但他的語氣簡直與洛威爾一模一樣。他把自己的寫作情況與一個當時他已經深知的主題聯繫起來：婚姻。「在寫作中，」他說，「你必須與你的潛意識存在某種婚姻關係。（如果在寫作時遇到某個問題）你必須定一個時間，並說：『我明天跟你見面。』而你的潛意識就會爲你準備好一些東西。」

請允許我描述我自己的一個小例子，實際上也是在寫這本書的時候，經歷到的整個問題解決過程中的一個小部分。我需要給本書第二部分中的類比畫一個名稱。從一九六五年開始，我一直把這些畫稱爲「情緒狀態畫」，並且一直希望找到更恰當的名字。那個笨拙的名字似乎從來都不太適合我試圖傳達的概念。當開始寫這本書的時候，我想盡辦法希望找到一個更合適的名字，結果腦子裡沒有出現任何答案。由於缺少一個名字，我只好在手稿中留下一個又一個的空白。

幾個月過去了。最後，在疲憊不堪之際，我突然大聲對自己說：「好吧。你自己去找。」這裡所說的「你」，我大概指的是我的大腦，但是我當時非常清醒。我記得說出來的感覺非常好——可以說，我下達了一個命令，把問題提交出去。

我把這個難題丟到一邊，繼續進行這本書的其他工作，儘管在我大腦的某處，這個未經解決的問題還在困擾著我。然後有一天，當我在高速公路開車上班，腦子還在想著其他某些完全不相干的事情的時候，「類比畫」這個詞突然蹦到我的腦子裡，打斷我一連串的思考。我說：「太感謝你了！」

更進一步的例子：
GM公司在加州高級概念中心的設計總監金恩(Julius King)，在談起創造性問題解決這個主題時曾說過，我們應該與一個「夥伴」一起工作。
金恩指出，韋氏大字典把夥伴定義為：1）一位同志，以及2）一個共同生活、相互服務的人。
——在洛杉磯的一次談話

有步驟地進入孵化階段

在孵化階段開始前，你必須先走到累積階段的死胡同，也就是到你無法再進一步向你的大腦提供資訊的時刻。你發現自己對問題的瞭解已經達到一個極限，然而放眼望去，還是沒有答案的影子。

以下的步驟提供進入孵化階段的一些方法，儘管在這個世界上，有多少個思考者，就有多少種不同的方法。

1.最後一次把你所有的畫集合起來，不要按照你畫的先後順序擺放，把那些用純粹的線條語言表達思維的類比畫，與那些「外部」事物的寫實畫（感知技巧練習作品）混在一起。你會發現剛學會的五項繪畫感知技巧已經呈現在你的類比畫裡：邊線、陰形、相互關係和比例關係、光和影，以及完形。在這些早期的作品當中，你下意識地且直覺地使用了這些技巧，當時你已經知道比自己認爲的還要多的東西。同樣地，你也會在自己那些「寫實」畫中找到非辭彙性的線條語言：框架中的擺放位置，輕和重的線條，鋸齒狀或曲線狀的形狀，有表現力的結構，而且同樣也是在下意識和直覺指引下使用這些線條語言。你還會在自己所有的畫中發現個人的繪畫風格——你留下的獨特痕跡。

米爾頓（Milton）談到他的「天仙」時說：「她讓我靈感湧現。」
「詩歌找到了我，而不是我找到它們。」歌德說。
「思考的不是我。」拉馬爾丁說，「是我的想法幫助我思考。」
——摘自傑恩斯，《意識在雙重性大腦中的來源》

現在在你的大腦裡回顧一下你的畫喚起的視覺資訊和辭彙

性解釋。

2.這時，拿出你的三幅學前作品，把它們與你後來的作品相比較。你會與許多學生一樣，幾乎被它們嚇一跳。那個畫學前作品的人，跟你是同一個人嗎？你能看見在畫那幾幅畫時，自己所處的「大腦狀態」嗎（L模式還是R模式）？你能看到視覺資訊是如何被翻譯成簡單的符號形狀，來適應語言概念和你的大腦裡已經編排好的程式嗎？花時間想一下，你對繪畫技巧的掌握，以及透過繪畫來表現自己的能力現在已經到達什麼程度。

現在，在你的大腦裡回顧一下繪畫的五項基本技巧，然後把它們轉化成解決問題的策略。

3.接下來把所有東西放到一邊，但是把你的注意力放在問題上，接受暫時性的、不可避免的焦慮情緒，因爲它會從累積階段一直伴隨著你到孵化階段。你要讓自己的大腦繼續解決這個問題；因此，在這個時刻你必須願意面對自己不知道答案的事實。當然，這就要求我們具備堅忍不拔的精神，相信問題對自己的重要性。

4.現在，在回顧所有你對這個主題的瞭解後，命令你的大腦找到答案。你在下達命令時使用的語言完全取決於你自己。你可以往信箱裡投一封信，也可以與自己的大腦約定在未來的某一時刻相見，還可以像我說的那樣，簡單地說：「好吧，你去找答案。」

5.你現在可以趁大腦「在一旁思考」的時候，放自己一個假，或者著手別的工作。這個問題會一直停留在「大腦的深處」，在你意識層之外。我想，你又會感受到一絲不安和焦慮，如果問題對你很重要的話，可能是非常嚴重的焦慮。就算你知道這種焦慮是整個過程的一部分，也不會讓不安煙消雲散。你必須有勇氣承擔這一切。

你的大腦不會讓你失望的。某一天，當你正在高速公路上駕駛，或者正在沖熱水澡時，答案就會從某個地方冒出來。

啓發階段：一個興奮的時刻

第四階段中一個令人好奇的地方是，捲入創造過程中的那個人會立刻把得到的啓發看成是「正確的」。因爲它能讓問題的所有部分和諧地組合起來，我們會不帶一絲疑惑而又興高采烈地擁抱這個答案。從某種意義上來說，也許大腦非常滿意現在的答案。儘管在文學、藝術和科學中，眞正具有創意的答案需要花額外的時間去實現，然而想法、策略和指導性原則的確會在某個靈光閃現的時刻到來。

此外，創造者往往會體驗到一種欣賞到美好事物和受到靈感啓發的快感。在被傳輸到大腦意識層面以後，整個解決方案具有一種恰如其分的整體性，把問題和答案完美地結合起來，這整個過程本身就是一件藝術品。在這個神奇的時刻，意識層面和潛意識在一瞬間變成有創意的整體，而靈感在記憶裡閑庭信步。

偉大的法國數學家龐加萊描述一個靈感閃現的時刻，當時他正準備上電車：

「當我把腳放進車門內的那一刻，這個想法突然冒了出來，在那以前我沒有進行任何鋪墊性的思考，我用來定義紫紅函數的變換式幾乎與非歐幾里得幾何學的一模一樣。」

「我沒有對這個想法進行驗證……只是繼續我的談話，但是我很肯定這個想法沒錯。當我回到肯罷市，為了滿足意識層面的要求，又在閒暇時刻把結果驗證了一遍。」

——哈德馬德，《數學領域中的發明心理學》

20. 畫出內在的力量

現在你已經準備好完成以你的想像力爲起點的工作。創造過程進入最後的驗證階段。最後的工作形式取決於許多因素，就像每個人都是不同的一樣，它們也是各種各樣。因此我尊重每一位讀者在自己領域裡的專業意見，只講述驗證階段的大約輪廓。

驗證階段的其中一個功能，如這個名字顯示的那樣，就是檢查啓發和靈感的有效性——證明它是實際可行的。如果在累積階段進行仔細而又詳盡的準備，那麼獲得的靈感在大多數情況下都被證明是正確的，而且支援伴隨著啓發階段那種絕對肯定的感覺。證明的工作必須要有意識地完成，而且在最後階段的整個過程中，你或多或少都會知道自己在做什麼。

創造者與他的創造成果之間有著非常獨特的關聯：首先，因為他把這個成果看成是自己的一部分，同時是他個人對世界的奉獻……健康的自我主義讓他製造出既可以傳達給別人，又能被別人接受的創造成果。
——科尼勒，《創造力的藝術和科學》

可長可短的驗證階段

完成整個課題所需要的時間沒有一定的標準。驗證所需要的時間可能跟寫下一首詩的時間、或者記錄下一個數學定律論證的時間一樣短，也可能需要經年累月的時間。例如，居里夫人在驗證她對瀝青油礦石中藏有某種新元素的推斷時，就花了多年的時間和勞力，終於在八噸瀝青油中分離出了一克鐳元素。幸運的是，啓發和靈感所帶來的興奮和快感一直在記憶裡延續，並幫助發現者保持旺盛的精力，直到最後一個階段，居里夫人在自己的文章中就是這樣描述的。因此，「啊—哈！」的經歷爲工作帶來信心，使焦慮減少，勇氣增多，而且還增強了完成整個課題的意志力。油畫畫完了，歌曲編好了，公式經過檢驗了，書、散文、或詩歌寫好了，實驗做完了，產品產生

了，業務重組了，廣告的口號想好了；也許，一生的事業開始了。

在最後一個階段，與其他人隔離開也許不是個好主意，除非這個問題是非常個人化的問題。如果你的創造性工作的目的是?生一個有用的新想法或產品，還是要在某個時刻把它放到現實世界中，等待別人的接受。因此，驗證階段爲產品的檢驗提供了機會：現在可以把這個想法告訴其他人，而且你應該歡迎任何對你工作的批評。你再一次需要對你大腦的工作成果充滿勇氣和信心，甚至在這個階段需要比以往更多的勇氣和信心。記住，你是自己靈感的看管者。如果你在這個最後的階段，由於害怕別人的否定或不同意見而退縮，那麼你的創造性努力將有可能永遠也不具備實際的形態。

愛因斯坦軼事：
我記得最清楚的是，當我提出一個自己認為很使人信服和合理的建議時，他甚至不跟我爭論，只是說：「啊，多麼醜陋。」一旦他覺得某個公式很醜陋，那麼他就對這個公式完全失去興趣，而且無法理解為什麼其他人會願意花時間在這上面。
他很堅定地認為，在尋找理論物理的重要成果時，美感是一個指導性原則。
—— 惠特羅（G. J. Whitrow），《愛因斯坦和他的成果》（*Einstein: The Man and His Achievement*）

再一次畫出美好的元素

在第十九章裡，我提出讓L模式的邏輯性和語言性技巧重新主導最後一個階段。對於大多數課題來說，L模式將在很大程度上控制驗證階段的大腦設置。然而，創造力的目的不只是產生有用的東西，還要產生具有藝術美感的東西。由於驗證階

法國詩人和評論家瓦勒西形容驗證過程：
大師已經提供了火種，你的任務就是用這團火煮出點東西來。
——哈德馬德，《數學領域中的發明心理學》

段使靈感具備實際的形態，貼切和美好的審美感覺將幫助你確保最終作品能反映出啓發時刻揭示出來的美感。實際上，審美感覺似乎一直都潛心於整個創造過程，驗證階段並不是一個例外。

因此，我認爲現在要再一次提醒讀者阿奎奈提出的美感的三個必要條件：整體、和諧與魅力。這三項將爲L模式指明方向，並使驗證階段中有意識的工作得到改善。不論最終的成果是什麼——無論是寫一本書，安排一個節目，建立一台凸版照相機，還是設計一個投資策略——眞正有創造力的工作永遠也不醜，而且總是很美麗，愛因斯坦就非常清楚地相信這一點。因此，隨著有意識的過程一步一步地走向尾聲，現在需要正深藏在大腦某一處的R模式規則，來指導L模式如何阻止美感的流失。

於是在進行驗證階段每一個步驟的過程中，你必須在大腦裡保持阿奎奈的三個必要條件：

第一，你要證實你的靈感，繼續感知這個課題的全部，在邊界以內完整的個體。這條邊界框定整個課題，使它從無法測量的時間和空間背景中隔離開來。在框架以內，這個課題是一個整體，既妥貼又統一，所有的部分都保持其一致性和適當性。這是阿奎奈的第一個條件，整體的統一性。

第二，在你分析和驗證這個課題，從一個要點到另一個要點時，試著感知每一個部分與其他各個部分以及整體之間的相互關係。理解整體結構的比例關係和節奏，並使每個部分處於平衡和協調的狀態。這是阿奎奈的第二個條件，和諧——整體的貼切、勻稱和調和。

第三，在驗證過程中，按照原本的模樣，而不是任何其他模樣，來感知你的課題：在以前並不存在的，一個原創而又獨特的思考成果。在你給予自己的想法一個切實的形態時，要認識到，每個部分彷彿必然與其他部分組合在一起——這是唯一

只有在思維停頓、大腦安靜下來後，清晰、靈感和理解才會出現。只有在這種時候，你才能清楚地看事物，也只有在這種時候，你才能說，自己真正理解了……這時你可以直接感知事物，因為你的大腦不再困惑了。
讓我解釋得更清楚一點，大腦必須完全安靜下來，不能有一絲波動，然後你才能真正地理解，並把這種理解付諸行動。而不是反過來。
——J Krishnamurti，《你就是全世界》

具有邏輯性和美感的組合方式。這也揭示了阿奎奈的第三個條件，整體的穿透性魅力、精確性，和可理解性。

當最後一個階段，驗證階段，完成以後，你——現在還包括其他人——將重視你的創造，看到它的統一和諧與魅力，並將體驗到「閃閃發光、無法言喻而又沉甸甸的美感享受」。

接近尾聲

愛因斯坦的兒子描述他的父親：

……按照我們普通人的理解，他的性格更像一個藝術家，而不是一個科學家。例如，他能給一個好的理論或做好一件事情最高評價，不是這些理論是正確的或準確的，而是美麗的。

——愛因斯坦之子，《愛因斯坦：百週年紀念版》

對於大多數人來說，「我如何才能夠變得更有創造力？」是一個極其重大的問題。我相信，這個問題的答案藏在一個矛盾之中：**一個人如果想變得更有創造力，就不要試圖變得更有創造力，而是進一步發展大腦中與創造性思維密切相關的那個部分，大腦的視覺感知模式**。我相信，學習用藝術家的方式看事物是一條通往獲取更多創造力的大路。毫無疑問，還有其他很多條路可以指引你到達這個目的地，但是眾多發明創造者在自傳和筆記中非常清楚地指出：視覺性、感知性的過程是最直接的一條路，而且對創造力極其重要。

除非你是愛因斯坦，具有視覺想像的天才，否則我相信任何感知技巧的提升都對創造者有非常正面的影響。只有在已有的語言能力基礎上加入視覺能力，才能使大腦的整體能力有機會得到提升。

把繪畫當成一種提升能力的方式

我認為，觀察自然界是一種樂趣，而且只有透過繪畫我才會獲得這種樂趣……整個世界向我敞開，展示它所有的珍藏。就連最簡單的事物也有它美麗的地方……所以，很明顯地，你不會覺得沉悶……天啊！有多少值得讚美的事物，而留給我瞭解它們的時間又是多麼少啊！

——邱吉爾，《作為消遣的繪畫》

此外，學習繪畫是一種美好的經歷，很難用言語表達。繪畫使人感到一種力量——不是對事或對人的力量，而是某種理解、明白和受到啓發的奇怪力量。或者只是聯繫本身的力量：透過繪畫，一個人會變得與身體以外的事物和人聯繫得更加密切，也許就是這種得到鞏固後的聯繫，使個人的力量得到提升。

在繪畫中，你總會感覺到，如果你更近距離地看，更深入地看，總有一些祕密在你面前被揭示出來，你能獲得對這個世界中事物本質的一些靈感。因此，透過繪畫來學習，將成爲一生的事業，因爲學無止境，探索者永遠也不願意結束自己的探索。

正如讀者們已經體會到的那樣，繪畫和創造力都充滿著矛盾。繪畫中一個明顯的矛盾就是，永遠不會結束的探索既讓人著急，又讓人從心底感到滿足。一個人總是覺得下一幅畫將揭示出他在尋找的東西，然後再下一幅，再下一幅。另一個矛盾是，用藝術家的方式來向外看，看到自己周圍的世界，你將獲得更多對自己的瞭解。同樣地，向內看，找到心中的藝術家，你將獲得對自己周圍世界的更多瞭解。我認爲，這些充滿矛盾的洞察力爲好奇心建立了一個基礎，並把人們帶向更深入的創造過程。

一旦踏上了繪畫的征程，你就會很自然地經常轉換到藝術家的方式來看事物。你對人、事、物的反應將發生微妙變化，因爲你看事物的方式不同了。由於你畫出來的任何事物都將展現出無法預料的複雜性和美感，你將變得更好奇和更願意去觀察，而留在記憶深處的清晰畫面將以一種不同的看事物的方式去獲得。隨著時間的推移，你的腦海裡將充滿豐富的圖像，進行思考時，就可以從這個倉庫裡調出這些圖像來。

但是最重要的是，繪畫可以釋放出心中的藝術家，也就是個性中經常被鎖在意識層面之外的那個部分。釋放你眞正的潛力，創造美好的事物，這份喜悅就在其中，只要你願意，就唾手可得。

【時報悅讀俱樂部】會員邀請書

☑要！我要加入【時報悅讀俱樂部】

＊選書方式：一次選二本或二本以上，免費宅配或郵寄到府。

＊每二個月贈讀書雜誌〈時報悅讀俱樂部專刊〉，免費贈閱一年。

＊總代理的外版書不列入選書範圍。＊信用卡請款通過後，
立即免運費寄出贈品及選書。

＊相同書籍限選2本。

以下是我的個人基本資料：

□輕鬆卡（＄2300）　□VIP卡（＄5000）

姓名：________________

性別：□男□女　婚姻狀況：□已婚 □未婚　生日：民國____年____月____日（必填）

身份證字號：________________（必填）

寄書地址：□□□________________

連絡電話：(O)________ (H)________ 手機：________

e-mail：________________

(我們將藉此通知您最新的重要選書訊息，請填寫能夠確定收到信函的信箱地址)

閱讀偏好(請填1.2.3順序)：□文學□歷史哲學□知識百科/自然探索□流行/語文□漫畫
□生活/健康/心理勵志 □商業

※我選擇的付款方式：

1.□劃撥付款　**劃撥帳號：19344724　戶名：時報文化出版公司**　(請直接至郵局填寫劃撥單，並在劃撥單上註明您要加入的會員類別、姓名、地址、連絡電話、生日、身份證字號，贈品名稱)

2.□信用卡付款

信用卡別 □VISA □MASTER □JCB □聯合信用卡

信用卡卡號:________________ 有效期限西元____年____月

持卡人簽名：________________（須與信用卡簽名同字樣）

統一編號：________________

※如何回覆

傳眞回覆：塡妥此單後，放大傳眞至 **(02) 2304-6858**　時報悅讀俱樂部24小時傳眞專線

●時報悅讀俱樂部讀者服務專線：(02) **2304-7103**

週一至週五AM9:00～12:00　PM13:30～5:00

UP叢書 ⑫⑤

像藝術家一樣反轉思考

作　　者—貝蒂・愛德華
譯　　者—張索娃
主　　編—陳旭華
編　　輯—李育琴
董 事 長
發 行 人—孫思照
總 經 理—莫昭平
總 編 輯—林馨琴
出 版 者—時報文化出版企業股份有限公司
10803台北市和平西路三段二四〇號三樓
發行專線—（〇二）二三〇六—六八四二
讀者服務專線—〇八〇〇—二三一—七〇五・（〇二）二三〇四—七一〇三
讀者服務傳眞—（〇二）二三〇四—七一〇三
郵撥—一九三四四七二四 時報出版公司
信箱—台北郵政七九～九九信箱
時報悅讀網—http://www.readingtimes.com.tw
電子郵件信箱—big@readingtimes.com.tw
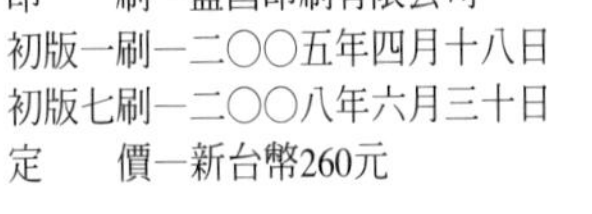
印　　刷—盈昌印刷有限公司
初版一刷—二〇〇五年四月十八日
初版七刷—二〇〇八年六月三十日
定　　價—新台幣260元

⊙行政院新聞局局版北市業字第八〇號

ISBN 957-13-4287-4
Printed in Taiwan

國家圖書館出版品預行編目資料

像藝術家一樣反轉思考／貝蒂. 愛德華著；張索娃譯. -- 初版. -- 臺北市：時報文化，2005〔民94〕

面：　公分. -- (UP叢書；125)

譯自：Drawing on the artist within: a guide to innovation, invention, imagination, and creativity

ISBN 957-13-4287-4（平裝）

1.繪畫 - 技法　2.創意

947　　94005575